# 法官札记

## 一个基层法院院长的司法心得

张正伟／著

知识产权出版社
全国百佳图书出版单位
——北京——

**图书在版编目（CIP）数据**

法官札记：一个基层法院院长的司法心得/张正伟著. —北京：知识产权出版社，2021.9

ISBN 978-7-5130-7659-3

Ⅰ. ①法… Ⅱ. ①张… Ⅲ. ①司法—工作—中国—文集 Ⅳ. ①D926-53

中国版本图书馆CIP数据核字（2021）第166005号

**责任编辑：** 邓　莹　　**责任校对：** 王　岩

**封面设计：** 博华创意·张冀　　**责任印制：** 刘译文

**法官札记**

——一个基层法院院长的司法心得

张正伟　著

| | | | |
|---|---|---|---|
| **出版发行：** | 知识产权出版社有限责任公司 | **网　　址：** | http：//www.ipph.cn |
| **社　　址：** | 北京市海淀区气象路50号院 | **邮　　编：** | 100081 |
| **责编电话：** | 010-82000860转8346 | **责编邮箱：** | dengying@cnipr.com |
| **发行电话：** | 010-82000860转8101/8102 | **发行传真：** | 010-82000893/82005070/82000270 |
| **印　　刷：** | 三河市国英印务有限公司 | **经　　销：** | 各大网上书店、新华书店及相关专业书店 |
| **开　　本：** | 880mm×1230mm　1/32 | **印　　张：** | 9.75 |
| **版　　次：** | 2021年9月第1版 | **印　　次：** | 2021年9月第1次印刷 |
| **字　　数：** | 250千字 | **定　　价：** | 58.00元 |

ISBN 978-7-5130-7659-3

# 序

这是一个长期扎根于基层的人民法院院长在司法实践中的所见所闻，是原产自我国基层司法土壤的思想结晶。

细读老朋友正伟同学的这部著作，不禁颇为感慨。一是在转型期的我国，司法土壤如此肥沃，为基层法官提供了这么丰富的素材，让他们能够身临其境感悟思考；二是身处基层法院的法官，在日常工作之中，能把理论与实践结合得如此之紧密，并有自己独到的思考，形成一家之言，著书立说。这让身处法学象牙塔中的我们，看到更直接更有意义的法律科研。

本书以《法官札记》为题，主要表达了作者对一些司法问题的看法，其中既选取了全国知名的典型案例，也有亲历亲为的案件，对这些案件的处理结果以及存在的问题，从天理、国法、人情融合的角度，进行了再剖析，力图提炼出有意义的司法经验；同时，也聚焦于一些社会热点、司法难点、司改堵点问题，进行法理析分，提出自己的独立见解；还有读书阅史时对于与司法问题相关的一些人和事，结合现实予以介评，并进行梳理、归纳和总结——这是对历史的活学活用，难能可贵。

值得一提的是，对于司法改革，本书作者也有自己的深刻思考。其中个别观点，虽然我也未必赞同，但无论怎样，作为一名基层法官，能够结合司法实践，通过独立思考，表达自己的真实感受，这在学术研究上尤为难得。习近平总书记强调，在领导干部中，要进一步营造和保持讲真话、讲实话、讲心里话的良好氛围，鼓励如实反映情况和提出不同意见。古人云："千人之诺诺，不如一士之谔谔。"在我看来，正伟同学的探索，就是如此，不但应容纳，还值得认真对待。

这部二十余万字的著作，虽然看起来内容繁杂，但自有内在纹理，严谨有序，形成了完整的结构体系。对于一个基层法院的法官而言，这无疑是一项庞杂的工程。本书各篇章是正伟同学在繁忙的审判、执行、行政管理工作之外完成的，无论是典型案例，还是热点话题；也无论是疑难争议，还是理论问题，抑或是读书心得，无不闪现着独立思考的火花，让人读之难忘，开卷有益。

正伟同学是全国审判业务专家，深耕基层法院三十余年，长期担任基层法院领导职务。他一直勤于思考，好学不倦，敢于直言，并善于运用法学理论指导司法实践，善于把理论知识运用于个案办理之中。对于法学理论和一些社会问题，他常有独到见解，其中的一些观点可谓切中时弊，一语中的，个别结论或有待于商榷，但其求真务实、不断探索的精神和勤勉敬业、认真扎实的治学态度，是应该充分肯定的，值得每一位司法工作者学习，更值得我本人学习。

值此《法官札记》付梓之际，幸有机会不揣谫陋聊作数语，一为志贺，祝老同学永葆青春之心不断前行；一为期待，盼更多基层法官写出更多鲜活佳作。

中国政法大学　宋连斌

2021 年 6 月 16 日

# 代自序

## 被授予全国审判业务专家感言

2018 年 1 月，我被最高人民法院授予全国审判业务专家。当我从最高人民法院院长周强同志手中接过专家证书时，心情异常激动！

当选为全国审判业务专家，是最高人民法院对我多年来审判工作的肯定和法学理论研究水平的认可，我深感荣幸。作为基层法院审判业务工作者，对于法官职业与理论研究以及司法实践的心得体会，我有着独特的认识与思考。

法院工作与法官职业是枯燥的，它没有文学领域的神采飞扬与激情浪漫，也没有党政工作的慷慨激昂与横刀立马。但是，对于国家社会而言，法官职业的枯燥中所蕴含的冷静思考与理性价值，是不可或缺的。变革中的国家与转型期社会，非常需要法官从自身的职业角度履行这份责任，体现这个特征。我 1988 年从西北政法学院（现为西北政法大学）毕业至今，已经从事了三十多年的法院工作，面对基层工作的繁杂琐碎与法学理论的浩瀚深奥，我总是感到自己特别渺小。三十多年在基层法院的工作与思考，无数难眠之夜与不眠之夜，在特定时刻的静夜，曾有过痛彻肺腑的心灵伤痛，甚至抑制不住发自内心的哭泣。心灵之泪洗涤着灵魂，也留下了更为深刻的记忆和期待。我对于工作与学术研究的态度，从工作之初内心蕴含的晋级升迁、成名成家等现实利益甚至庸俗功利的期许，到现在形成的远离现实功利的思想表达与学术认知，基层工作记录了我工作发展的历程、思维演绎的过程和生命延续的剪影，当然也有现实的各种羁绊和自我认知的局限。但是，这个漫长的历程，使我感受到了法官职业枯燥中所包含的特殊、神圣与荣耀，感受到了学术研究特有的乐趣，也感受到了司法实践的肥沃土壤。我认为，法官不能脱离司法实践这个广阔天地，而司法实践最肥沃的土壤在基层法院。我曾有机会到省高院工作，但是我主动放弃了这个机会，选择留在基层法院。我的选择曾让赏识我的领导、学长及亲朋好友惋惜不已、惊讶不已，但是在当时，我做了义无反顾的选择。在基层，我更深切地感受到法律的价值与实践的营养，感受到法律的理想与理想的法律之间在现实社会中的定位，并不断地产生怀疑、思考与理性判断的冲动。这些感受，我充分地表达在办理的个案、处理的信访事件以及各种涉法涉诉的纠纷之中，也表达在撰写的每一篇文章中。虽然人微言轻，但却能够不断发声，以充分表达一个法官的赤诚之心和内心虔诚，从而在有限的领域内取得了一点成功。当然，这种成功也许是微不足道的。

三十多年的基层法院工作经历，定格了我的人生轨迹与思想观念，也使我对我国的法官、法院工作有着更深刻、更透彻的认识。将军的价值在战场,法官的价值在办案一线,审判业务专家是复合型、实践型人才，其立身之本在审判，应当是“审者判，判者审”的表率和力行者，其审判经验形成、积累、分享、传承和升华的过程，也是形成理性认识成为学术成果的过程，让自己的成果更好地服务审判实践，甚至推动法律和诉讼制度不断完善，这才是一名审判业务专家价值的更好体现。

## 一、审判业务专家的主业是办案，脱离办案必然丧失其生命力

审判业务专家与学者、教授等专家的区别在于其法官身份。首先是法官，审判业务专家从法官中产生，因而其工作的主战场必须在办案一线。通过办理大量的案件，在每一个司法个案中展示自己的思想才华，体现公平正义，并且通过个案发现问题，研究问题，通过解决个案问题总结经验，抽象出指导司法实践的理论命题，完成从实践中来、到实践中去的哲学使命。对审判业务专家而言，相对于办案，学术研究是副业，绝不能脱离司法实践闭门造车，把主要精力放在理论研究上，如果本末倒置，或许会成为一名优秀学者或理论专家，但很难成为审判业务专家。

## 二、审判业务专家不能混同于办案能手、办案标兵

在目前法院案多人少的现实环境下，一大批办案能手、办案标兵逐渐涌现。但是，审判业务专家不能简单地等同于办案能手、办案标兵。就所办的案件而言，办案能手、办案标兵是高产法官，在善于办理大要案的同时，其办案数量也远超于其他法官；而审判业务专家是精品法官，他们不一定办案数量很多，或者办案效率很高，但是，他们更善于办理疑难复杂案件，办理具有导向性、开创性的案件，并且敢于言人所不敢言，为人所不敢为，甚至为了公平正义，敢于逆潮流舆论坚持己见，更加准确地适用法律，在法无明文规定的情况下，敢于、善于适用法的精神，通过法律推理判决案件，撰写具有真知灼见的司法判决。我们一直强调多办案、快办案、办好案，那么，对于审判业务专家而言，或许做不到多与快，但一定要做到办好案。这是审判业务专家与办案标兵、办案能手的本质区别。

**三、审判业务专家必须才思敏捷，善于撰写言简意赅、论理透彻、逻辑推理严密的裁判文书**

审判业务专家是笔杆子，写文章是其强项；善于调查研究，撰写具有真知灼见的法学论文是其特长。同时，审判业务专家更要擅长写作高质量的裁判文书。让每一份裁判文书事实叙述清楚，论理透彻，逻辑推理严密，法律推理正确，融法、情、理于一体，这是审判业务专家的基本功与看家本领。在这方面，应当向中国古人学习，向西方著名法官学习。我国古代官吏办案书写判词的技巧与风格，特别是言简意赅的文风，应成为审判业务专家的样板；西方法官逻辑推理严密、论证严谨透彻的文风，也应为我们审判业务专家的写作所借鉴。在裁判文书改革中，审判业务专家应当带头实践，大有作为。要带头戒除烦琐冗长、罗列一切、结构混乱的文风，戒除辞藻华丽、空洞无物等形式主义和哗众取宠的文风。

**四、学术研究是审判业务专家的精魂，必须把学术研究贯穿于法官职业的始终**

审判业务专家与一般法官的区别在于其学术研究的自觉性与一贯性。从职业性质而言，法官是文官，文就文在有自己独到的思想、独立的思考，以及有别于大众思维的专业判断，而这些东西，只有通过理论研究才能得到升华。因此，可以这样说，其他职业可以不进行学术研究，但唯有法官例外。英国著名法官丹宁勋爵认为："法学家不一定要成为法官，但法官一定或者说应当成为法学家。"英美法系与大陆法系的许多法官都是法学家，他们在司法实践中的判词就是一篇体现自己独特思想、契合法的精神的很有价值的法学论文。比如美国联邦最高法院首席大法官马歇尔办理的“马伯里诉麦迪逊颁发委任状”案，其判决书长篇论证了联邦国会立法权的界限、宪法的地位以及法院为什么具有审查法律的权力，开创了司法审查权的先例；英国的丹宁法官办理的“琼斯诉全国煤炭管理局赔偿案”，其判决书引经据典论证了法官中立的理念，并以一审法官在庭审中发问过多有违中立立场为由，撤销了一审判决。这些针对个案的特殊判断引申出的价值，形成了司法实践的普遍价值，使社会正义的实现由个案扩及所有类似案件，学术研究的价值通过个案得到升华与凸显。因此，可以说，学术研究是专家与非专家的分水岭，学术研究的能力与水平是专家型法官的灵魂。

总之，审判业务专家的主业是办案，学术研究是其副业，不能主次颠倒、本末倒置。审判业务专家无论接手多么复杂的案件，都应该能很快发现争议的焦点、审理的重点以及隐藏的难点，并通过庭审辨析出证据的真伪，准确认定案件事实，熟练地适用法律，运用法律推理作出公正的裁判。只有这样，才能真正承载使命、肩扛责任。同时，审判业务专家也决不能忽视学术研究这个副业。一个不进行学术研究的专家，绝不是合格的专家。

法官职业的特殊性，决定了法官有别于其他从业者，因此，法官必须养成一种洁身自爱的超然，不随波逐流。但是，法官也不是脱离社会的孤立群体，特别是在我国，法官在工作中必须首先贯彻党的路线、方针、政策，必须把握好政治站位，这样才能更好地发挥在社会主义法治国家建设中的应有作用。作为审判业务专家，在做好本职工作的同时，还要充分发挥“传帮带”作用，成为其他法官的表率；要自觉践行社会主义核心价值观，努力使承办的每一起案件都成为精品案、示范案，并经得起历史的检验；要注重对审判工作面临的新情况、新问题以及新法律法规、司法解释的学习研究，不断提高研究新情况、解决新问题的能力，把专业知识与审判实践有机结合起来，自觉用理论指导实践。只有这样，才能无愧于审判业务专家的称号。

专家称谓之于个人，它不仅仅是一种荣誉，更多的是责任与压力。因此，我不仅要在司法实践的事业中永远不忘初心，而且要在学术研究的道路上继续砥砺前行。要清醒地认识到，学无止境，绝不能沾沾自喜于专家之称谓，更不能妄自尊大，停滞不前，一定要谦虚谨慎，与时俱进，更加努力地学习实践，做一个无愧于时代、无愧于审判事业的法律人。

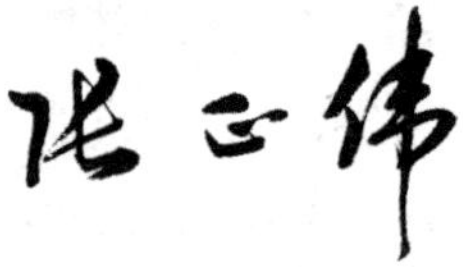

# 目 录

第五章

## 读书感悟随笔

# 法官札记

一个基层法院院长的司法心得

# 第一章

# 典型案例启示

小案件彰显大道理。让司法有力量、有是非、有温度；让群众有温暖、有遵循、有保障。

——最高人民法院工作报告

# 冤不冤：
## 无罪还是无耻的许霆案

余额仅为176.97元的银行卡取出了17万余元，三天后当事人许霆携款逃跑，一年后法院以盗窃罪判处许霆无期徒刑。一审宣判后，这起神奇的盗窃案一下子火了，迅速成为一起公众事件。

舆论普遍认为，法院对许霆的量刑过重。许霆案在网上引起长时间热议，一些法律界的知名人士也参与这场讨论之中。网上热议的同时，许霆以不构成犯罪为由提起上诉，二审法院审理后，很快发回重审。重审之后，原一审法院在未改变罪名的情况下处刑5年，许霆仍以无罪为由，继续上诉。二审维持了重审判决，这起掀起轩然大波的盗窃案件在审判环节画上了句号。但是，关于该案的定性及其量刑，却一直在网络上热议，至今仍在持续。

许霆案的基本案情虽然简单，可是却颇有戏剧感，充满了离奇，这是一个天上掉馅饼的故事。

2006年4月21日21时许，许霆持不具备透支功能、余额仅为176.97元的银行卡，到广州市天河区一商业银行自动柜员机（ATM）取款，当他插入银行卡，错将100元输为1000元时，奇迹发生了，柜员机神奇地吐出了1000元现钞，而银行卡余额原封未动。许霆意识到天上掉下了馅饼，于是分三个时间段，用三个多小时的时间，持续取款 170 余次，共计取出 17.4 万元，之后携款外逃。

商业银行很快发现了柜员机交易异常的问题，便多方联系许霆及其家属要求退款。这个时候，如果全额退款，这起神奇的案件将有可能不为公众所知，一切也许会风平浪静。可是，占了大便宜的许霆及其家属一直拒绝退款，银行无奈于 4 月 30 日向公安机关报案，一年之后的 2007 年 5 月，通过网上追逃，许霆在陕西宝鸡被公安机关抓获。

这起虽然离奇但案情并不复杂的案件，最初引爆舆论的并非是 ATM 机输入 100 元吐出 1000 元的神奇，而是“盗窃”17 万元被判处无期徒刑这个亮点。公众第一时间感觉到法院处刑太重了，贪污、受贿过亿元的被告人，大多数判处 15 年有期徒刑或无期徒刑，而一起盗窃 17 万元，还是 ATM 机出现异常自己吐出现钞的案件，竟然被判处无期徒刑。两相比较，公众自然会追问，对于一个 17 万元的盗窃案，施以如此严厉的刑罚，公平何在？

或许是基于对案件的正确认识，或许是迫于舆论的压力，被告人上诉后，二审法院裁定发回重审。而重审后原一审法院在未改变罪名的情况下，减轻判处有期徒刑 5 年。之后被告人继续上诉，二审法院驳回上诉，维持了 5 年有期徒刑的重审判决。

这个时候，舆情再一次被引爆：同一家法院，同一个被告人，同样的事实，同样的罪名，从一审到重审，却作出了两份刑期异常悬殊的判决，从无期徒刑到 5 年有期徒刑，真是冰火两重天，如此巨大的落差，公众简直适应不了！前一个疑问还未理清，后一个疑问紧接着又产生了。

我翻阅了该案的原一审判决书，冒昧地揣测，这是一个在最初被严重轻视的案件，原一审法官根本没有意识到这起案件的特殊性和在司法实践中的价值，他们在定罪量刑时的草率，在撰写判决书时的简单而随意，充分说明了这一点。尤为令人不解的是，他们对辩护人意见基本上是不屑一顾，辩护意见被归纳成一句话：辩护人认为被告人许霆的行为构成侵占罪而非盗窃罪。在本院认为部分，也仅用一句标志性的不讲理用语回应辩护人，“辩护人提出的辩护意见，与本案的事实和法律规定不相符，本院不予支持”。而定为盗窃罪的理由，完全是自说自话，先入为主；至于量刑，则理所当然地认为，根据《刑法》第264条的规定，盗窃金融机构，数额特别巨大的，起点刑就是无期徒刑，根据当时两高关于盗窃罪的司法解释，盗窃金融机构达到10万元就属于数额特别巨大。那么，17万元的盗窃数额，判处无期徒刑自然是顺理成章之事，哪里会有错？

许霆上诉后，二审法院之所以发回重审，也是屈从民意的成分居多，我猜想，如果没有舆情的压力，无期徒刑被维持的可能性极大。但是，这个时候，面对汹涌的舆情，二审法院只能采用发回重审这一最省事、最简单的方法息事宁人。我一直想，这个案子，如果我是二审法官，我不会发回重审，我会直接改判。因为案件的事实、证据都很清楚、充分，所争议的就是罪名与量刑、是罪与非罪。在这种情况下，二审法官应该有担当意识，应当充分展示上级法院法官的司法水平，而不是发回重审。

发回重审后，另行组成的合议庭不再轻视这个案子，重审判决书增添了本院评判的内容，回应了辩护人的无罪意见。但是定性分析和量刑情节的分析，在逻辑性、法理性以及说服力方面，还是不能让人满意，而适用减轻处罚更是让人感到理由不足。最后的5年刑期，其实是顺从民意的结果，不是法官依法依理依情推导出的必然。重审后的再上诉，也只是在履行诉讼手续，二审法院依样画葫芦，维持一审判决，是顺理成章之事。这样一起极具特殊价值的案件，在舆情的压力下，一审、二审法院经过两次折腾，平淡收场。他们平息了舆情，完成了司法的使命。

许霆案的诉讼尘埃落定，舆情也得到了及时平息，但是，围绕该案件的讨论却一直持续。

一审、二审法院各进行了两次审判，在定性上是一致的，他们始终认为许霆以非法占有为目的，采用秘密手段窃取银行资金，构成盗窃罪。二审法院刑事庭的一名庭长曾在《新闻调查》上公开释法，他说，刑法理论上对盗窃罪的秘密窃取有一个通说的界定，叫行为人采取主观上自认为不被财物的所有者、保管者、经手者发现的方法，暗中窃取财物的行为，就属于秘密窃取。他认为，这里应该强调的是“主观上自认为”，即秘密应当以行为人自己作为判断标准。但是他也认识到，许霆案有罪责刑不一致的问题：一是被告人的犯意是偶发的，是在自动柜员机出现异常的情况下引发的行为；二是考虑到被告人是用自己的银行账户卡超余额取款盗窃，与采取破坏性手段盗窃有区别，这个盗窃比较特殊。正是认识到这些，重审法官在适用《刑法》第 264 条的同时，适用了《刑法》第 63 条第 2 款的特殊条款，减轻了处罚。

法官的释法并没有统一人们的认识，反而让分歧更大。此后，罪与非罪，此罪还是彼罪、无罪还是无耻、严格的罪刑法定等争论纷纷见诸网络，热度一直未减。

反对法官意见的质问简单明了——在公开场合以自己的真实身份，用银行卡提取现金，虽然超余额，虽然时间在夜晚，可是大庭广众之下能算作秘密窃取吗？

赞同法官意见的声音理直气壮——对秘密窃取不能望文生义，不能苛求，秘密具有相对性，是指对于财物所有人或者管理人而言的秘密。我国古老的成语故事“掩耳盗铃”，也是在公共场合，但不能改变其盗窃的性质。

反对者的意见中引申出无罪论，赞同者的意见中引申出无耻论。

所有的意见似乎都能自圆其说，都有道理。

说无罪者，是基于对法律条文的严格理解，他们认为，许霆的行为在现行刑法条文中找不到合适的条款，没有明确的法律依据，根据罪刑法定原则，一个行为如果刑法规范没有明确界定为犯罪行为，则不为罪，不受刑罚处罚。许霆的行为正是如此，因而许霆的行为仅构成民事侵权，属于民法上的不当得利，原物返还即可，定罪量刑则不可以。

说无耻者，是基于许霆在法庭上的自我辩解。许霆在法庭上说过，他之所以取款，是因为发现ATM机出现异常，为了保护银行资金才取的款。他们认为，许霆非法占有国有财产17万元，之后携款潜逃，竟然还辩解自己的行为是为了保护国家财产，辩解自己无罪，世界上还有这么无耻的人吗？

其实，许霆的行为，在具体的时间段，性质有所不同，不能简单、武断地认为无罪还是有罪，或者是无耻。

犯罪行为当然可以归之于无耻之列，但要说寻找理由为自己辩解也是无耻，则要看具体情况。从许霆的具体情况看，不能说是无耻。许霆就是一个普通的老百姓，在用银行卡取款的过程中发现天上掉下了馅饼，有机可乘，就见钱眼开伸出了要占便宜的手，触犯了刑法。最后在法庭上，表现出的也就是一个普通的被告人面对不利于自己的问题时，所寻找的一个冠冕堂皇的辩解理由而已，这是人性中正常的自我保护意识，犯了错或者犯了罪，避重就轻本来是人之常情，对人性的这个弱点，应当心平气和地对待，特别是法官，只要不被这种辩解所迷惑就行了，大可不必在道德层面进行鞭挞，因而对于许霆的辩解不能认为是无耻。

那么，许霆定盗窃罪是否妥当呢？

网上对盗窃罪的质疑和调侃，虽然大多数不是很专业，但也不是全无道理。同时，网上还有认为不构成盗窃罪的，构成信用卡诈骗罪（恶意透支）的，等等。这些都抓住了某个点，都没有抓住问题的核心。曾看到原一审判决书归纳辩护人辩护意见，辩护人认为对被告人应以侵占罪定性而非盗窃罪，但是没有查到具体的理由。

我觉得，这个案子的定性，要抓住关键点和核心问题，定盗窃罪似乎不妥当，许霆的行为不太符合盗窃罪的特征。

我不按照犯罪构成四要素进行分析，也不按照犯罪构成三阶层理论论述，我想运用漫谈的方式讨论这个问题。

许霆案结案后，原一审法院的一位法官在释明法律时曾说：作案后，被告人逃跑是衡量本案的一个关键点，逃跑使这个案件的性质变得更加严重了。言下之意，似乎如果不逃跑，案件的性质就不严重。那么，我想问，该案法院定的是盗窃罪，盗窃作案既遂后被告人逃跑了，怎么会使案件性质变得严重呢？盗窃行为的有罪无罪、罪轻罪重的关键点是数额，并不是逃跑与否。所以我无法明白法官释法时所要表达的意思。

但是，跳出盗窃罪的法条看该案，被告人许霆的逃跑情节确实是其被追究刑事责任的关键和核心。实事求是地讲，许霆如果作案后不逃跑，并在银行联系他及家属要求退还钱款时，及时归还，那么该案有可能不按照犯罪处理。因为该案的发生，银行管理不善，柜员机出现交易异常是根本原因，因此银行的责任不可推卸。从这个视角来看，逃跑确实是该案被刑事追责的关键点。

而从法条来看，构成盗窃罪的关键点是行为的秘密性，公众质疑该案的定罪，就是认为许霆的行为不是秘密窃取。试想，一个携带自己的银行卡，在大庭广众之中，行不改名，坐不改姓，输入自己的密码用卡取钱，怎么会是“秘密窃取”呢？对于这一大众心理和大众认知，一审法院的解释是：盗窃罪中的秘密，强调的是行为人主观上自认为。这个解释无法服众，反而使人觉得故弄玄虚，故作神秘，玩文字游戏，有糊弄大众之嫌。同时，还有以古老的成语“掩耳盗铃”为例，类比许霆的行为，以证明许霆案定为盗窃罪的合理性与准确性，但是，掩耳盗铃之“盗”，与许霆之“盗”，是否可以同日而语？我们在日常生活中讲的盗窃概念，与刑法规范中的盗窃概念，是否属于同一内涵？这是有待商榷的，将此混为一谈，难免有偷换概念之嫌。

从罪责刑方面看，许霆案定为盗窃罪，无疑要适用盗窃金融机构的刑法条款，在这里，盗窃数额在 10 万元以上和盗窃金融机构这两个因素，使被告人在法定刑幅度内的最低刑也是无期徒刑。因此，许霆如果被定为盗窃罪，最低刑就是无期徒刑，原一审法院就是这么判的，可是却遭到公众普遍质疑，正是在民意的压力下，才被发回重审，才动用特别条款减轻处刑 5 年。所以，这个结果，就审判而言，与其说是体现了公平正义，不如说是屈从了民意。

而从现行刑法来看，许霆案其实找不到非常恰当的条款定罪，定为盗窃罪似乎也能说得过去，但总感到什么地方不合适，这也是公众从一开始就普遍质疑的原因所在。那么，能否按照严格的罪刑法定主义，法无明文规定不为罪、不处罚、不追究许霆的刑事责任呢？好像也不能。

一个案情很清楚的案件，各种质疑，均在似是而非之间；各种假设，均使人感到不严谨。这是因为什么？这是因为大家都钻在刑法条文的套子里，没有跳出刑法思考问题。我们不妨从民法上切入分析许霆的行为，或许会有正确的认识和能够说服人的结论。

刑民交织在一起，让办案法官、公众误入歧途，陷入各说各有理的极端讨论，最终让司法受到质疑，让公平正义受到追问，这或许是许霆案出问题的核心原因。

从民法上看，许霆的行为，最初在起因上，主要责任应该在银行一方，他们疏于管理，柜员机出现异常而不自知，导致了该案发生。从许霆最初的行为性质上看，明显属于不当得利。在这个时候，如果在银行要求还款时，许霆主动归还了，这就是一民事法律关系，银行不会报案，最终也不会作为犯罪处理。这一点，几乎所有的人都赞同，已经达成了共识。但是，许霆在银行要求还钱时不但拒不归还，而且还携款逃跑，这样一来，性质就变了，让一起本可以按民事法律规范调整的行为，变为必须由刑法规范调整。所以，正确认识许霆案，应该区分前后两个阶段。办案法院的法官释法时讲到了“逃跑”在这个案件中的重要性，却没有认识到许霆行为性质的前后两个阶段，结果导致在定罪上一直处于模糊不清、似是而非的状态。

区分为两个阶段，认识就变得简单而明确。许霆用卡取钱的行为不是犯罪，是贪占便宜，属不当得利，按照民法应该归还。但是，他不但拒不归还，而且还逃跑了，这个时候，性质变了，民事侵权行为就转化为刑事犯罪行为。从这个角度认识，这个案子会让我们豁然开朗，许霆的犯罪行为是从逃跑开始的，不是从取钱开始。分析至此，我相信所有的人都已明白，许霆的行为构成的是侵占罪。

《刑法》第 270 条对侵占罪的规定是：将代为保管的财物非法占为己有，数额较大，拒不退还的，处 2 年以下有期徒刑、拘役或者罚金；数额巨大或者有其他严重情节的，处 2 年以上 5 年以下有期徒刑，并处罚金。

许霆是将不当得利据为己有构成的犯罪，而这些不当得利的财物是银行的，从他取出到拒绝归还这段时间，应当视为拾得物“代为保管的他人财物”。因此，许霆案定为侵占罪比较恰当，如果损失全部追回，处刑 1 年至 2 年之间，处缓刑亦可；如果没有追回，可以考虑重一点，归入“其他严重情节”，在 2 年以上处刑，这样，罪责刑完全达到一致。

此外，许霆案完全可以运用以刑定罪的方法寻找罪名，用结果倒推。根据大众心理，许霆的这种行为拟处 3 年左右比较合适，而侵占罪的刑期正好在这个幅度内，可以满足量刑预期，体现罪刑相适应。

网上一直讨论许霆案冤不冤的问题，如果将其行为不在法理上进行民刑分割，似乎有冤的成分，但是通过理论上的分割，把前后两个行为分别评价，则一点儿也不冤；同时，关于许霆无耻还是有罪无罪的问题，我觉得这是将道德问题与法律问题混为一谈，无法简单的说明。因此，只能说，许霆有罪，但罪不至于无期，最终的 5 年刑期，似乎也有点重。许霆案之所以至今热议不断，应该追问的是办案法官和法院，正是原一审法官的敷衍应付和不认真细致，没有从法理上把案子讲透讲清，才导致一起本不复杂的案件成为名案，使媒体、公众至今仍然追问公平正义何在！

# 扶不扶：
## 误读还是误判的彭宇案

发生在2006年11月的彭宇案，在第二年法院判决后不久，迅速发酵成为社会关注的名案。从此，老人摔倒扶不扶，成为令人纠结的社会问题。原本好端端的一颗善良之心，却因为担心带来麻烦而不敢为，也为见死不救的路人找到了合理的借口。有人说，彭宇案使全中国社会道德水平倒退50年，此言似乎不虚！

2006年11月20日上午9时许，在南京市83路公交车水西门广场站，两辆83路车前后进站，南京市民彭宇从第一辆的后门走出，与此同时，66岁的老人徐某拎着保温瓶，赶乘第二辆83路车，行至第一辆车后门处跌倒在地。

徐某如何跌倒，她与彭宇是否发生相撞，没有任何第三方能提供确凿证据，唯一的目击证人陈老先生在徐某跌倒后参与了后来的救助，但是他当时也没有看到徐某是如何倒地的，他在看到彭宇搀扶后，也上前帮忙，并打电话叫了徐某的儿女，整个过程大约半小时。

彭宇将徐某扶起后送到医院，医院诊断为股骨颈骨折，需进行置换手术。之后，徐某向彭宇索要医疗费，彭宇拒绝，徐某遂向法院提起民事诉讼。审理中，彭宇辩称自己好心帮助徐老太太，却被反诬，因而拒绝赔偿。案件审理经过三次庭审，最后于 2007 年 9 月宣判。

网上发布的该案判决书颇为冗长，现择其要者摘录如下：

原告徐某诉称，她行至前一辆公交车后门时，被从车内冲下的被告撞倒，致其左股骨颈骨折，住院手术治疗。请求判令被告赔偿医疗费、护理费、残疾赔偿金、精神抚慰金等共计 136 419.3 元。

被告彭宇辩称，当时他是第一个下车的，在下车前，车内有人碰了他，但下车后他与原告之间没有碰撞，而是发现原告摔倒后做好事对其进行帮扶。原告没有充分的证据证明被告存在侵权行为，因而不应当承担侵权赔偿责任。如果由于做好事而承担赔偿责任，则不利于弘扬社会正气。原告的诉讼请求没有法律及事实依据，请求法院依法予以驳回。

法院审理查明，2006 年 11 月 20 日上午，原告在水西门公交车站等候 83 路车，大约 9 时 30 分左右，有两辆 83 路车同时进站，原告准备乘坐后面的 83 路车，在行至前一辆公交车后门时，被告第一个从公交车后门下车，原告摔倒致伤，被告发现后将其扶至旁边，在原告的亲属到来后，被告便与原告亲属等人将原告送往医院治疗。原告后被诊断为左股骨颈骨折并住院治疗，施行髋关节置换术，产生了医疗费、护理费、营养费等损失。

审理中，对事故责任及原、被告是否发生碰撞的问题，双方存在意见分歧。原告认为，她是和第一个下车的被告碰撞倒地受伤的；被告认为，他没有和原告发生碰撞，搀扶原告是做好事。双方的诉争焦点是原、被告是否相撞？关于这个问题，法院认定原告系与被告相撞后受伤，并认为原、被告在相撞中均无过错，但应根据公平原则补偿原告 40% 的损失。于是，在认定原告经济损失为 114 690.9 元的基础上，判决由被告一次性付给原告 45 876.36 元。

法院认定原告系与被告相撞后受伤的理由有四个方面。1. 根据日常生活经验分析，原告倒地的原因除了被他人的外力因素撞倒之外，还有绊倒或滑倒等自身原因，但双方在庭审中均未陈述存在原告绊倒或滑倒的事实，被告也未对此提供反证证据，故根据现有证据，应着重分析原告被撞倒之外力情形。人被外力撞倒后，一般首先会确定外力来源，辨认相撞之人，如果相撞之人逃逸，作为被撞倒之人的第一反应是呼救并请人帮忙阻止。本案事故发生的过程非常短促，故撞倒原告的人不可能逃逸。根据被告自认，他是第一个下车之人，从常理分析，被告与原告相撞的可能性较大。如果被告是见义勇为做好事，更符合实际的做法应当是抓住撞倒原告的人，而不仅仅是好心相扶；如果被告是做好事，根据社会情理，在原告的家人到达后，其完全可以言明事实经过并让原告的家人将原告送往医院，然后自行离开，但被告未作此等选择，其行为显然与情理相悖。根据城中派出所对原告的询问笔录、对被告的讯问笔录和电子文档及其誊写材料，被告当时并不否认与原告发生相撞，只不过被告认为是原告撞了被告，综合该证据内容并结合前述分析，可以认定原告是被撞倒后受伤，且系与被告相撞后受伤。2. 证人当庭陈述没有看到原告摔倒的过程，只看到倒地后的情形，所以其不能证明原告当时摔倒地的具体原因，当然也就不能排除在该过程中原、被告相撞的可能性。3. 被告在庭审前未提及是见义勇为，而是在二次庭审时方才陈述。如果真是见义勇为，在争议期间不可能不首先作为控辩理由，陈述的时机不能让人信服，因此对其自称见义勇为的主张不予采信。4. 被告在事发当天给原告二百元钱且一直未要求返还，原告认为是赔偿款，被告认为是借款。根据日常生活经验，原、被告素不认识，一般不会贸然借款，即便如被告所称为借款，在有承担事故责任之虞时，也应请公交站台上无利害关系的其他人证明，或者向原告亲属说明情况后索取借条，但是被告并未存在上述情况，而在原告家属陪同前往医院的情况下，由被告借款给原告的可能性不大；而如果撞伤他人，则最符合情理的做法是先行垫付。同时，事发后双方到派出所去处理，这也可以推定出原告当时即以为是被告撞倒而非他人撞倒，在此情况下被告借款更不可能，故可以认定该款并非借款，而应为赔偿款。

法院认定被告应承担原告损失的理由是：原告系在与被告相撞后受伤且产生了损失，应根据侵权法诸原则确定责任。原告赶车到达前一辆公交车后门时和刚从车上第一个下来的被告瞬间相撞，同时被告在下车时因为视野受到限制无法准确判断车后门左右的情况，故对本次事故双方均不具有过错，因此应根据公平责任合理分担损失。公平责任是指当事人双方对损失均无过错，但是按照法律规定又不能适用无过错责任的情况下，根据公平的观念，判令加害人对受害人的财产损失予以补偿，由当事人合理地分担损失，根据本案案情，酌定被告补偿原告损失的40%较为适宜。

一审判决适用的法律：依据《民法通则》第九十八条、第一百一十九条，最高人民法院《关于审理人身损害赔偿案件适用法律若干问题的解释》第十七条。

这是一篇冗长的判决书，这是一个很难说是误判的判决，其实判决的结果并非令人不可接受。这也是一份貌似讲理的判决书，但是越讲理越不清楚，正如鲁迅先生批评的那样："你不说我还明白，你越说我越糊涂。"正是其中让人难以言说的判决理由，导致社会各界对这个案子误读，进而引起舆情发酵，让简单的问题变得复杂，让老人跌倒扶不扶成为灵魂拷问和世纪话题。

对该案主审法官的敬业精神我们必须致敬，但是该案判决书的质量实在不敢恭维。曾在《法学研究》上读过一篇评价彭宇案判决书的文章，深表赞同，在这里，我忍不住还要继续发表自己的看法。

法官的逻辑学知识似乎有待完善。判决书中反映出写作者对形式逻辑一窍不通，就连最常用的三段论推理也是谬误百出，在分析证据的时候，几乎每一个三段论推理都是违反逻辑学规则的，或者大前提错误，或者小前提不周延，在这种情况下，得出的结论怎么可能有说服力呢？

法官运用自由心证和经验法则的推理混乱不堪。判决书中根据经验法则推理出的“人性恶”，根据当事人的前后行为推定出当事人有过错，都让人难以理解。特别是依据的所谓“常理常情”，恰恰与社会常理相悖，与我国大多数人秉持的“性本善”背离。其中的经验，也是盖然性低且极不缜密的，正是这种不合理的自由心证导致公众误读，引发公众情绪爆发。

法官对民事归责原则的运用准确度不够。该案判决在认定原、被告相撞的情况下，又认为双方均无过错，因而适用公平原则，也是引爆舆情的原因之一。我以为，假如认定原、被告相撞的事实是准确的，那么为什么不认定双方均有过错呢？在双方均有过错的情况下，根据过错大小划分责任，岂非更顺理成章？认定无过错，却让被告担责，虽然适用的是公平责任，在法理上并无不当，但是公众根据似是而非的对法律的理解和朴素的正义观，足以颠覆认知，加之判决书本身存在众多问题，以及一些模糊性语言和法官自我认知的常理常情偏离主流价值观，最终使得彭宇案变成奇葩案例。

彭宇案的一审判决结果在社会上引起强烈反响，特别是在网络上，一直流传彭宇好心没好报，无辜受害，使公众对他充满了同情。有的媒体认为，彭宇案的败诉，可以提醒“活雷锋”在见义勇为时要保护好自己；有的甚至认为，社会无疑将变得更冷漠，人与人之间变得更加互不信任；越来越多的人从此持有“不敢扶”“扶不起”摔倒老人的观点，使“扶不扶”成为一个世纪话题。正是在这种背景下，2011 年 9 月，卫生部颁布的《老年人跌倒干预技术指南》，有人也说是拜彭宇案所赐，因为该指南规定：老人摔倒不要急于扶起，要分情况进行处理。

可以说，在彭宇案中，一审判决书冗长的大跌眼镜的说理，错误的奇葩的逻辑推理，匪夷所思的经验法则和莫名其妙的自由心证，把一个原本简单的民事案件办成“世纪名案”，成为网络热点，这个结果的形成，案件的主办法官也是始料未及的。

彭宇案一审之后，被告不服提起上诉，二审期间双方当事人达成了和解协议，由彭宇一次性补偿原告经济损失 1 万元，双方均不得在电视、电台、报纸、刊物、网络等媒体上，就该案披露相关信息和发表相关言论，上诉人撤诉后不再执行一审法院的判决。

为什么一起经法院审理结束，当事人已经和解的极为普通的人身损害赔偿纠纷案，在公众舆论中成了好人被冤枉、司法不公的名案，并被指责为道德滑坡的标杆，进而形成了彭宇做好事被诬陷的一边倒舆论倾向？

根本原因在于司法公信力不足，公众不信任法院，司法缺乏公信力也就不会有权威，更不会有效能。在这种背景下，彭宇案不可思议地说理引爆了公众情绪，使人们从吐槽调侃到讽刺怀疑再到批评指责，法院成为宣泄不满情绪的窗口，彭宇案也就不但被作为法律问题，也作为道德问题推到了风口浪尖，逐步演化为整个社会道德滑坡的反面典型。

但是，彭宇案中，只有法律问题，没有道德问题，我们不应该在法律问题没有搞清楚时谈论道德问题，或在谈论单纯的法律问题时，夹杂着道德问题。因此，理性地看待彭宇案，让法律的归于法律，让道德的归于道德，应该是最为理性的选择。

# 劝不劝：
# 电梯内劝阻抽烟案

曾几何时，“谁死谁有理”搅动了社会的每一根神经，面对事出有因的死亡事件，从行政到司法，从个人到单位，基本上一筹莫展，进退失据。但是，2017年5月，在河南省郑州市发生的一起电梯内劝阻吸烟猝死案件，一审法院的判赔引爆舆情后，二审法院及时出手，明辨是非，通过司法判决向“谁死谁有理”说不，从而为这类案件提供了经典判例。

2017年5月2日9时许，段某与杨某一同进入郑州市某小区楼房电梯，段某在电梯内抽烟，因烟味浓，杨某劝阻，二人发生言语争执。走出电梯后，仍因电梯内抽烟问题争执不已，小区物业工作人员见状劝阻，杨某离开，段某进入物业公司办公室后，心脏病发作突然跌倒死亡。根据小区监控视频显示，在事件发生过程中，段某情绪比较激动，杨某则比较冷静、克制，二人只有语言争吵，并无拉扯行为，没有发生肢体冲突，接触时长共计约5分钟左右。

段某69岁，有心脏病史。段某家人认为，杨某的劝阻行为已经超出了必要限度，他们还怀疑，争执期间杨某用脏话侮辱了老人，导致其心脏病发作猝死，因此杨某应对段某家人作出赔偿，于是向法院起诉，要求杨某赔偿经济损失40余万元。

一审法院审理认为，杨某因段某在电梯内抽烟，与其发生言语争执，在被小区物业工作人员劝阻后离开。段某却稍后猝死。该结果是杨某未能预料到的。杨某的行为与段某的死亡之间虽然并无必然的因果关系，但死亡结果已经发生，应依照《侵权责任法》第24条之规定，受害人和行为人对损害的发生都没有过错的，可根据实际情况，由双方分担损失，故根据公平原则判决，杨某补偿段某家属15 000元，驳回其他诉讼请求。

一审宣判后，原告不服提出上诉，认为一审法院适用公平原则错误，杨某有过错应承担侵权责任。杨某虽然没有上诉，但他始终认为自己没有过错，不应当承担责任。

二审法院审理认为，杨某劝阻段某在电梯内抽烟的行为未超出必要限度，属于正当劝阻行为，在劝阻段某吸烟的过程中，杨某保持理性，平和劝阻，与段某没有发生肢体冲突和拉扯行为，也没有证据证明杨某对段某进行过呵斥或其他不当行为。杨某劝阻段某吸烟行为本身不会造成段某死亡的结果；段某系自身患有心脏疾病，在未能控制自身情绪的情况下，心脏病发作不幸死亡。虽然从时间上看，杨某劝阻段某吸烟行为与段某死亡的后果是先后发生的，但两者之间不存在法律上的因果关系。杨某没有侵害段某生命权的故意或过失，此前互不相识，杨某也不知道段某有心脏病史并作过心脏搭桥手术，因而对段某的死亡无法预见，不存在过错，故杨某不应承担侵权责任。最后，判决杨某不承担责任。

一审法院宣判后，社会各界一片哗然，质疑之声四起。二审判决后，得到了绝大多数人的支持和声援，网上舆论纷纷点赞叫好。平心而论，一审法院的判决确实不正确。

一审法院适用《侵权责任法》第24条错误。公平责任的前提一是行为与损害结果之间有法律上的因果关系，二是受害人和行为人都没有过错。从该案的具体情况看，劝阻抽烟行为与段某死亡结果之间并无法律上的因果关系，而段某在禁止抽烟的电梯内抽烟本身又存在过错，因此，适用公平原则没有前提条件。

公民有权制止任何人在禁止吸烟的公共场所吸烟，杨某在电梯内劝阻段某吸烟的行为是合法正当的，属于自觉维护公共秩序和公共利益的行为。一审法院判决让正当行使权利的公民承担补偿责任，与民法的立法宗旨相悖，不利于促进社会文明和引导公众遵纪守法，其结果必然是对社会公共利益的损害。

侵权责任法的立法本意，是在损害结果发生时，要求有过错才承担责任，这是基础要求，它讲究的是过错，并不是存在损害结果，这正是公平正义的内在要求，是法律的意义；而公平正义的实质是不偏不倚，不是偏向弱势。可是，我们的社会一直有照顾弱者、同情穷人的心理预期，并把这种心理预期扩大到所有的纠纷或者事件中，以致在诉讼中“谁死谁有理”“谁受伤谁有理”“谁弱小谁有理”的问题异常突出。在这种大背景下，法院、法官面对社会敏感问题，面对引起社会各界关注的诉讼，往往不敢理直气壮地讲法律，而是用“和稀泥”的方法追求平衡。于是，公平责任就成为灵丹妙药，似乎只要套上公平责任，就可以不辨是非、不分曲直；似乎只要息事宁人，各方基本接受，就已达到了公平！难怪一些法官常常调侃：公平责任是个框，难办案子往里装。

二审法院终于跳出了这个框，让无过错者不担责、不掏钱，让有过错者自己承担后果，为司法中的“和稀泥”说了不，为这类案件的办理树起了一根标杆，这不仅具有法律意义，而且具有社会价值，因此舆论的好评之声，也就在情理之中了。

不能让好人吃亏，这是一种朴素的正义观。在我们的日常生活中，每一个正常运行的电梯内外，我们都能看到“不准抽烟”“禁止吸烟”“为了您与他人的健康与安全请勿吸烟”的警示牌，可是“制度上了墙，作用没几分”几乎是常态，这些警示几乎都被人们熟视无睹，不予理会，这是社会的一种悲哀。在狭小的电梯里，抽烟的危害和隐患是不言自明的，劝阻抽烟，不仅仅是劝阻不文明行为，而且是防止公共安全方面的重大隐患，这种劝阻行为必须得到鼓励。而在诉讼中，通过法院判决支持这种正能量，鼓励遵守法律法规和社会公序良俗，不但是司法机关的职责所在，而且是法律的题中应有之义。

以社会常识论，电梯内不能吸烟，予以劝阻，无可厚非，即使劝阻后发生了不可预料的后果，劝阻者也无须担责。这个案子的重大意义不仅仅体现了个案的公正，也解决了人们以后遇到类似的问题怎么办的问题。因此，通过司法判决弘扬正能量，支持和鼓励正当行为，应当成为法院和法官的核心价值观。

每一起社会公众高度关注的热点案件，都是一堂公开的法治课，这个案子的结果告诉我们，遵纪守法，尊重社会公序良俗，是每个公民的义务；维护社会公共秩序，是每个公民的责任。对于这种合法正当行为，人民法院必须依法予以支持和保护，必须拒绝“和稀泥”，司法判决必须成为社会正能量的守护神。

# 追不追：小偷逃逸跳河溺亡案

抓小偷致小偷死亡的消息不时见诸报端媒体，因抓小偷而负刑事责任或民事赔偿责任的案例在实践中一直发生。那么，在哪一种情况下追赶者担责，哪一种情况下追赶者不担责。虽然法律上有原则性规定，但是在实践中曾一度无有定论。

我们对比几起真实的案例后，再讨论这个问题。

案例一，洛阳男子曹某看见小偷骑上同事的助力车逃跑，便奋力赶去。追赶过程中，喝令小偷停车，小偷不理会继续狂奔，曹某便抽出自己系着的皮带朝小偷身上抡去，致小偷身体失衡跌落下车当场摔死。洛阳市某区法院一审认定曹某犯过失致人死亡罪，判处有期徒刑 3 年，缓刑 3 年。

案例二，广州某区水果摊主王某发现小偷偷水果，便上前驱赶，不料小偷逃跑途中倒地死亡，法院一审以过失致人死亡罪判处王某有期徒刑 2 年。

案例三，广东某县温某发现小偷盗窃他人财物，遂开车追赶并将其撞伤，被法院以故意伤害罪判处有期徒刑 8 个月，并赔偿部分经济损失。

案例四，广西灵山县吴某在某镇一小卖铺门前偷窃摩托车，得手后刚将摩托车推离时，被甲、乙和其他群众发觉追赶，很快抓住了小偷。为了出气，甲、乙与大家用竹条、小树枝抽打小偷，致小偷大面积软组织挫伤并发感染，经送医院抢救无效，小偷死亡。法院以故意伤害罪，分别判处甲有期徒刑 3 年；乙有期徒刑 3 年，缓刑 3 年。

这是公开登载于网上的四起案例。虽然抓小偷的情节各异，但结果基本一致，追赶者或被以过失致人死亡罪定罪处刑，或被以故意伤害罪定罪处刑。

于是公众吐槽：发现小偷，千万注意，追不追？不知道，打不打？不能打，真不能打。

追赶小偷本是侠义之举，属于见义勇为的高尚品质。但是，上述四起案件都给追赶者招来了牢狱之灾。一些法律专家为此评论：越是在危急关头，我们越是要冷静克制，不能让愤怒冲昏了头脑，否则即使有好的初衷，结果也会适得其反。那么我要问：难道小偷偷我的东西，我非但不能追赶，还要祝他一路走好吗？

是的，宪法有规定，公民的人格尊严不受侵犯；刑法规定，故意伤害他人身体的，或者过失致人死亡的，要负刑事责任；民法规定，侵害他人身体的，要承担民事责任。那么，当我们面对自己或者他人的财产被侵害，面对公共利益受侵害，看着正在偷窃的小偷，怎么样才能背诵着法律条文和专家语录冷静克制地追赶？这是一个需要用行为来回答的问题。

我认为，上述四个案例中，第四个案例按刑事案件论处并追究刑事责任，并无不可，而前三个案例是否承担民事责任，也需要商榷，至于刑事责任，似乎沾不上边。

我们这个社会，论人论事容易走极端化，因为对正当防卫的要求过于严苛，导致该法条几乎成为僵尸条款，而对于其他法律行为的要求，也是这种思维居多。大众之心理，专家的心理，几乎如出一辙，你必须这样做，不能越雷池一步，否则就是超越界限。“文化大革命”时，农民养七只鸭子是社会主义，养八只鸭子就成了资本主义，就要挨批斗。追小偷也类似于此，追不追？敢打吗？多追一步，多打一下，就有可能变成故意伤害或者过失致人死亡。

分析上述四个案例，案例一在追赶小偷的过程中，为了让小偷停车，追赶者抽出皮带抡了几下打在小偷身上，致小偷身体失衡跌落下车摔死，这就是很正常的见义勇为行为，根本没有超过正常限度，即使按照民事诉讼，也可以判令不予赔偿。可是追赶者却被以过失致人死亡罪定罪量刑。我想，事后追赶者肯定后悔不已，怪自己多事。案例二也是如此，感觉定罪量刑过于牵强。至于案例三，按照民事诉讼要求赔偿尚可说得过去，按故意伤害罪处理，则明显太过了。案例四是在抓住小偷后又故意殴打的，这个时候环境已经发生了变化，追赶者还不依不饶，肆意殴打，导致严重后果，因而这个案子追究刑事责任是应当的。

对于这类案件，我们的问题出在导向上。长期以来，实务界一直过于注重小偷的合法权益，忽视追赶者的正义之举，一直用放大镜观察正义者的善举，人为地设定各种框框，如果越过界限，就宣布犯规。让见义勇为者、让保护自己权益的人遵守过多的义务，要求他们处处防范小偷逃跑过程中发生的小概率意外事件，其结果让正义者畏首畏尾，裹足不前。如前面所吐槽的，不敢追，不能打，这样严苛的义务，怎么能引领正义的风尚呢？

一滴水，能折射太阳光辉；一桩案，能彰显法治道理。2018 年江苏苏州吴江区法院判处的小偷逃逸跳河溺亡案，三名建筑工地工人追赶小偷，结果小偷逃逸时跳河溺亡，小偷家属提起民事诉讼，要求三名工人赔偿损失，法院审理后驳回诉讼请求，判定追赶者无责。这是一起可以载入司法史册的案件，它成为给见义勇为者松绑的标志性案例，宣示了法不强求正义者过重义务的原则，真正从理论走到实践。

张某在一家建筑工地做工，2018 年 8 月 9 日上午，张某在工地偷窃电缆线时被发现，遂扔下作案工具逃跑。同在工地做工的倪某、覃某、尤某见状追赶。慌乱之下，张某跳入工地旁边的河中，河水没过膝盖。倪某等三人要求张某上岸，张某不听劝阻，向河水深处游去，倪某当即报警，可是没有等警察到来，张某已经溺亡。事后，张某家属起诉追赶的三人，要求对张某的死亡承担赔偿责任。

法院审理后认为，倪某在案发现场看到张某偷盗工地上的电缆线，在张某逃跑时，倪某等三人追赶的行为并无不当。在张某跳入河中后，倪某三人劝导张某上岸，但张某拒绝上岸并向深水处游去，倪某选择报警。因三人对张某欠缺游泳能力无从知晓，且三人水性不佳，不应苛求三人下河施救，故倪某三人的行为未超过必要、合理的限度，三人未下河实施救助亦无明显过错，因此，判决驳回诉讼请求。

这个判决的光芒在于，追赶小偷的正义行为得到了司法肯定。小案件涉及大道理，司法判决清晰地向民众传达了公平正义的价值导向，鼓励了阻止犯罪的正义行为。

从刑法上看，该案可从两个角度切入透视：一是有无创造作为义务。如果正当化行为引发他人的利益处于危险之中，则可能产生救助义务，但是如果危险是受害者自找的，则行为人没有救助义务。该案中，小偷自行下河，自己设定了危险，因而行为人没有救助义务。二是有无作为的能力，即便认为行为人有救助义务，但由于行为人水性不佳，不具备救助能力，在客观上亦无法成为犯罪的构成要件。

法院的一纸判决不仅仅是对一起具体案件的处理，它对社会风尚的引领也是不可估量的，小案中的大道理，最能让民众感受到司法所弘扬的公平正义能量。在类似的案件中，我们不应该对阻止犯罪的正义者苛以过重的注意义务，不能要求他们在千钧一发之际计算无误。法不能违背社会生活逻辑，处理案件也绝不能强人所难，宣扬一种根本经不起推敲的法理。

# 管不管：
## 私自上树摘果坠亡案

一游客在旅游景区游玩时，看到杨梅树上果实累累，遂攀登上树采摘杨梅，不料树枝枯烂断裂，跌落树下，经送医院抢救无效死亡。

事故发生后，死者家属将景区管理者诉至法院，认为景区管理者对于景区的杨梅树疏于管理，对游客采摘杨梅的行为没有进行危险警示和安全提示，亦未采取其他安全防护措施，属于管理职责上的不作为。正是这种不作为才导致上树摘杨梅的游客摔落死亡。同时，景区内虽然建有医务室，但没有设立紧急救援机制，因而应当承担游客跌落树下死亡的过错赔偿责任。

一审法院认为，景区管理者在行使管理职责方面有缺位问题，应承担 5% 的赔偿责任，遂判决景区管理者赔偿死者家属各项损失 4 万余元。景区管理者不服提起上诉，二审法院审理后认为，一审判决正确，遂驳回上诉，维持一审判决。

一审、二审法院均支持了死者家属的部分诉求。

景区管理者有错，死者有理，一审、二审法院都这么认为。

从网上公开的判决书来看，一审法院的判决理由是，公共场所的管理人或者群众性活动的组织者，未尽到安全保障义务，造成他人损害的，应当承担侵权责任。安全保障义务包括两个方面：一是物的方面，主要表现为保管、维护及配备义务；二是人的方面，主要表现为配备适当的人员对参与社会活动的他人提供与活动相适应的预防外来侵害的保障。杨梅树所有权人即景区的管理者，应当意识到景区有游客或者村民上树采摘杨梅，存在可能危及人身安全的情况。但是景区管理者没有对采摘杨梅及攀爬杨梅树的危险性作出一定的警示告知，存在一定过错。同时，死者从树上摔落受伤后，景区虽然设有医务室，但医务人员已经下班，没有第一时间进行救治，而且景区缺乏必要的突发事件处理预案，使死者不能及时得到医疗救助，扩大了损害结果的发生。综合案件实际情况，应酌情认定景区承担 5% 的赔偿责任。

二审法院认为，公共场所的管理者负有在合理范围内保护他人人身和财产安全的义务，如果未尽到安全保障义务，造成他人损害的，应当承担相应责任。该案的景区管理者应当意识到攀爬杨梅树采摘杨梅存在可能危及人身财产安全的危险，但未对此作出警示，存在一定过错，依法应当承担次要责任；死者作为一名成年人，应当预料到上树采摘杨梅有可能存在重大风险，但其不顾自身年纪较大，擅自上树采摘，直接导致该案事故发生，存在重大过错，因而死者对自身损害应承担主要责任。一审法院认定份额适当，理由阐述充分，应予维持。故驳回上诉，维持一审判决。

法院对该案的处理引起了网络热议。

两份判决书，在字里行间看起来出自专业手笔，逻辑论证也合乎法条规定。但是其处理结果，社会公众并不认同，先抛开法学专业，以“农村老太太”般的情感和经验认知，大家的直觉是：一审、二审的判决是不对的，不能这样判。

这是一个违反常识的处理结果。我们可以想象这样一幅图景：你偷偷攀登到我的树上摘果子，树枝折断跌落摔死了，可是却因为我没有警示，就认为没有尽到安全保障义务，就要我承担偷果者摔死的赔偿责任。请问，天下有这样的道理吗？

社会公众对一审、二审判决的质疑是对的。

法院回应了舆论关切，启动了再审程序。法院再审认为，景区管理者虽然负有保障游客免遭损害的义务，但是义务的确定应限于景区管理者的管理和控制能力范围之内。景区并未向游客或者村民提供免费采摘杨梅的活动，杨梅树本身也无安全隐患，不能要求管理者对景区内所有的树木都设置警示标志。死者作为具有完全民事行为能力的成年人，应当充分预见到攀爬果树采摘杨梅的危险性。同时，死者上树摘杨梅的行为明显违反村规民约和公序良俗。从树上跌落后，景区管理者及时拨打了120急救电话并送医救治，尽到了责任。因而，不应当承担赔偿责任。原判适用法律错误，处理结果不当，原判决应予撤销，驳回死者家属的诉讼请求。

再审结果一公布，公众好评如潮，纷纷点赞。

舆论在为再审判决叫好的同时，又指责原一审、二审法官的司法水平低劣，认为办案法官包容偷窃行径，搞不清安全保障义务，对违法者宽容，为违法者买单。

我赞同批评原一审、二审判决。

原一审、二审判决的说理，让人感到语言的拗口饶舌和司法的迁就。似乎只要阐述了安全保障义务的概念，只要死了人，就要赔偿。“谁死谁有理”，天经地义；而确定的5%的赔偿责任，似乎是用天平称量出来的份额。

毫无疑问，这是缺乏是非判断和违反常识认知的判决。爬到树上可能给人身带来的危险，人尽皆知，小孩子也清楚，这是一个根据生活常识即可判断的问题，不需要法律；管理者不需要在杨梅树上悬挂提示牌提示“攀登有风险，摘果需小心”，这也是常识；上树偷摘有过错在先，这更是常识。但是，原一审、二审法院却无视这些常识，“依法”判赔5%的经济损失，从而引起舆论炒作、公众质疑，这完全应该受到批评。

这是长期以来的司法环境以及整体社会环境造就的大氛围导致的结果。长期以来，我们在司法案件中常常用放大镜观察透视无过错一方，并经常出现一些违背常识、常理的结论。甚至在一些普通人看来很荒谬的说理，却常常出现在法院的判决书之中，正是这种顽症，让许多人在面临见义勇为甚至做一件很正常的事情时，也要左顾右盼，逡巡不前，导致社会生活中“不敢扶”“不敢救”“不敢管”几乎成为常态。于是，一些违法者往往有恃无恐，司法“碰瓷”现象屡有发生。

法律不能无视常识，司法判决不能违背常识，这就是常识。如果一个司法判决的结果是违背常识的，那么不是常识错了，而是司法判决错了，是法官把法律理解错了，适用错了，执行错了。

我们必须明确，法律不是僵死的教条。法官面对案件，判断的前提和基础很多，但是最基本的东西是常识。因而，通过常识进行判断，应该是法官的基本功。可以这样说，在司法案件中，凡是不符合常识、违背常识的结论，都是值得商榷的；通过常识可以判断的，不要硬套法律。

私自上树采摘杨梅坠亡案的再审结果，驳回了死者家属的诉讼请求，正是维护了这样一种常识：法律不允许守法者为他人过错买单，法律是公序良俗的兜底条款。因为自己的过错死亡，人们会极为同情你，但是在法律上不能支持你，你只能自行承担。

# 偿不偿：
## 冰面遛狗溺亡索赔案

法院的一纸判决不仅是对一起具体案件的处理，更是对社会风尚的引领。司法实践中处理的有些小案件，看似很“小”，但是却能产生巨大影响力，传递法治正能量。这起载入最高人民法院2020年工作报告中的案例正是如此。

2017年1月16日，支某外出遛狗迟迟不归，家人寻找未果报警。经公安民警查找，发现支某在永定河拦河闸南侧消力池内的冰上遛狗时，跌入池内溺亡。此后公安机关出具《鉴定结论书》，认定支某溺亡，不属于刑事案件。同年10月，支某的亲属向北京市丰台区人民法院提起民事诉讼，以北京市水务局、丰台区水务局、北京市永定河管理处、丰台区永定河管理所对永定河河道及河道水利设施负有行政管理职能、未尽到安全保障义务为由，要求共同赔偿丧葬费、死亡赔偿金、幼儿抚养费和精神损害抚慰金等共计62万元。

法院审理认为，支某溺亡地点位于永定河拦河闸侧面消力池。从性质上看，消力池系永定河拦河闸的一部分，属于水利设施的范畴，并非对外开放的冰场；从位置上来看，消力池位于拦河闸下方的永定河河道中间处；从抵达路径来看，抵达消力池的正常路径，需要从永定河的沿河河堤下楼梯到达河道，再从永定河河道步行至拦河闸下方，因此无论是从消力池的性质、消力池所处位置还是抵达消力池的路径而言，均难以认定消力池属于公共场所，而侵权责任法中的安全保障义务是针对经营性公共场所管理人的法定义务，故永定河管理处对消力池冰面不负有安全保障义务。据此，一审判决驳回了支某家属的全部诉讼请求。

从侵权责任的构成上看，本案所涉永定河道依据一般常识即可知晓，无论是进入河道或在冰面行走，均容易发生危及人身的危险，对此类危险后果的预见性，并不需要管理机关事先的警告、告知，也不需要专业知识，根据一般人的认知就能知晓。支某作为一个完全民事行为能力人，进入该区域并导致自身溺亡，主观上具有过于自信的过失，其行为属于侵权责任法上的自甘风险行为，应自行承担相应的损害后果。

法院在判决中还特别指出，赔偿的责任方是否构成侵权，需要法律进行严格界定及证据支持，不能以情感或结果责任主义为导向，将损失交由不构成侵权的他方承担。成年人是自身安危的第一责任人，不能把自己的安危寄托在国家相关机构无时无刻地提醒之下，不随意进入非群众活动场所是每一个公民应当自觉遵守的行为规范。

一审判决后，支某亲属提起上诉，二审法院驳回了上诉请求，维持了一审判决。

这个案子法院判决时侧重于事发地不属于行政管理机关的管辖范围，因而不应承担责任，极具合理性，并且对于死者自甘风险的行为性质的分析也极具法理性，故对法院的判决应当点赞。虽然支某的溺亡让人痛心、同情，但是，决不能牺牲法律进行迁就，更不能以正义为代价进行补偿。必须明确，自甘冒险必须自负其责，他人不能为自甘冒险者买单。司法裁判必须厘清是非，弘扬社会正气，建立良好的社会秩序和公民行为边界，不能让没有违法者为他人的无知无畏担责。

# 救不救：
## 马路撞人二次辗轧案

2011年10月13日，一出惨剧发生在广东省佛山市。下午5点30分左右，在佛山市南海黄岐的五金城里，2岁女童小悦悦走在巷子里，被一辆驶来的面包车撞倒，面包车稍作停顿后便辗轧而过。几分钟后，又一辆小型货车同样无情地从躺在巷道里的小悦悦身上辗轧过去。此后7分钟，从小悦悦身旁经过了18个路人，他们都视而不见，不闻不问，无一人伸手救援。直至最后，一位捡垃圾的阿婆出现，才把小悦悦抱到路边并找到她的妈妈。小悦悦被送往医院抢救八天，救治无效死亡。

事发后三天，《羊城晚报》登载了《两车先后碾过女童，十多个冷血路人见死不救》的新闻报道，引起媒体热炒，民意沸腾，该案件从此成为全国关注的热点案件。

这起案件的司法处理早已尘埃落定。但是，围绕肇事司机的定罪量刑和18名冷漠的路人，以及由此引发的社会问题所产生的争论，时至今日仍在继续。

第一辆车的司机，从公安机关侦查到检察院起诉再到法院判决，均以过失致人死亡罪定性，一审法院对司机处刑三年六个月，上诉后二审法院没有改变定性，但对民事赔偿部分主持调解，在司机赔偿30万余元，取得受害人家属谅解后，二审改判司机有期徒刑两年六个月。

据以定罪的事实和理由是，第一辆车的右前方将小悦悦撞倒，右前轮压过小悦悦的上半身，司机感觉异常，曾出现两三秒的停顿，但并未停下车，在观看后视镜未发现碰撞物时，以为压上了路边的物品，没有意识到压上了人，遂继续开车前行，车后轮从小悦悦胯部压过。三天后，司机在网上看到案发监控录像，确认自己撞了人后主动到公安机关投案。法院认为，被告人在公共交通管理的范围外，驾驶机动车辆因过失致人死亡，因而构成过失致人死亡罪。被告人犯罪后主动投案，如实供述自己的罪行，属自首，且案发后赔偿了部分医疗费，应从轻处罚。

从案发之日起，小悦悦案件就在网上引起热议，网民表现出了极大的愤慨。

大多数网民认为对肇事司机的处罚太轻，一些人认为应该按照故意杀人罪定罪处刑。更多的人则是从良知和道德的角度，对司机的冷血和路人的冷漠进行谴责、质问和反思；一些人甚至推动“见死不救”立法，建议刑法增加见危不救罪和见死不救罪两个新罪名；还有一些人则继续祭出动机论和阴谋论的大旗，要求对案件进行深入调查，还原事实真相。

其实，这一切，都是把简单的问题复杂化了。

好多事情没有人们想象的那么复杂！

对于第一辆车的司机处罚足够了。法院按照过失致人死亡定罪，无论是一审处刑三年六个月，还是二审处刑两年六个月，应该说都不轻。一审法院是按照过失致人死亡罪的前款量刑的，“过失致人死亡的，处三年以上七年以下有期徒刑”。二审法院是按照后款量刑的，“情节较轻的，处三年以下有期徒刑”。对于第二辆车的司机，我没看到判决书，网上也查不到据以量刑的理由，法院应该还是按照过失致人死亡定罪处刑的，因为前后两位司机的行为如出一辙。按照通说，定过失致人死亡罪的原因，主要是因为肇事的这条道路不是公路，是一个巷道，不属于公共交通管理法规范围，在这种情况下，司机疏忽大意或者过于自信致人死亡，这个时候不具有危害公共安全的性质，因而不应定交通肇事罪，应定为过失致人死亡罪。《最高人民法院关于审理交通肇事罪具体应用法律问题的解释》第8条第2款规定："在公共交通的管理范围外，驾驶机动车辆或者使用其他交通工具致人伤亡或者致使公共财产或者他人财产遭受重大损失，构成犯罪的，分别依照刑法第一百三十四条、第一百三十五条、第二百三十三条等规定定罪处罚。"可见法院以过失致人死亡罪对司机定罪处罚，并无不当。

但是，不知大家是否注意到，"过失致人死亡"的定性，才是引起网络热议的根源。网民们认为，明明是故意，怎么会是过失？感觉到车轮下压了什么，停顿几秒后车又开走了，为什么不下车查看？分明因为致死赔偿得少，致残赔偿得多，才故意辗轧死的。因此，无论是一审还是二审，都被认为判得太轻了，放纵了罪犯，据此网民认定司法不公正。这些层层升级的疑问，虽然在逻辑上经不起推敲，但却很符合大众心理。揣测被告人的动机，以最大的恶意去定义指向的行为，一直是貌似为正义发声的逻辑推理，正是这种动机论，让各种疑问登堂入室，裹挟了民意。

该案以过失致人死亡罪定性，在法理上是可以的，无可厚非。尽管民意汹涌，然而无论如何也定不了故意杀人罪，在这一点上民意裹挟不了审判。然而，民意却足以摧毁司法的公信与权威，一审判决被骂得体无完肤，有的网民把小悦悦案比作彭宇案和许云鹤案之后司法不公的第三案。

对于这个案子的定性，我是不赞同定过失致人死亡罪的。说到底，我不赞同最高法司法解释的观点。该解释把简单问题复杂化了，导致这个案子引起公众愤怒，审理法院背锅。这类案件应一律定为交通肇事罪，这更加符合正常人的认知，也能让法官在理解法条时更加直观一些，轻松一些。按交通肇事定罪，简单明了，公众认同，符合大众认知，可以把复杂的问题简单化。而按照司法解释，搞得这么复杂，看似慎重，实则各种疑问会出现。

我们设身处地分析，这类案件本质上也就是一次交通事故，定过失致人死亡与定交通肇事，法定刑的幅度是一样的，都是三年以下有期徒刑，那么为什么要人为地区分呢？按交通肇事罪定性，既符合实际，又减少不必要的群众误解，根本没必要人为地按照道路的性质区分犯罪行为。即使在肇事之时，个别司机真的心存歹意，但是实践中也是没有办法查清其真实动机的。相反，却有可能因为过于注重动机审查，制造出一些冤案。

在指责司法不公的同时，对于案件涉及的18名路人，网络上的谴责更加严厉，甚至上升到民族性的高度。有人慨叹："十八个路人的冷漠，不是个别人的麻木，而是一个民族的冷漠，那见死不救的十八个路人，虽未触犯法律，却自有道德谴责。""一个人不扶是道德败坏，一群人不扶，是社会的悲哀。""有必要将见死不救入刑，以引导道德风气。"还有学者把小悦悦案件归咎于社会风气的败坏，以及法律条文或相关案例的负面作用，认为是这些综合因素导致了小悦悦及其关联案件的一再发生。

我要说，问题远没有那么严重。把一起小概率案件归咎于整个社会风气的败坏、法律条文的缺失和相关案例的负面作用，貌似深刻，其实是非理性的。

不能因此认定世态炎凉和人性丑恶。人性这东西，很奇怪，处处冷漠，又处处闪光，心理学上的多元无知效应和社会认同原理，正是这种现象在理论上的抽象概括。

《纽约时报》报道过一个案例，1964 年的一个深夜，美国一位名叫凯瑟琳·基诺维西的 30 岁女人下班途中，在纽约皇后区一条街道上被刺杀，在长达 35 分钟的时间内，攻击者接连追逐、袭击了她 3 次，整个过程中凯瑟琳一直在尖叫呼救，而她的 38 个邻居都从自己的窗户里观看了谋杀的整个过程，却没有一个人报警。案发后，在问到为何不报警时，目击者大多声称不想卷进去。媒体的报道大多将这一事件聚集到美国国民的冷漠无情和自私自利上。

心理学家比布·拉汤内和约翰·达雷专门研究了这种现象，他们得出的结论是：该案与冷漠和自私关系并不大，之所以没有任何人采取措施，恰恰是因为有太多的旁观者。当周围有多个可能帮忙的人时，每一个人的责任感便降低了，每个人都以为其他人会去帮忙或者已经帮了忙，而结果却是没有一个人帮忙，这就是多元无知效应。同时，在针对某一个特定事件的态度上，人们习惯于从其他人的反应来对事件作出判断，别人怎么做，自己也就不自觉的怎么做，这是社会认同原理。

因此，当处于某一个紧急事件当中，只有一个旁观者在场时，受难者得到帮助的概率是 31%；旁观者越多，得到帮助的概率越低。在旁观者互不认识，无法确定事件是否属于紧急状态时，多元无知和社会认同最容易发生，因而形式上表现出的冷漠、麻木，是人们对事件作出的错误判断，大多与道德无关。从这个意义上看，小悦悦案件，无关乎世态炎凉，更谈不上人性丑恶。

在这类案件中，应当反对动机论和阴谋论。

交通肇事中的二次辗轧事件时有发生，有一种较普遍的说法是，肇事的司机有一种心态，撞伤人的多次赔偿不如撞死人的一次赔偿，与其去填无底洞，不如一次性了结，从而故意将人辗轧死。诚然，撞残不如撞死的心态在个案中确定存在，但是将所有的二次辗轧都归结于此，则明显属于以点概面、以偏概全。我们不能因为一个案件引起的公众愤怒，就抽象出一条普遍性的认知，让司法认知也顺从公众情绪，用二次辗轧背后的潜规则掩盖通过证据进行的理性判断。

在小悦悦案件发生的六年前，2005 年 1 月 27 日晚，河北石家庄发生过一起二次辗轧事件。司机马某某酒后驾驶本田车在马路撞倒一位行人后，将车后倒，对倒在地上的伤者再次辗轧，整个过程前后共计几十秒钟。伤者被随后赶到的救护车送到医院，救治无效死亡。马某某最后被以故意杀人罪判处死刑，于 2007 年 1 月 5 日执行。

二审法院认定的理由是，马某某在交通肇事后，开车调头返回辗轧被害人，故意非法剥夺他人生命并致人死亡，其行为已构成故意杀人罪，且犯罪情节特别恶劣，犯罪后果特别严重，应依法严惩。

我们尊重二审法院的权威和判决的正确性。

但是马某某始终不承认故意去二次辗轧。提起事发时的情形，马某某一直说，当时喝了一瓶多不到两瓶啤酒，不知道撞的是人，根本就没有看到那个行人，撞了后也不知道是人，车调头是想回去看看发生了什么，因没有看到什么情况就又走了，如果看到就出不了后来的事。

公众普遍认为，马某某的行为代表了许多司机的一个心态，撞残不如撞死，从而二次辗轧故意将人压死。

我们相信一审、二审法院的判断，马某某确属故意辗轧，死有余辜。但是，不能因此推断出所有的二次辗轧都是有意为之，是故意杀人，即使已被法院判处的小悦悦案司机，至今仍然有人认为是故意杀人，呼吁严刑峻法。

世界上有一种正义的恶，就是把很多轻罪或者无法确定行为性质的过错，恨不得都拔高到判处死刑而后快，这种恶因为包裹在群体的正义声音里，我们往往认识不到其危害。比如网上建言的见死不救罪、见危不救罪，等等，正是如此。试想，如果真的设立了见死不救罪，那估计连围观者都不会有了，所有的人都会逃离，也根本不会有人去作证说某人见死不救，因为作证者也构成见死不救罪。因此，我们针对司法个案，一定要一案一议，不能把个案问题无限放大，应该让法律的问题归法律，让道德的问题归道德。

# 为不为：
## 撞伤儿童离开遇阻猝死案

某居民小区内，一老人骑自行车与一五岁男童相撞，男童受伤，右颌出血倒地，老人置之不理准备离开。一女士见状阻拦老人并与之争执，老人随即倒地，不久因心脏骤停死亡。事发后，老人的家属将女士起诉至法院，要求赔偿损失，赔礼道歉。

法院审理后认为，女士阻拦老人，是基于其撞伤男童后漠不关心的不道德行为，阻拦的方式和内容均在正常限度内，不具有违法性。老人死亡是因疾病猝死，其身患脑梗、高血压、糖尿病、癫痫等多种疾病，事发前一周曾在医院就医，与女士阻拦的行为不具有法律上的因果关系，且老人不道德及违法行为实施在先，女士阻拦老人离开，不存在损害的故意或过失，而是基于正义。同时，事发前女士与老人互不相识，对老人的疾病也不知情。因此，女士对其实施的正当行为引起老人猝死的后果是无法预见，也是不应预见的。在老人倒地后，女士及时拨打了急救电话予以救助，尽到了路遇者的责任，主观上无过错，故女士不承担侵权责任。

这个案子判得好，判决一经宣告，立即赢来一片赞誉。

侵权案件无过错不承担责任，这是法治社会必须恪守的基本常识，见义勇为者应该受到鼓励，这不仅是道德要求，也是法律原则，这也是文明社会必须遵守的基本准则。在这个案件中，法院和法官恪守了这个常识和准则。

该案死者家属同时还起诉了小区的物业公司，认为物业公司管理职责不到位，亦应担责，但是法院仍然驳回了诉讼请求，判决物业公司不承担责任。

我完全赞同法院判决。老人死亡的原因是心脏骤停，在女士阻拦老人离开的过程中，物业公司保安人员也到场劝阻，他们履行正常的管理职责，而老人死亡的后果与物业公司的管理职责履行情况之间，似乎风马牛不相及。假如要物业公司承担责任，那么是承担什么责任？是基于合同承担违约责任，还是基于侵权承担侵权责任？因此，判决物业公司不承担责任是正确的。

这个判决的现实意义还在于，打破维稳思维，拒绝“和稀泥”，向“谁死谁有理”坚决说“不”！

长期以来，司法实践中形成了一条不成文的规则，在处理个案时，以息事宁人为第一选择，以维护稳定为价值追求。在这种语境下，往往对无过错的一方异常苛刻，对有过错又善闹事的一方比较纵容，导致了“谁闹谁有理”“谁弱谁有理”“谁死谁有理”现象到现在还没有绝迹。法院和法官面对这些案件，不敢理直气壮地下判，而是一直坚持“安抚为上策”的办案思路，追求相安无事的和谐，确保当事人不闹事、不上访。为了达到这个目标，就以调解为着力点，想方设法让死者一方获得一些金钱补偿，用花钱买平安的土办法摆平纠纷，秉持的是“反正对方死了人，多少也得赔点钱”的思想，进行司法迁就。在这种思想支配下，采用打一方压一方的“和稀泥”方法，有时不分青红皂白，不管是非曲直，强行归责，对当事人是否有过错采用模糊的似是而非的语言表述，在结论上运用霸凌词语，甚至滥用公平原则，为了平息纠纷，不管是非责任，硬靠到公平责任上。凡此种种，是为了找一个说得过去的理由，让一方掏钱解决问题。

而这个案子，法院、法官摈弃了长期以来的顽瘴痼疾，正确适用了侵权责任中的过错责任原则，让有过错的承担责任、无过错的不承担责任，让路见不平、见义勇为的侠义举措得到司法肯定，让不道德行为付出代价，让司法碰瓷受到遏制，真正通过司法个案体现社会正义。

最后，需要特别强调的是，在办理侵权责任案时，决不能用显微镜透视正义行为，搜寻过失，而必须维护大义。还必须明确，司法不能强令行善，我可以同情你，但是我无法支持你，你有民法上的过错，对方无过错，那么你只能自作自受。同时，见义勇为必须得到鼓励，这不仅是道德要求，也是法律原则。

# 当不当：
## 病人飞踹医生反被致伤案

这是一起被载入最高人民法院工作报告的小案件。但是这个案件激活了长期以来正当防卫条款的僵尸状态，成为一起名案。

2016 年 6 月 6 日下午 5 点左右，病人叶某某到某诊所结算其因看病所欠诊所的医疗费，诊所医生王某某与其核算后，因叶某某不能即时结清，双方发生了争吵，继而厮打。叶某某后被同村村民劝出诊所大门外。十几分钟后，叶某某从诊所外的大路上再次折回诊所，冲到王某某面前抬起右脚蹬踏王某某，王某某侧身躲闪时用手甩开叶某某的右腿，叶某某摔倒在旁边的电动车上，致左侧腓骨中下段骨折。

一审法院认为，王某某因故与叶某某互殴，致叶某某受到伤害，损伤程度达到轻伤二级，其行为构成故意伤害罪。判决王某某构成故意伤害罪，判处有期徒刑一年，并赔偿各项经济损失共计 13 689.41 元。

王某某不服提起上诉。二审法院认为，叶某某因未带钱到诊所算账，与诊所医生王某某发生争执厮打，在被他人劝离诊所后，再次进入诊所院内冲向王某某，并用脚踩王某某的行为属不法侵害。双方厮打停止后，在叶某某突然袭击王某某的情况下，为阻止叶某某继续实施伤害行为，王某某侧身躲闪并用手甩开叶某某的腿，致叶某某倒地砸在他人的电动车上造成左下肢腓骨骨折。王某某自始至终没有离开诊所，没有侵害叶某某的故意，王某某为使本人的人身免受正在进行的不法侵害而采取的行为，具备法律规定的正当防卫条件，虽致他人轻伤，但防卫手段、行为没有明显超过必要限度，亦未造成重大伤害，属正当防卫。故王某某不负刑事责任，亦不承担民事赔偿责任，遂撤销一审判决，宣告王某某无罪，且不承担民事赔偿责任。

对于该案涉及的医患关系问题，我们姑且不论，仅通过这个案件讨论正当防卫问题。

正当防卫是指对正在进行不法侵害行为的人采取的制止行为。即使对不法侵害人造成一定损害，但只要在合理限度内，就属于正当防卫，这是公民行使防卫权的行为，我国《刑法》第 20 条第 1 款明文规定正当防卫不负刑事责任。但是，长期以来，正当防卫的法律规定在具体案件中很少动用，基本上成为僵尸条款。我从事法官职业三十年，竟然没有经历过一件正当防卫的案子。究其原因，主要有两个关键因素。一是长期的惯性思维。长期以来，司法实践中形成了这样的误区：只有暴力侵害发生的一刹那，才能实行防卫；只要双方打斗就是互殴，就不是防卫；只要发生死伤结果，就是防卫过当。这三种理念上的误区，在司法人员头脑中根深蒂固。二是畸形的维稳思维。长期以来，基层社会在维护社会稳定的过程中，形成了一种非理性思维，就是稳定压倒一切，只求稳控结果，不管具体过程，这就导致不管发生什么事情，都以追求“不闹事”为目标，伤了人，或者死了人，就不分青红皂白，打一头压一头，追求“花钱买平安”的效果，一切以平息事态为标准。正如最高人民法院前副院长沈德咏在谈到正当防卫沦为僵尸条款时指出的那样，现实中“不管死伤者的行为本身是否正当，其家属、亲属往往以此为由向司法机关施加压力，有的甚至形成集体闹访，危及社会稳定”。这种来自死伤者家属的压力，法院和法官根本不敢或无法启动正当防卫条款，一般情况下只能按照“谁受伤谁有理”“谁伤重谁有理”的思路对待个案。这就导致现实中的医闹、校闹、暴力袭医甚至暴力袭警等行为经常发生，长此以往，正义者被捆住手脚，施暴者却肆无忌惮。

这个案子的一审法官正是钻入了这种误区，才作出有罪判决并判赔了经济损失。

该案中，叶某某因对医生不满采取了过激行为，最终造成了被伤害的后果。法院二审以正当防卫为由改判无罪，从司法上还防卫者以清白，也厘清了正当防卫的边界，为公民自救撑了腰。

在大是大非面前，法律不能“和稀泥”。查明事实真相，合法的给予保护，违法的作出惩罚，公平公正作出处理，这本来是社会正义的题中应有之义。只有这样，才能消除弥漫社会的暴戾之气，让施暴者收敛。

其实，我国关于正当防卫的立法是完备的、科学的。早在“97 刑法”刚颁布时，就有学者认为我国关于正当防卫的条款属于无限防卫权，《民法典》又对正当防卫的民事责任进行了具体界定。当然，无限防卫权并非没有限制，并不完全等于“以暴制暴”，这是个很复杂的刑法理论问题，非此处要阐释的问题。这里关注的是另一层面的含义。

长期以来，我国司法实践中对正当防卫的要求，比较严苛，明显偏重于保护受伤或死亡一方的利益，严重束缚了防卫公民的手脚，这是导致正当防卫的法律规定一直沉睡的根本原因。所以，司法实践中的正当防卫案例，具有特殊意义。而激活正当防卫的法律条款，让公民敢于行使这一法定权利，确保在面对不法侵害时无须缩手缩脚，既是法定条款的初衷，也是社会主义核心价值观的要求。

关于正当防卫，最高人民法院缺少这方面的司法解释和经典案例，最高人民检察院曾印发过一批指导性案例，阐述了正当防卫的界限和标准，极具实践价值。比如，预知有人意图伤害自己，便随身携带刀具及其他防身武器，之后真的遇到伤害，此时拿出随身携带的武器将对方击伤甚至一击致死。这种情况在以往极大概率会被认定为“防卫过当”甚至“故意伤害”。但是，最高人民检察院认为，只要确实存在“行凶”的事实，即使事先预备了防卫器械，也不影响正当防卫的认定，仍然属于正当防卫，不承担刑事责任。又如，别人拿刀砍你，你可以勇敢地拿刀砍回去。以往会重点比对双方的伤势是否均等，如果防卫一方的伤势明显轻于加害一方，则被认定为防卫过当。但是，最高人民检察院认为，不能以结果论防卫是否过当，而应以手段论，只要暴力手段对等就可以认定为正当防卫。

同时，当别人拿刀砍你，你夺下刀砍回去，对方跑了，你如果觉得不安全，可以继续追着砍。这种情况就是著名的江苏昆山“社会我龙哥”被于某某夺刀砍死案。公安机关最初认定于某某抢刀在手后，龙哥已经失去了继续加害的能力，于某某的行为属防卫过当，但是检察机关认为龙哥跑回车里仍然不能排除再次实施危险行为的可能，所以于某某追上去再砍几刀，仍然属于正当防卫。最高人民检察院认可这个案例的意义在于，此后正当防卫的时限可以大大提升。

总而言之，关于正当防卫的当与不当，不能站在上帝的视角苛责公民，要求公民面对气势汹汹的暴力伤害，必须保持绝对冷静，在防卫时要拿捏得恰到好处，而是要树立正确理念，强化责任担当，激活沉睡的僵尸条款，充分彰显对防卫者的优先保护理念，最终弘扬正气，彰显社会公平正义。

但愿病人飞踹医生被致伤案彻底激活正当防卫条款的僵尸状态。

# 赔不赔：
# 聚餐饮酒死亡索赔案

聚餐饮酒死亡后家属索赔的案件，近几年一直是社会热点问题。之所以热，并非其复杂或者重大，而是因为赔还是不赔？在司法实践中，处理这类案件有一个奇怪现象，对于绝大多数案件，法官与社会各界在私下里都认为不应该赔偿，但是最终的处理结果，却往往是几乎无一例外地赔偿。久而久之便形成了一条定律，聚餐饮酒中，只要死了人，同饮者基本上脱不了干系。

我们不妨看看以下几个案例。

案例一，一男子聚餐时未喝酒，饭局结束后开车送醉酒的朋友，到朋友住处附近后，朋友从副驾驶座下车，招手说自己可以走，男子便调转车头离去。可是这位朋友当晚没有回家，而是在住处附近自杀身亡。家属遂将开车送人的男子诉至法院，法院以未尽到合理注意义务为由判决男子赔偿死者家属 7 万余元。

案例二，甲、乙二人系朋友，乙为感谢甲帮忙，在一小餐馆请其吃饭喝酒。酒后乙要去歌厅唱歌，甲不愿去遂分开回家。可是乙并未去唱歌，而是走进高速公路转悠，被一辆货车撞死。根据鉴定，货车司机应承担事故的次要责任，法院判决货车司机赔偿 30 万余元。之后，乙的家属以饮酒后甲没有尽到安全注意义务为由，要求赔偿损失。经法院调解甲赔偿 1 万元。

案例三，某单位领导召集几个下属聚餐饮酒，并猜拳行令娱乐。酒后几个下属共同送领导回家，可是走到领导家楼下时，他执意不回家，要去单位宿舍。下属们又送其到单位宿舍，并将领导搀扶到床上躺下后离开。谁知当晚领导酒醉呕吐，呕吐物堵塞气管窒息死亡。事后领导家属要求聚餐饮酒的下属赔偿。经政府信访部门调解处理，聚餐饮酒的下属每人赔偿 2 万 ~6 万元不等，共计赔偿 30 万余元。

案例四，几位出差的公职人员路过某县城，中午时分，在宾馆餐厅吃饭喝酒。其间，他们认识的一位当地美女进入餐厅主动敬酒，之后他们又相互敬酒，然后美女离开。可是谁知当晚这位美女在家死亡。其家属要求几位公职人员赔偿损失并向纪委举报。这几位公职人员遂每人赔偿几万元、十几万元不等，同时还被纪委监委给予党纪、政纪处分。

案例五，为商谈工程项目，李某陪同领导接受合作方宴请。席间，大家都喝白酒，没有相互劝酒的情形。当晚 9 时许，宴会结束回到酒店时，李某显出醉态，大家将其送到房间休息。凌晨 1 时许，住在同一房间的王某醒来，发现李某面色发黑，情况异常，喊叫也没有回应，遂联系领导和同事，并拨打 120 电话求救。最后李某在医院抢救无效死亡，医院诊断为酒后猝死。李某家属向法院起诉要求领导及同事赔偿。法院审理认为，与李某同行的领导及其同事未尽到合理注意义务，具有一定的过错，判决承担 10% 的责任。

上述五个案件，无一例外地都涉及赔偿，有的是通过法院判决或调解，有的是通过党政机关协调处理，赔偿的理由或者含糊其辞，认为在共同饮酒中有过错，或者认为同饮者没有尽到合理注意义务。但是，客观地分析，这五个案件同饮者都不应该赔偿。从案件情况看，我们在法律上根本难以找到同饮者的过错，也没有理由说同饮者未尽到合理注意义务。第五个案件的赔偿问题，是不是工伤死亡应由单位赔偿是另一个问题，但是让共同参加宴会的单位同事个人承担 10% 的赔偿责任，实在是没有任何法律或者法理依据。之所以都作了赔偿，原因只有一个，维稳的需要和由此形成的维稳思维。

长期以来出现这类事情，地方党委、政府基于维稳的需要，一般均由公安或者信访部门出面，给共同饮酒人施加压力，尽量满足死者家属的赔偿要求，以达到平息纠纷的目的。长此以往，无论是党政机关还是群众、当事人，都形成了一种思维定式，只要死了人，赔偿就是天经地义、理所当然。法院受理这类案件后，赔不赔、赔多少，起作用的不是法律，而是维稳语境下的思维定式。于是“谁死谁有理”“谁闹谁有理”便成为一种司法正确，“有理三扁担，无理扁担三”，聚餐饮酒中只要死了人，同饮者几乎无人幸免责任。这样，在司法实践中，便自然而然地形成了一条心照不宣的处理原则：以赔偿为原则，以不赔偿为例外。聚餐饮酒中，凡是参与者几乎都被认定有过错；凡是死了人，几乎都认定属于没有尽到合理注意义务，“注意义务”便成了这类案件的一个框。实在找不到过错，就以公平原则和人道主义为理由进行补偿，反正人死了，“谁死谁有理”，参与者必须掏钱。

聚餐饮酒死亡案件，从法理上来看其实很清楚，就是一般的侵权案件，应该适用过错责任原则，即共同饮酒人有过错就承担责任，无过错则不承担责任。这是民法的基本原则，无人不知无人不晓。其实，在具体案件中，如何确定过错也不是多么困难的事，只需具备一般人的常识即可，在一般情况下根本不需要冗长、晦涩的法理分析。司法实践中，一些法理分析的目的就是寻找赔偿的理由，但却因违反常识反而沦为笑柄，让公众吐槽。比如，对于注意义务，事实上形成的逻辑是：因为我送了他，反而要担责，如果不送，那就没有什么事；向你敬酒前，我必须说，且慢，让我先测量你的血压，测试你的心率……

我们必须纠正这种聚餐饮酒死亡案件处理中的偏差，向长期以来形成的行政与司法双重的“和稀泥”现象说“不”！处理这类案件必须回归常识。

我国的酒文化源远流长，饮酒早已渗透到社会生活的各个领域，无论婚丧嫁娶还是亲朋好友聚会，喝酒不可或缺，所谓“无酒不成席”，敬酒添福已经成为大众共识，酒也是人们维系社会关系的纽带。在聚餐中，敬酒、劝酒作为尊重客人的隆重礼仪和酒桌文化的“法定”程序，为社会公众所认可，饭桌上的饮酒行为其实是一种社会学行为意义上的情谊行为，也是中华民族的一种风俗习惯。在这种社会文化背景下，对聚餐饮酒后出现的饮酒者死亡问题，如果全部以结果归责，是违背大众的社会心理和常识认知的。如果只要有敬酒、劝酒的行为，就作为过错认定，或者只要酒后死了人，就认为是没有尽到合理注意义务，显然会阻隔人与人之间的正常交往，并造成人际关系中的饮酒恐慌状态。

从实际观之，这种人际交往中的恐慌症状已经显现。近年来，逢年过节，亲朋好友聚会、同学聚会等社交活动，出现了形式不一、内容大致相同的“承诺书”“责任书”，网上称为“生死状”。内容为：聚会饮酒的亲朋好友共同在一份免责承诺书上签名并盖指印，大家庄严声明，如酒后出现意外，与组织者和其他参与者无任何关系，全部后果均由本人承担，家属不得追究他人责任。可以想象一下，在那种喜庆的氛围之中，签订这么一份大煞风景的生死状，在参加者的心理上会形成什么样的印记？无疑会让正常的社会交往处于“风萧萧兮易水寒”的悲壮甚至恐怖气氛之中，长此以往，人际交往会变成什么样子？

司法判决对社会风气和人们行为的引领、导向作用是巨大的，聚餐饮酒中的死亡问题，不能单纯地按照维稳思维对待，不能为了息事宁人“和稀泥”，结果导致“谁死谁有理”成为一种“法律正确”；也不能以结果归责，将正常的敬酒、劝酒等友好行为作为民法中的过错认定，并且无限度地苛责同饮者的注意义务；更不能在无法认定注意义务的情形下，直接以公平原则补偿死者家属。目前，司法实践中对这类案件的处理，不少是违背大众的社会心理和常识认知的。

基于此，我以为，聚餐饮酒死亡案件，实际上绝大多数是基于增进情谊引发的不良结果，这个结果的产生一般情况下不存在民法上的故意或过失。正因为这样，这类出于社会生活层面的交往，立法一直没有明确的规制。长期以来，对这类事情的处理公权力也不介入，近年来随着信访缠访闹访愈演愈烈，各地把维稳作为政绩进行考量之后，花钱买平安才从社会生活衍生到司法领域，这类事情才成为司法纠纷，并且绝大多数都以赔偿为结果。可以说，这类事情本来不是案件，赔偿得多了也就成为案件。

这类事情作为案件，最初是以公平原则进行补偿，之后是一些对法律理论似是而非的法官扩大解释过错和从严苛求注意义务，最终导致以赔偿为原则、不赔偿为例外成为聚餐饮酒死亡案件处理的普遍原则，进而导致了很大的社会负效应。

聚餐饮酒死亡案件在司法实践中的偏差必须纠正。对于“过错”要掌握两个从宽。

一是从宽认定劝酒中的过错。在一般情况下，正常的敬酒、礼仪性的劝酒，甚至一些带有激将性质的敬酒、劝酒行为，不能认定为有过错；猜拳行令搞娱乐游戏节目输赢之后喝酒的，也不能认定为有过错；即使说了一些玩笑式的过头话要求喝酒，但只要不存在实质性的恶意，亦不宜认定为有过错。除非存在恶意地强迫灌酒，撒酒疯式地推搡、殴打等行为，才可以认定为有过错。

二是从宽界定安全注意义务。酒后的注意义务不能过于严苛，对于一个成年人而言，除非酩酊大醉不省人事，他人才有必需的安全注意义务，在一般情况下，不能要求同饮者负有安全注意义务，而应该要求"醉责自负"。如果大家都喝醉了，或者都喝得比较兴奋意识模糊，就不能要求相互负有注意义务。要坚决防止两种错误倾向：凡喝了酒都有错；凡死了人都是未尽到安全注意义务。

罗马法中有一种归责标准，叫作"善良家父的勤谨注意"义务，是以行为人是否尽到善良家父的勤谨注意义务来判断行为人是否有过错及是否承担过错责任，这是罗马法基于重视契约关系，对债务人的注意程度的特别要求。它要求债务人要以忠诚的信念，不折不扣地履行债务，因违反善意而造成的债务不履行，都会被视作欺诈，会无一例外地引发债务人的责任。

罗马是一个城邦国家，在商品经济发展的早期，注重调节贸易及财产等经济和民事纠纷，因而产生并制定了比较严苛的契约保护原则，这是当时社会发展的需要。但是，随着商品经济被自由市场经济取代，这种严苛保护原则也随之被公平正义的自然理性原则取代。而我们近年来在处理聚餐饮酒死亡索赔案件时，绝大多数案件在实际上是秉持"善良家父勤谨注意义务"原则，对同饮者的注意义务过于苛刻，最终形成了事实上的"谁死谁有理""谁弱谁有理"原则。

某一法律关系适用什么原则，必须与本国的传统文化和社会实际结合起来。我们一直有“无酒不成席”之说，可以说，凡是有人的地方就有共同饮酒，对于遍及城乡各地的这类事情，不能对同饮者要求过于严苛的法律义务，因而“善良家父勤谨注意义务”原则不能运用于聚餐饮酒案件。

总而言之，处理聚餐饮酒死亡索赔案件，应该以不赔偿为原则，以赔偿为例外。在具体案件中，应该以追求公平正义作为首要目标，严格以是否具有过错责任进行归责，不宜过分要求对弱者的同情和对死者的补偿；要注意防止这类案件处理上普遍的“和稀泥”现象，防止实质上的不公平；要回归常识，按照常识、常情、常理的标准，设立合理的边界，坚决避免责任的无限扩张对社会造成的负效应。

# 第二章

# 热点问题述评

真知灼见，首先来自多思善疑。

——洛克威尔

# 司法改革沉思录

司法改革是一个历史跨度很长的老题目，也是一个时代感很强的新题目。以我的水平，没有能力系统地论述司法改革这篇大文章，但是作为基层司法改革的全程亲历者，对于其成败得失，还是感受很深，思考颇多。本文这些零星的、片断式的述评，是我独立思考后的结论，也代表了相当一部分基层司法工作者的心声。

## （一）

长期以来，我一直是赞成和支持司法改革的基层法官，并从 20 世纪 90 年代开始，经常写一些文章，主张审判方式改革，主张司法体制机制改革，并在自己的实践领域推进改革。同时，我又是司法改革的批评者，对于改革中出现的一些问题，一直提出质疑并进行大胆的批评。目前，我们正在进行的司法改革到了瓶颈期，只有正视改革中存在的问题，改革才能进行下去并最终取得成功。

司法改革迄今多少年？有四十年之说，也有三十年之说，难有定论。有一种说法，1978 年恢复检察院之后，就是司法改革开启之时，此后于 1982 年 1 月中共中央作出“扩大、充实、整顿和提高政法队伍”的决策部署，目的是肃清“文革”后遗症，加快机构重建，整顿调整各级政法机关领导班子，并推进政法队伍知识化、专业化建设，这实际上也是司法改革的内容，主题是拨乱反正，恢复法制，为政法机关适应改革开放新形势、新要求，有效履行为经济建设保驾护航使命奠定基础。如果从这个意义上讲司法改革，那就是四十年。因而当四十年前，我国司法制度恢复、重建之时，也就是司法改革的序幕拉开之时。

但是，所谓改革，是指对事物中陈旧的、不合理的部分作局部的或者全部的调整，使之合理、完善，更加适合需要。从这个意义上说，20世纪70年代末80年代初，恢复、重建司法机构的过程，很难算得上是改革。而真正的改革，应该从20世纪80年代末90年代初的审判方式改革算起，迄今三十年。

在起初的前十年，主要进行一些局部性改革，从1999年起，最高人民法院连续推出“一五”“二五”“三五”“四五”“五五”改革纲要，改革从基层走向顶层设计，从局部向全面铺开。

## （二）

审判方式改革基本取得成功。

发端于20世纪80年代末90年代初的审判方式改革，肇始于基层法院。当时由于改革开放和经济发展，民事、经济纠纷骤增，案多人少矛盾突出，一些基层法院为了节省诉讼成本，提高工作效率，便采用了当事人主义模式中的一些办案方法，改变了长期以来每个案件都由法院调查取证的做法。这在当时叫作“审判方式改革”。

在此之前，我国的诉讼模式被称为“超职权主义模式”，审判方式被概括为“庭审纠问式、取证调查式、审判下乡式”。所有案件，在当事人起诉之后，只要一立案，便一切都由法院包办。审判人员在诉讼中强势而全能。每一个简单的民事案件，法院都要调查收集厚厚一叠材料，比如一个离婚案件，必须调取当事人双方的父母、兄弟、姐妹、子女、邻居、基层组织负责人的证言，没有这些材料，就不能结案。

虽然当时的民事诉讼法也规定当事人对自己提出的主张有责任提供证据，但是又规定法院有全面地、客观地收集和调查证据的义务，因而实践中便演变为一切由法院包办。但是随着形势变化，法院人员不足，经费短缺，无法包办了，于是审判方式的变革便应运而生。应该说，改革的最初动因，源于法院办案经费和人手的不足。为了节约经费，便从下而上提出、倡导“谁主张、谁举证”“一步到庭”等改革，因这些改革的实用价值，很快便在全国中基层法院全面推开，并落地生根。

（三）

在审判方式改革轰轰烈烈、取得实效的同时，也伴随着一些乱象。

大约在 20 世纪 90 年代中期，各地法院因办公办案经费紧缺，出现为了多收诉讼费，抢办、乱办经济纠纷案件的现象。在这个过程中，首先是诉讼收费乱了套，国务院制定的诉讼收费办法标准被突破了，各地法院自行规定、收取办案的“实际支出费”，根据诉讼标的的大小随机确定收费比例，有的竟高达诉讼标的的 30%~50%；其次是级别管辖乱了套，一些中级人民法院甚至省高级法院，也受理标的几万元或几十万元的案件，一些基层法院则受理几千万元甚至上亿元标的的案件，这类案件，都放在纷纷成立的“经济纠纷调解中心”“民事纠纷调解中心”调解处理。

这种现象在当时也被称为“改革创新”。其实，这种所谓的“改革”

多数就是为了收费，个别情况是为了保护当地企业，搞地方保护主义。为了多收费，就把增大办案数量作为中心工作，一些法院鼓励并要求各个审判庭甚至后勤部门，都要办理经济案件，并且分任务下指标，按收费多少提奖励。

于是乎，中基层法院的刑庭、办公室、研究室、法警队等部门，都一窝蜂地抢办经济案件，“多办案、快办案、办好案”成为风靡一时的口号；法院常常会深入企业，挖掘案源，主动寻找诉讼，名曰为当地企业发展保驾护航。审判人员外出办案，常常是由一方当事人随同，支付各项费用。“大盖帽，两头翘，吃了被告吃原告”的民谣，便是当时这种乱象的生动写照。

这个时期的主要弊端是，办案方面，“经调中心”“民调中心”无视程序法，抢办乱办经济案件，乱收费；因经费短缺，办案法官与当事人同吃同住同行，俗称“三同”，滋生并加重了司法腐败，让司法公正严重受损。这个后遗症，可以说贻害大矣！此后好长时间才完全消除。

**（四）**

在进行办案比拼、大办抢办乱办经济纠纷案件的同时，一些法院又在内设机构上做起了文章，搞审判体制机制改革。这个时候，改革的动机与目的已经不再满足于解决办案经费了，而是更多考虑政治效应。

党的十五大提出改革司法体制的问题，中基层法院闻风而动，在体制机制上进行创新和尝试。1999 年，最高人民法院发布《人民法院五年改革纲要（1999—2003）》（法发〔1999〕28 号）（以下简称《“一五”改革纲要》），指出各地自行其是的改革试验缺乏严肃性和严谨性，不利于法律的统一，要求进一步深化审判方式改革，进行内设机构改革，强化合议庭职责和改革审判机制，推行审判长选任制度，并提出“立审、审执、审监”三分立原则。

为了落实改革纲要，各地大胆试验。一些法院为了引起轰动效应，便撤销了所有的内设机构，成立“法官处”“书记官处”“后勤处”，法官处统一管理法官并负责办案，书记官处统一管理书记员，后勤处管理文秘及一切后勤保障事务。与此同时，还免去了所有的副庭长，通过公开竞争的方式，搞“审判长选任制”，由院党组发文认可，以审判长为核心组成办案团队，打破业务庭的划分界限，随机分配案件。

当时我所在工作地的上级法院也实施了这种改革，免去了所有的副庭长，进行审判长选任。有位竞选为审判长后被组织部和人大常委会免去副庭长职务的法官，他颇为失落地调侃：“副庭长本来还算个官，能写上家谱，现在变成了审判长，没法上家谱了。”

## （五）

《“一五”改革纲要》实施中，抢办经济案件等乱象很快得到遏制，“经调中心”“民调中心”被撤销，审判方式改革深入了，举证责任得到落实，举证、质证、认证程序得以规范，“立审、审执、审监”三分立原则初见成效，以审判为中心的理念也得到加强，法官中立理念被社会各界接受并认可，中基层法院院长异地交流任职基本到位，乱收费现象得到初步遏制，收支两条线经费保障体系基本建立。但内设机构改革并不成功，审判长选任等机制改革搞了不到两年时间，很快就寿终正寝，又恢复到了原来的管理模式，一些法院设置的统一的处室被撤销，审判长选任半途而废，免职的副庭长又纷纷复职。

“一五”改革的最严重问题是机制方面的乱象，中基层法院为了创新而自行其是，体制机制改革超越法律和不符合我国实际，最后走了回头路。

## （六）

“二五”改革开启后，“一五”改革前后的一些乱象得到整顿和一定程度的纠正，各地在诉讼程序制度方面进行了各种尝试。最突出和比较成功的改革主要是改革和完善了庭前程序，明确庭前程序与庭审程序的不同功能。程序正义受到重视，禁止法官单方面接触当事人，开始尝试庭前会议，进行证据交换，同时建立健全证据规则。要求开好两个庭，分别是庭前会议和庭审。

让庭审处于诉讼活动的中心地位，对诉讼中过于强调调解，并下达调解任务和指标的做法提出质疑，给诉讼调解降温。同时，对判决与调解进行了遵循司法规律和比较符合司法实际的定位，提出“能调则调，当判则判，调判结合”的原则，使司法实践中拔高调解、一味强调调解、重调解轻判决的现象受到遏制。推行量刑规范化、量刑统一问题受到重视，并在全国部分法院进行量刑规范化试点，随后在全国范围施行，同类案件在量刑上差异过大的问题得到改善，刑罚公平问题取得进步。实现了审执分立，执行力度加大，执行难有所缓解。同时，还在繁简分流、执行机制、合议庭与审委会职责等方面都进行了改革，并取得一定的实效。

## （七）

“二五”改革是取得实效的五年。

法院内部和社会各界对《人民法院第二个五年改革纲要（2004—2008）》的落实情况评价颇佳。尤为突出的是，无论是司法机关内部还是社会各界，司法理念均为之一变，法官中立理念、公平与效率问题、司法的被动功能等均为社会公众认同。但是，审判管理、法官责任制、人事管理等方面的改革，没有取得进展。同时，对庭审的中心地位、量刑规范化等改革深入程度欠缺，特别是量刑规范化改革，在全国范围全面实施过于仓促，实际施行中停留在表面的成分多，形式主义痕迹比较明显。时至今日，这项改革仍然停留在面上，没有一抓到底，没有完全落地生根。

关于量刑规范化，需要特别提及。作为全国最早进行试点工作的基层法院院长，我对此感受颇多。我认为，量刑规范化改革还需继续深化。其原因，主要是我们对于量刑基准与量刑起点的实际研究不够，大多数刑事法官对规范化量刑的理解，停留在望文生义的层面。在全面施行之初，最高人民法院对基层法院刑事法官的整体素质估计不足，基础性工作没有做到位。2009 年年初，最高人民法院确定了 7 个省的高级法院，各选取辖区内 1 个中级法院和 3 个基层法院进行试点，但是试点不到半年，没有认真征求、分析基层法院的意见，法院与高校、社科机构学者教授也没有进行深入交流，更没有针对问题深入调研探讨，就匆忙推出正式的指导意见全面施行。由于时间仓促，全面实施后的实质效果很不理想，直到现在，刑事审判在量刑方面，真正起作用的其实仍然是老办法。

客观地看，法院“二五”改革，虽然有一些目标没有实现，一些措施没有到位，但是，《“二五”改革纲要》在总体上是比较符合司法的本质和我国法院实际情况的。

## （八）

“三五”改革开始后，法院的改革工作有了微妙变化。

“三五”改革提出“能动司法”的观点，并注重多元化纠纷化解，改革的重点有所转移，突出司法的服务功能，提出“民生司法”，要求围绕“保增长、保民生、保稳定”的工作大局，增强司法服务的效果；要求着眼于从根本上化解矛盾，多做调解、协调、和解工作，提出“调解优先”，要求增强调解效果，并从具体案件改革创新，争取案结事了；要求重视“民主司法”，发挥陪审员作用，提高群众参与度，增强人民群众满意度。

在这种背景下，各地进行了眼花缭乱的各类创新。在全国法院范围内，“三调联动”“诉调对接”“司法确认”“一乡一法庭”“一村一法官”等“改革措施”纷纷出台，诉讼服务中心等硬件建设闪亮登场，各基层法院几乎是一院一亮点。

与此同时，还开展了集中清理执行积案专项活动，提出解决“执行难”问题，建立执行长效机制，这项工作通常被作为改革的一部分。从实际情况来看，这项工作取得了一些实效，但它应该是法院的常规工作，不应该算到改革工作中。而且在具体执行中，运动式的工作痕迹很明显，一些基层法院瞒报、虚报的问题普遍存在，执行案件中存在的水分很多。

## （九）

“三五”期间的改革一直存在争议。

从具体措施来看，纯司法的职能被弱化，法院的边缘化功能增强了。比如“三调联动”，比如“多元化纠纷化解”，都是要求法院主导、其他部门参与；比如“诉调对接、诉前调解”，实际上是要求把纠纷解决在诉讼之前。这些措施，都是以改革之名，在具体实施中各地法院又定任务、下指标，每年又用统计数据证明改革的效果和解决社会纠纷的作用。特别是司法确认，试图通过法院确认一纸民间协议，减少讼争和诉累，又用下达任务指标的措施促进这项工作，反过来又用实证的方法证明其功效。试想，在我国，司法权威不足，司法公信力缺失，诉讼案件的执行一直是老大难，而在“执行难”长期普遍存在的情况下，一纸司法确认的文书，怎么可能会得到有效执行？这种名为改革的东西，实际上是单纯为改革而推出的花样，从形式上看似乎可以减少诉讼，实质上却增添了法院本职工作之外的负担，增加了司法成本，浪费了司法资源。

在具体工作中，上述措施都是要求法院运用司法手段调动党政和民间的一些资源，进行诉讼之外的工作，这在实践中根本行不通。在我国，法院自己的力量非常有限，根本不具备这样的权威，调动不了这些资源。在这种情况下，强调这类改革，就等于在正常的业务工作之外又增加额外的工作量，严重浪费有限的资源。所以，无论这些改革措施的初衷多么美好，最终不但达不到目标，反而适得其反，损害司法权威。

至于“一乡一法庭、一村一法官”等，完全是哗众取宠的口号、形式主义的政绩工程，喊叫一阵风之后，一切都回归原状。

## （十）

“三五”改革期间提出的“能动司法”，当时在司法实践中争议很大。

按照当时的通说，所谓能动司法，就是要发挥司法的主观能动性，积极主动地为大局服务，为经济社会发展服务。其一，能动司法是服务型司法，法院应该运用政策考量、利益平衡、和谐司法等司法方式履行司法审判职责；其二，能动司法是主动型司法，法院应当主动回应社会司法需求，主动延伸审判职能，主动沟通协调，形成工作合力；其三，能动司法是高效型司法，法院应当根据经济社会发展要求，未雨绸缪，超前谋划，提前应对，努力把矛盾纠纷解决在萌芽状态。

能动司法本身并无不当，但是，在具体实施中，各地均对能动司法作出符合自己标准的解释，一些地方法院为了出政绩、找亮点，推出的各种各样创新举措，以点概面，用特殊涵盖普遍，都是以能动司法之名进行的。比如上面提到的那些措施，在个案中，在一些特殊时期，针对具体问题，确实有独特功效，但是，没有普适性，不能作为一项普遍的、长期性的改革推行，更不能定任务下指标。如果作为创新经验全面推行，往往会成为一种负担，最终沦为形式主义和政绩工程，并产生负效应。

“三五”改革对具体制度和程序的改革措施涉及不多，对法院制度的关注度明显高于对诉讼程序的关注，而制度问题涉及面广，非法院自身所能解决。一些改革措施，脱离了司法的本质，使“一五”和“二五”改革的成果受到一定影响，一些方面还中断了进程，个别方面甚至出现倒退。特别是对司法中立理念和法官职业化进程冲击很大，使司法机关的工作重心左右摇摆，具体目标缺乏明确性和清晰度。

## （十一）

到了“四五”改革，导向有较大变化。

“四五”改革的内容很丰富，提出了尊重司法规律，体现司法权力属性；加强顶层设计，鼓励地方探索实践。在具体的任务方面，要求建立与行政区划适当分离的司法管辖制度，变审查立案制为立案登记制，加强诉讼服务中心和多元化纠纷解决机制建设，提出人民陪审员倍增计划，确定法院员额制、选任制，法院人财物省直管，领导干部干预审判活动、插手具体案件处理的记录、通报和责任追究制度。

在具体工作中，立案登记制得到了全面落实，人财物省直管落实了一部分，法官员额制落实到位，其他的任务，与“三五”时期大致相当。

“五五”改革延续了“四五”时期的理念与做法，强调了司法责任制，强调了审理者裁判、裁判者负责，推进内设机构改革，要求院庭长办案常态化，各地还具体规定了院庭长办案的具体数量，提出执行机制改革，要求深化以审判为中心的刑事诉讼制度改革，落实庭前会议、非法证据排除，提出审判辅助人员配备机制改革。

“四五”改革和“五五”改革，规划宏伟，理念超前，基本构建了司法改革的“四梁八柱”，在实施之初赢得社会各界肯定，司法机关内部颇多振奋、期待。通过这两个纲要，以审判为中心的刑事诉讼制度改革为各界认可，罪刑法定、疑罪从无理念深入人心；法官员额制改革在制度层面得到落实，所有法官经历“重新洗牌”；攻坚破解“执行难”，让相当一部分胜诉当事人合法权益得到兑现；废止院庭长审批案件制度，实行司法责任制改革，着力落实由审理者裁判，让裁判者负责；省直管改革落实了一部分；撤并重组内设机构，也落实了一部分；等等。但是，在实践中，这些改革的许多方面，在基层法院内部意见很大。可以说，“四五”改革和“五五”改革的落实情况与改革纲要的规划之间差距较大。

## （十二）

省直管改革是“四五”改革和“五五”改革的重要内容，但是在具体实施中，实际上做成了一锅夹生饭。

社会公众和法院系统关注的省直管改革启动后，至今还没有完全落实到位。表现在两个方面：在财和物的管理上，因为直管后可能会影响一些法院的经济利益，故经济发达地区的法院持抵触情绪，不愿落实，最高人民法院的要求也有弹性，要求各地根据实际情况，因而这方面因地区差异而落实不同；在人的管理上，涉及的问题更复杂，组织人事部门与法院对此各有理解，意见不统一，于是一直拖延，现在既维持不了原来的状况，又建立不起新的格局，导致基层法院的内设机构状态并不稳定。

省以下地方法院的人、财、物由省级统一管理，曾被认为是解决地方党政机关干预司法，克服地方保护主义的利器，也被认为有利于法官的选任、晋升，并能够彻底保障基层法院的办公、办案经费。可是从2018年年底全面推开以后，情况并不尽如人意，时至今日，省直管改革的落实情况仍有待提高！

从实际观之，法院内设机构的规格编制并不明确，在政治待遇上法官等级与行政级别怎么对应，也不是很清楚。法院内部认为的法官等级级别，实际上并不为党政机关和社会各界认可。这是一个非常现实的问题，这个问题不解决，内设机构改革根本落不到实处。

## （十三）

法官员额制在形式上落实到位。

法官员额制之后，明令禁止院庭长签发法律文书、主动过问案件。这项改革，也是颇受争议的改革举措。

废止院庭长签发法律文书，目的在于强化责任制，实现“审理者裁判，裁判者负责”。但是，我国的特殊国情决定了司法责任终身制在理论和实践上的矛盾性。

我们讲党领导下的人民法院独立行使审判权，要求在办理具体案件特别是敏感案件时，要坚持政治效果、社会效果、法律效果的统一。那么，如果法官办理案件时偏离了这个航向，院庭长怎么纠正？如果案件出了问题，是法官个人负责还是法院负责？法官独立所办的案件应否由法院院长负责？请不要说这是个伪命题，这是司法实践中的常识问题。

从理论上讲，司法独立的核心是法官独立，人民法院独立行使审判权的核心是什么？应该是人民法院独立办案。我们推行法官员额制，要求法官独立办案不受院庭长干预，而在实践中又要法院对外负责，这种理论与实践的背离，导致法官员额制、司法责任制改革难以深入推进。

## （十四）

关于院庭长审批案件制度，我需要多说一点。

我们的改革，试图通过员额制和司法责任制，实现法官独立办案，不受任何干预，甚至法院内部的院长、庭长也不能过问案件，这是不符合我国司法实际的。

院庭长审批案件制度已经运行了七十年，它的积极意义与消极意义究竟哪一个大？这是需要进行实证研究后再回答的问题。我们决不能武断地把院庭长审批等同于干预办案，实际上它更多的是把关作用，把案件质量关。当然个别情况下也许真的存在干预，但是如果放任法官自行其是，司法公正廉洁的问题难道会解决得更好？

必须承认，在我们的法院，院庭长基本上是各个法院的精英。但是，我们在制度层面，却为了防止院庭长干预案件的所谓司法腐败，废除院庭长审批制度，让办案法官自行决定，从怀疑论的角度讲，这在逻辑上是不严谨的。我们假定：在审批制度下，少数院庭长通过审批搞司法腐败，那么，废除审批制度后，所有的法官都有可能自行搞司法腐败，两害相权，孰重孰轻？所以，把司法责任制作为司法改革的方向和目标，是正确的，但是，把审批制度等同于领导干预案件，并立即废除之，显然属于操之过急，脱离我国实际，贻害大矣！

## （十五）

“三五”改革以来，在政绩工程背景下推出的一些改革创新措施，我们一直将其视为改革的亮点。但是，这类改革不能算作真正意义上的改革，老百姓对此意见很大，司法机关内部也异议颇多。

比如诉讼服务中心建设。从“三五”改革开始至今，建设诉讼服务中心一直是司法改革的亮点，许多法院按照项目要求，规定建筑面积和硬件设施标准，花费大量财力物力，建设了宽敞明亮、装修考究、功用齐全的诉讼服务中心，有的法院甚至用诉讼服务中心取代了立案庭。但是其真实的情况，仍然是以前立案庭的功能，接待当事人，接收各类诉讼案件再分配到各业务庭。

事实上，试图通过诉讼服务中心消化案件，是一种想当然，根本不现实。在一些改革报道中，宣传通过诉讼服务中心消化了多少案件纠纷，取得了多么好的效果，这其实是升华、美化、夸张的结果。这些先进典型，一般在通过现场会推广学习、一阵风之后，就销声匿迹。最后除了留下一些花费大量人力物力财力的折腾痕迹，一切很快回归到它的本来状态。关于这类改革，法院内部调侃为“装修改革”，有人一言以蔽之：装潢公司的质量决定诉讼服务中心的水平。

## （十六）

显然，时至今日，司法改革到了瓶颈期。

为什么会出现这些问题？核心因素有二：一是脱离国情的本本主义，二是脱离实际的政绩工程。前者产生于理论界，后者来自实践界。

理论界从本本出发，盲目乐观，没有深入调查研究我国司法的实际问题，一方面以西方为蓝本，另一方面又紧跟并牵强附会地诠释领导层的指示精神，讲虚无的特色。比如，一些并不真正了解法院实际状况和司法实践土壤的学者教授炮轰审委会制度，认为司法不公的核心问题是审委会判者不审，并要求废除审委会制度；一些根本不清楚院庭长审批制度运作程序的人，把司法腐败归咎于院庭长审批案件，并认为院庭长审批制是审者不判，判者不审，并最终导致废止了该制度。凡此种种，这些脱离国情的理论，影响并误导了司法改革。

在司法实务界，则从政绩动机出发，大搞花样繁多的形式主义，追求轰动效应，如前所述，矛盾纠纷化解一站式建设中的一些硬件设施建设要求，以司法为民之名进行的“一村一法官、一乡一法庭”改革，突破宪法和法院组织法规定的内设机构、人事制度改革，等等，都在赚足眼球之后，基本上沦为历史陈迹。这些因素的合力，导致了目前的司法改革困难重重。

## （十七）

托克维尔在《旧制度与大革命》中写道：“一方面，旧制度下的司法权不断超出其权力的自然范围，另一方面，司法权从未全面履行其职权。……法庭时而获准制定政府规章，这显然超出法庭所辖范围；时而又被禁止审理真正的诉讼，这等于被排除于自身权限之外。”如果不知道这段话出自《旧制度与大革命》，也许有人会认为这是在描述中国法院的尴尬处境。两种模式确有类似之处。

于是，我们的司法改革形成了一个悖论：一方面，想通过司法改革解决全社会的问题，甚至幻想通过司法改革带动政治体制改革；另一方面，又解决不好法院自身的棘手问题，甚至连基层法院内设机构的规格编制也无法落实。

实际上，我国司法改革的关键问题，是彻底解决司法权威缺失和法官司法能力不足的问题。但是，我们常常会偏离这两个关键，搞四面出击，想包揽一切。我国特殊的体制是党领导下的“一府一委两院”体制，所以我们必须坚持在宪法、法律和党的各项政策之框架下进行改革。在这个意义上，司法改革必须低调进行，必须量力而行，走以司法公正为目标的司法技术改造之路。

## （十八）

习近平总书记指出，评价一个国家的司法制度，关键看是否符合国情、能否解决本国实际问题。

评价我国司法改革的成效，正是基于这两点。我们的司法改革必须面对司法实力的有限性，必须坚持在宪法、法律和党的各项政策的框架下，走司法技术改造之路。如果包揽太多，那就是越线了。

司法改革不能过于高调，不能给公众造成错觉。其标准也不宜过高，最高的规则并不等于好的规则，行之有效的规则才是最好的规则。过高的期待，超出法院自身的操控范围，必然会出现力小而任重、智小而谋大的尴尬。

英国政治理论家埃德蒙·柏克认为:“审慎和保守在所有事务中都堪称美德，在政治领域则是首要美德。”在社会变革中，特别需要稳定的司法作为稳压器，因此司法改革必须戒除四面出击、频繁变革，必须回归冷静和理性。法官职业化的目标和方向是正确的，应该始终不渝地坚持；司法责任制是必然的，但是不能操之过急；司法体制机制的改革是必须的，但是不能突破宪法和法律框架，也不能脱离我国政治、社会现实。总而言之，司法改革不能贪大图全，而应该只干司法本身的事。

# 广场舞现象及其法理属性

曾几何时，广场舞早已成为我国的一道独特风景。关于广场舞的新闻和网络文章也频频引爆舆论，社会公众见仁见智，评说不一。与此同时，广场舞大妈成为一个特定的群体，她们纱巾飘曳、舞姿娑婆，遍布全国各地的广场、公园以及城市空旷之地。北宋时有“凡有井水饮处，皆能歌柳三变词”之说，以形容柳词之热；而现在广场舞俨然也是，凡有人群的地方，就有广场舞。甚至于欧美国家的广场、街道，也会冷不丁地出现旅游的中国大妈组织的广场舞。看来，广场舞已经跳出中国，冲出亚洲，走向世界了。

对于广场舞大妈的精神必须点赞。她们风雨无阻，永不疲倦，在静谧的早晨，在欲静未静、欲暗还明的黄昏，播放着震天动地的乐曲和时而歇斯底里、时而婉转缠绵的歌声，手舞足蹈，全身心投入，好不潇洒快乐。但是，对于广场舞现象必须理性分析。

广场舞现象受到各方关注。

抨击者有之。曾因某地广场舞大妈与体育爱好者抢占篮球场、羽毛球场地，发生冲突，引起多方对广场舞大妈的批评。

赞美者居多。社会公众和有关人士对广场舞不乏溢美之词——她们跳的不是舞，是寂寞；孤独是一个人的广场，寂寞是一群人的广场舞；你可以无视我们的存在，我们一定会在这个城市中闪耀……

在这些诗情画意的赞美之外，某省2018年的公务员考试行政能力测试题，竟然运用文学的手法，通过考题褒奖、赞美广场舞。试题是这样的：

“广场舞大妈”在一种与现实生活的真实感受形成强烈对比的方式中，通过________的身心体验，表达着她们对“共同存在”的渴求。在这个意义上，广场舞已经超越了它的自然属性及其发生主体，成为一种时代________，即个体化时代人际之间共同感的缺失和对群体性兴奋的向往。

上面两处“____”的选项有A、B、C、D四个答案，应该怎么选？

A. 无可比拟 共鸣　　　　B. 如醉如痴 精神

C. 由外及内 象征　　　　D. 酣畅淋漓 隐喻

我不知道标准答案，但是揣测出题者的初衷，似乎应该选B。看到这个试题后，我一直很纳闷，一个省一级的公务员考试，竟然能出这种题目，匪夷所思！

作为个体，可以支持广场舞；作为文学，也可以赞美广场舞。但是，公务员考试不应该通过试题，去赞美、讴歌一种有争议的社会现象。

这样的试题是极不严肃的，也是不严谨的，它忽视了法律，忽视广场舞这种行为的法律属性。因为公职人员面对某一种社会现象，有必要从法律的角度去思考、去认知，以自己的法律意识和法理思维去判断哪些是法律禁止的行为，哪些是法律不禁止的行为，哪些是法律许可的行为。

不可否认，广场舞是一道风景，但是，它的行为属性在法律上缺乏正当性。

首先，广场舞挤占的是公共空间。众所周知，广场、公园、街道等均属于公共资源，是不特定的社会公众平等休闲、观赏、走路的场所，所有人都应平等地拥有和享用。在静谧的早晨，在美丽的黄昏，我们每个人都可以在公共场所散步漫游，享受悠闲。可是，突然间，这个空间的很大一部分被一群和几群大妈们割据占领，霎时间咚咚嚓嚓震耳欲聋的乐曲响起来，她们的快乐确实得到了升华，那么其他不特定的多数人会是怎样的感受呢?

显然，这些不特定多数人的眼前多了一道被迫接受的风景，而公共空间缩小了，广场舞的圈子里是禁地，不会允许游客、路人进入。这样，广场舞大妈虽然享受了自己的爱好，却缩小、挤占了其他不特定人的空间，这在民法上是不允许的。

其次，广场舞违背了边界规则。西方法谚有云：一个人挥舞胳膊的自由止于别人鼻子的地方。对于公民而言，虽然是“法无禁止即自由”，但是，公民在行使自己权利的时候，必须恪守边界规则，决不能因为行使自己的权利而影响、侵害他人权利，特别是一群人的群体活动，对这种边界规则的要求更加严格，如果行使自己的权利时影响了他人权利，就是违规了，就是违法。

最后，广场舞在侵害不特定多数人享受公共资源的权利的同时，还干扰周边的特定居民，严重影响周边居民享受安静和休息的权利，使临近的住户居民不胜其扰、不胜其烦、苦不堪言、深恶痛绝。

当然，广场舞大妈的爱好应当尊重，但是公共场所的广场舞必须严格规范。广场舞大妈们仍然可以继续自己的爱好，但必须在特定场合进行。可以在自己的家里，也可以掏钱在商业跳舞场所，但必须以不干扰他人为前提。政府也可以支持跳广场舞，但是不能支持在挤占公共空间的公共场所，而是应该划定特定场所，或者投资建立专门的跳舞场所。在特定场所，大妈们可以恣意尽情、通宵达旦，一直奔跳。公众也可以围观、欣赏，而且在这种特定场所，广场舞大妈是绝对的主角，任何公民均不得干预、指责。

# 二审法官不可过于任性

有一件极为简单的损害赔偿案件，发生于20世纪90年代。原、被告双方因琐事引起打架，被告打伤原告并撕烂了原告的衬衫，一审法院判赔了医疗费、误工费，并将撕烂的衬衫估价38元一并赔偿。一审宣判后原告不服提起上诉，二审法院对医疗费、误工费均维持一审认定，但将衬衫的估价变为48元，以比一审多出10元的总赔偿额改判。这件半新半旧的衬衫，因为二审的改判而成为该案的亮点，一些法官们便将该案件戏称为“衬衫案件”。

衬衫案件曾在很长时间内遭到调侃，可是主办案件的二审法官始终认为，自己是在行使法官自由裁量权，完全有改判的权力，并且振振有词引经据典：“并非因为我是正确的，我才是终审法官；而是因为我是终审法官，所以我才是正确的。”

是的，你有权改判，你是终审法官，你的改判确实说不上有什么错误，但是，法官大人，你太任性了！而终审法官恰恰不能过于任性。

“因为你是终审法官，所以你是正确的！”这是司法界的格言。美国联邦最高法院一位大法官说过：“不是因为我的判决是正确的，所以它才是终局的；恰恰相反，之所以我的判决是正确的，是因为它是终局的。”

我们必须正确解读这句话。法律赋予终审法官一锤定音的权力，所以必须尊重终审法官的裁判，这既是服从司法权威，也是法治社会的题中应有之义。因此，一审法院及其法官，必须奉这一格言为圭臬，尊重上级法院法官及其裁判，这在我国既是组织原则，也是法治精神。

但是，二审法官却万万不可于此过于津津乐道，将正确作为必然，为所欲为，恣意行使自由裁量权。就像那件衬衫，一审认定 38 元，二审改为 48 元，这其实不是在行使自由裁量权，这是小孩子玩过家家，这是过权力的瘾，是以行使自由裁量权之名，行乱折腾之实。

作为法官，必须清醒地认识到，法官的自由裁量权不是任性的橡皮筋。就不同的审级而言，自由裁量权只能行使一次。针对同一事项，在法律和情理的幅度内，如果一审法官已经行使了自由裁量权，二审法官应当尊重并认可，不能再以行使自由裁量权为由任性更改。比如民事赔偿中的主次责任划分，司法实践中约定俗成是 7∶3，但也可以根据实际情况进行调整，如果一审已经按 6∶4 划分了责任，这是行使了自由裁量权，在这种情况下，二审不应当再调整为 7∶3；同时，如果一审是按照 7∶3 划分的，二审同样不宜再调整为 6∶4。因为 6∶4 与 7∶3 比较接近，实在无法准确地断定哪一个划分更科学更正确，这个时候，尊重一审的认定应当是别无选择，如果任性地去改变，最终损害的是司法的权威。二审法官必须明白，一审法官无权威，则二审法官的权威也不会太高；一审法官有权威，则二审法官就有更高的权威。

还有一件 2019 年 12 月发生的二审改判案，也是涉及一审、二审法官自由裁量权的行使问题，一度曾引爆舆情，颇为奇葩。这个案子的奇葩改判，当然还有其他很多因素，但是对于自由裁量权的认识也是关键因素。

该案一审法院认定被告人犯交通肇事罪，有自首情节，减轻处刑二年，检察机关认为量刑过重，以被告人符合适用缓刑条件为由提起抗诉，被告人亦提出上诉，均要求上级法院改判被告人缓刑。二审法院审理之后，却搞了一锅端，既认定被告人上诉和检察机关抗诉不成立，又认为一审法院量刑不当，虽然认为被告人构成自首，但认为不能减轻处罚，遂改判为有期徒刑三年六个月。

这个案子，其中涉及较复杂的法理问题，比如从轻抗诉案件能否改判加重等问题，姑且不论。单就法官的自由裁量权行使问题，二审法官太任性了，简直是一副“我是终审法官我管谁”的嘴脸，不管三七二十一，狂扇一审法官的脸，权力的傲慢在此表现得极为充分。

根据案件分析，这个案子法官行使自由裁量权的范围，一是自首应该从轻还是减轻的问题，二是有期徒刑能否适用缓刑的问题。

关于自首，我国刑法规定，对于自首的，可以从轻或者减轻处罚，其中犯罪较轻的，可以免除处罚。一般的交通肇事罪不是重罪，在被告人构成自首的情况下，是从轻还是减轻，实际上没有一个十分科学的、刚性的标准，属于法官自由裁量权范畴；免除处罚，虽有“犯罪较轻”的限制条件，但亦属于自由裁量权范畴。因此，一审法官对于这类轻罪，无论是从轻还是减轻，都在其自由裁量权范围之内，二审法官应予尊重，不能再重复行使。如果一审法官适用了“减轻”处罚，在没有违反法律的否定性规定的情况下，二审法官不能将一审的“减轻”改为“从轻”，必须尊重一审法官已经行使了的自由裁量结果；如果一审法官适用了“从轻”处罚，那么二审法官可以改为“减轻”处罚，这是“有利于被告人原则”的延伸。

但是，如果一审法官适用了“免除”处罚，那么在抗诉的情况下，二审既可以改为“减轻”，也可以改为“从轻”。因为“免除”与“从轻”“减轻”之间，落差很大，结果也很悬殊，这种时候，应该考虑限制一审法官的自由裁量权，允许二审法官在总体上考量，以制约一审法官。

关于缓刑，我国刑法规定，对于判处拘役、三年以下有期徒刑的犯罪分子，根据其犯罪情节和悔罪表现，适用缓刑确实不会再危害社会的，可以宣告缓刑。缓刑的核心条件其实有一个，就是对三年以下有期徒刑和拘役罪犯，如果不再危害社会，即可以宣告缓刑。那么，根据犯罪情节和悔罪表现确定是否适用缓刑，也是法官自由裁量权的范畴。假如一审法官已宣告了缓刑，如果没有违反禁止性的刚性约束，二审法官则不宜行使自由裁量权撤销缓刑判处实刑；相反，如果一审法官判处的是实刑，则二审法官可以行使自由裁量权，宣告缓刑。这仍然是有利于被告人原则的延伸。

所以，这个引爆网络舆情的案件，如果二审法官改判为缓刑，则完全可以。但是，他们却既抛开从轻抗诉和当事人上诉，又否定一审法官的“减轻”结果，任性地升格处刑，最后判处了连“从轻”也算不上的刑罚，滥用了自由裁量权，不但体现了权力的傲慢和任性，也与刑法的诸多原则相悖。

在司法实践中，二审法官毫无顾忌行使自由裁量权的问题极为普遍，事实上已经成了损害法院司法权威的肿瘤。一些二审法官办理上诉案件时随心所欲、肆无忌惮，以随意改判案件为乐事，把改判当作体现自己司法水平和权威的机会。比如一审判处一年三个月，他改为一年二个月；一审判处缓刑，他改为实刑；一审判处十一年，他改为十年八个月；等等。这种恣意妄为，完全凭主观认知行使自由裁量权的后果，势必造成司法的权威大打折扣、法官的尊严荡然无存，并使司法公信力受到削弱。

法官，特别是二审法官，在行使自由裁量权时，必须遵守三条定律，这是司法谦抑性原则的题中应有之义。一要克制。要努力克制随意行使权力的冲动，保持谦抑、谦恭的态度；要时刻提醒自己，虽然二审法官有终审权力，能说了算，但决不可随心所欲。二要包容。如果一审法官在法定幅度内行使权力，不是畸轻畸重、过高过低，即使一审的判决不符合自己的价值观和认知，也要容忍，不能推翻。三要清醒。社会科学不是非白即黑，不是一加一等于二，有时候没有绝对标准的答案，就像责任划分上的7∶3与6∶4，大多数的时候只能是一种结合案件实际的主观感知。在这种感知中，真正起作用的是法官的良知和如何平衡利益关系的微妙计算，而且，二审的司法水平，并不一定比一审高。所以，要时刻包容、宽容、认可不违反法律刚性规定和自己不赞同的意见与观点，即使一审法官的意见超出二审法官的认知，也应当尊重，不能更改。

二审法官还要牢记，尊重下级法院法官的自由裁量权，就是尊重自己的自由裁量权，也是尊重法律的尊严和司法的权威；如果随意践踏下级法院法官的自由裁量权，不尊重下级法院法官的自由裁量权，则自己的权威亦会被蔑视。

# 以刑定罪很管用

在办理刑事案件时，以罪定刑是常态思维。但是，常态之外，还有一种逆向思维方法，叫作以刑定罪，就是根据刑期的多少来确定被告人犯了什么罪。这不是创新，也不是什么新理论，其实就是一种方法论，实践中法官们经常运用。

我国刑法分则的条款通常都是由罪状和法定刑两部分组成，前者是对行为性状的概括和描述，后者是对该行为所应负担的刑事责任的框定，刑事裁判因此被明确地划分为定罪与量刑两个部分、两个阶段。社会公众一直坚信，只要定罪准确了，量刑自然也会准确，实现公正也就自然而然、水到渠成。但是，实践中的复杂性告诉我们，有时并非如此。

司法实践中往往会出现这样的情况：一些犯罪行为，在定罪上明明白白，可是按照刑法法定条款量刑，却明显感到过重，感到罪刑不相适应；同时，实践中又常常有一些并非循规蹈矩的犯罪，导致定罪上的窘境，定此罪可以，定彼罪也行。在这种情况下，以刑定罪便派上了用场。

以刑定罪是逆向型定罪思维和逻辑，它在司法实践中一直被法官自觉或不自觉地运用，就像量刑基准运用一样，即使上升不到理论的高度，仍然存在于大多数刑事法官的大脑之中。

当一个刑事案件的定罪问题简单明了，可是按照该罪的法定刑确定刑罚时，即使按照最低线处刑，仍然感觉到明显过重时，罪刑不平衡的问题就产生了；当一个刑事案件的此罪与彼罪界限不是很清楚，而相似的一罪法定刑较重，另一罪法定刑较轻时，定哪一种罪比较恰当，也有可能产生罪刑失当的问题。在这种情况下，以刑定罪的实践价值便凸显了。

以刑定罪问题并不深奥，完全没有必要将其过于复杂化、神秘化，它其实很简单，就是一种方法论，是为了实现量刑上的公正从实践中挖掘、总结出的逆向思维方式。

通俗地讲，以刑定罪就是法官根据其经验判断，以适当的刑期逆向倒推，确定适当的罪名定罪，即先寻找符合该行为的刑期幅度，之后以与该行为最为契合的罪名定罪，通过逆向倒推，运用刑期反制定罪，以达到罪刑相当，罚当其罪。

有这样一个案例，颇能说明以刑定罪的实践价值。

甲在火车上向乙索要香烟被拒绝，遂扇乙两耳光，并从乙衣服口袋里掏走香烟两盒、现金 78 元。一审法院认定甲构成抢劫罪，并适用加重情节，判处有期徒刑 10 年。宣判后甲不服一审判决，提起上诉，二审法院审查后，认为甲的行为定抢劫罪不妥，最后改判甲犯寻衅滋事罪，判处有期徒刑 3 年。

同一行为，一审判 10 年，二审判 3 年，一审、二审法院的裁判结果实在是相差太远！那么，我们通过常识判断，哪一个判决更符合普通人的认知，符合大众脑海中的公平正义呢？

我们运用犯罪构成理论分析，一审法院以抢劫罪处刑 10 年并无不当。一审法院是严格按照罪刑法定原则，运用三段论推理分析处理案件的，甲在火车上的行为性质，符合我国《刑法》第263条的规定，甲以非法占有为目的，对财物所有人乙使用暴力，进行殴打，强行抢走财物，其行为符合抢劫罪的构成要件；同时，甲是在公共交通工具火车上实施的抢劫行为，亦应适用《刑法》第263条后款的加重情节，法定刑幅度是10年以上有期徒刑、无期徒刑或者死刑。一审法院根据其行为性质、情节，以抢劫罪处刑10年，符合《刑法》规定。

肯定没有错，但似乎又感觉哪儿不合适！

二审法院推翻了一审判决，改判甲构成寻衅滋事罪。二审依据的法条是《刑法》第293条之规定：

有下列寻衅滋事行为之一，破坏社会秩序的，处五年以下有期徒刑、拘役或者管制。（一）随意殴打他人，情节恶劣的；（三）强拿硬要或者任意毁损、占用公私财物，情节严重的。

二审改变定性的理由令人质疑。一是甲扇乙两个耳光，是否属于随意殴打他人情节恶劣？二是甲从乙衣服口袋掏走两盒香烟和78元现金是否属于强拿硬要私人财物情节严重？结合案情分析，这理由能说得过去，但是似乎又有些勉强。

比较一审、二审，定性方面一审的理由明显更充分些。

但是在量刑方面，甲的行为处10年明显过重。而在认定甲犯抢劫罪的前提下，因其没有减轻情节，10年已经是最低线，无法再判得更轻一些，在这种情况下，二审改为寻衅滋事罪，处刑3年，不失为最佳选择。

我不知道二审法官是不是自觉运用了以刑定罪方法，进行逆向推导，但是二审所判的刑期，确实更符合社会公众的心理预期。因为二审注重了以社会危害性为核心指标，考量具体犯罪行为，即使没有以刑定罪的理论自觉，其思路在实质上却完全契合于以刑定罪的路径。我们可以推测，当二审法官意识到该案量刑过重，而按照该罪的法律条文无法再做到轻缓时，便转变了解决问题的思路，及时转向刑罚考量，然后根据刑罚的妥当性，来归类危害行为的刑法属性。抢劫与寻衅滋事在具体行为上有契合点，改抢劫罪为寻衅滋事罪，正是利用了这个契合点，最为关键的是，寻衅滋事罪的刑罚幅度恰好符合公众对甲的行为的普遍认知和心理预期，二者的综合，成就了该案的处理。

还有几个案例，也能说明以刑定罪的实践意义。

某地因棚户区改造进行拆迁补偿，甲、乙、丙、丁等人为了获得高额拆迁补偿款，伪造土地使用证和建设工程规划许可证，改变房屋性质，虚增房屋面积，与政府拆迁部门签订拆迁补偿协议，在正常获取拆迁补偿款的基础上，又多领取补偿款 100 余万元。上述事情因查处负责拆迁的国家工作人员受贿与滥用职权、玩忽职守时被发现，检察机关遂以诈骗罪起诉甲、乙、丙、丁等人。

一审法院审理后认为，上述被告人在拆迁补偿安置中，具有隐瞒、虚构事实，骗取拆迁补偿款的行为，但是，按照市、区一级地方政府确定的补偿标准，能否作为拆迁补偿的法定标准存疑，这就导致多领取的补偿款数额也处于不确定之中。同时，尤为关键的是，案发后，多领取的补偿款已全部追回，而按照多领取的 100 余万元定诈骗罪，处刑均在 10 年以上，这个结果背离公众对拆迁安置中这类行为的普遍认知，刑期明显过重。于是，一审法官运用以刑定罪的方法，以被告人与政府拆迁部门签有书面协议作为理由，改变定性为合同诈骗罪，对各被告人均判处 3 年左右的刑期。

这是充满智慧的处理问题的方法，通过量刑反制定罪，以适用处刑更轻的罪名，解决了量刑过重的问题，达到了量刑平衡。

司法实践的复杂性，决定了罪与刑背离的情况常常会无法避免。比如上面所举的火车上的犯罪行为，或许定抢劫罪更准确些，但是刑期太重不符合大众认知，又没有法定减轻情节，或者如果减轻会导致量刑上的失衡，于是改变定性将问题简单化，以使罪刑适当；拆迁补偿中的诈骗，定合同诈骗罪也比较勉强，但是按照诈骗罪处刑，确实过重，又考虑到拆迁补偿安置中的一些实际情况，改变为合同诈骗罪，其目的就是求得刑罚的轻缓。

这种以行为的社会危害性作为核心考量指标，以公众认知和社会常识作为背景，通过量刑反制定罪处理案件的方法，在形式上似乎背离罪刑法定原则，不符合严格执法的要求，但是这绝不是枉法，这是刑罚人道主义的精神所在，是对刑法精神的真正理解、灵活运用。相反，在这些问题上，死抠法律条文，咬文嚼字，不超越法条分毫的做法，则是典型的法条主义，与法的精神相去甚远。因此，在奉行罪刑法定原则为刑法圭臬的当下，这一逆向型定罪思维的存在，似乎有不严格执法之嫌，但是，以刑定罪方法所蕴含的哲理智慧，却能让我们更加准确地适用刑罚，真正体现社会公平正义。从这个意义上讲，以刑定罪对刑事司法具有现实意义。

# 改革信访制度刻不容缓

信访制度是历史的产物。

作为一项具有中国特色的政治参与和权利救济制度，信访制度的初衷其实与民主法治无关，而是在我国法律尚不健全的时代建立起来的一条民意上达渠道。信访制度形成之初，基于最高层倾听民意的愿望，发挥了民意表达渠道的作用，特别是20世纪70年代末80年代初，拨乱反正之际，通过信访制度，平反、纠正了一大批冤假错案，使最下层的声音可以直达上听、立竿见影，拨乱反正的效率高、效果好，信访制度功莫大焉。

但是，随着国家社会法律体系的完备、健全，信访制度中浓厚的人治色彩、清官意识、程序缺失、功能错位、责重权轻等弊端逐渐显露出来，导致各种社会问题和矛盾焦点都聚集于中央，普通老百姓有事直接找中央，虽然体现了中央政府亲民爱民的一面，但是，我国人口众多、事务繁杂，长此以往，中央必然不堪重负，地方政府和司法机关的权威也将被大大消解，造成老百姓信访不信法的局面，并导致社会不稳定因素剧增。

时至今日，信访制度已经基本成为一种摆设，信访部门也早已变成一个中转机构，除了分发信件登记接访之外，似乎已经没有什么作用。国务院虽然早在十多年前制定了《信访条例》，但信访条例的核心内容实际上约束的是信访民众。在具体运作中，除了领导针对个案进行原则性批示和根据信访排名追责地方政府之外，绝大多数信访案件都在转一个大圈之后再转到原地，哪里的事情哪里解决，最终也基本什么也解决不了。而在《信访条例》实施之后，地方政府为了减轻、消除信访追责的压力，截访现象成为常态。截访方式五花八门，甚至不惜采用非法手段抓人、销账，至于在信访记录和统计数据上的弄虚作假，更是司空见惯。党的十八大之后，中央对信访制度进行了一系列改革，旨在加强法治，弱化信访，但是某些工作人员仍然没有清醒地认识到信访制度的根本性缺陷和弊端。

可以说，目前，信访的社会成本之高、弊端之深，已经到了地方政府和整个社会难以承受的程度。

有一件我参与处理过的上访案例，将信访制度之弊囊括殆尽。

2007 年我在某县法院工作期间，曾接待过一件当时在全县谈之色变的赵某某上访案。该案上访开始于 2002 年，历经五任县委书记、六任县长、五任法院院长，时间长达 18 年之久，至今仍未终结。长期以来，每当赵某某来到县城之际，县委、县政府、法院三个机关便如临大敌，人心惶惶，特别是法院，所有的法官及其工作人员均对赵某某畏之如虎，避之唯恐不及，恐惧之情溢于言表。

该上访案起因于 2000 年法院处理的一起 1100 元的债务纠纷，赵某某是胜诉一方，可是在案件执行终结，赵某某领取执行款时，因与法院工作人员发生争执，双方互有撕扯，赵某某住进医院，此后虽然经上级法院协调给予了赔偿，但是赵某某一直不服，要求处理该工作人员并增加赔偿款，同时，还不断找该工作人员缠闹。在其要求无法满足之后，赵某某便占据该工作人员办公室长达一周，吃喝拉撒住全在法院。因怕出意外，法院派人一天24小时轮流照看，看护人员自掏腰包为赵某某买饭送水。万般无奈之下，公安机关、检察机关介入查处，最终由异地法院以妨害公务罪判处赵某某有期徒刑二年。

赵某某被投入劳改后，所有的人都长吁了一口气，大家都以为这件事情会就此画上句号。可是谁也没有料到，在两年刑满释放之后，噩梦才真正开始。

随着赵某某在刑满释放几个月后的赴京上访，党委、政府、法院、公安便深陷其中。从此，每年“两会”前去北京接赵某某回家成了必修功课，有时一年要赴京四五次。我在2007年接待赵某某时，他已经上访五年时间了，那个时候，县信访局、政法委、法院以及公安机关的大部分工作人员，都因为接访去过北京，其中法院法警大队的一位法警说，他因为接赵某某，去过北京6次，火车、飞机、汽车、专用警车都坐过。刚开始，小县城的干部为了上北京，去接访时还颇有积极性，可是后来，大家都去了多次，这个差事也终于变成了苦差。现在，我离开该县已经10年，而赵某某的上访还在继续，我不知道此后曾有多少人因接访又去过北京，但是赵某某百折不挠地上访，仍不时传到我的耳朵里。前不久，据知情人讲，赵某某因患类风湿关节炎瘫痪在家，他的小女儿又接过其上访的衣钵，一有机会就代替父亲赴省进京，赵某某则住在其所在地的镇政府免费修建的四合院里养病。

赵某某长达18年的上访，让各方都付出了惨重的代价：党委、政府、法院为平息上访，总计花费预计超过150万元；每年接访动用大量的人力；政府免费为赵某某修建住房；县上在赵某某上访之初便屡受黄牌警告，因上访问题被一票否决，取消评先选优资格……赵某某本人的代价更加惨重，因为携带孩子进京，七八年之后，大女儿、儿子均相继离开他另谋出路，只有小女儿跟着他，而赵某某本人的身体，更是惨不忍睹，类风湿性关节炎的病毒已将其折磨得四肢变形、痛苦不堪。

赵某某的上访曾有过能够平息的机会。2005年左右，赵某某在北京上访时被收留遣返，县上接访人员找到赵某某，当时县委书记亲自与其通电话谈条件，书记承诺如果回来不再上访，政府掏钱为其修建一幢二层小楼、报销所有的上访费用、孩子免费上学、赵家列入低保、享受农村的一切优惠待遇。赵某某同意这些条件，但又提出在此基础上，再付给他20万元现金，给他的判刑平反，开除法院某工作人员，书记气得摔了电话。于是，上访便一直继续，赵某某息访的条件也越来越高。到2007年夏天我以法院院长的身份接访之时，他的条件已经涨到必须赔偿200万元才可罢休了。从此，再也没有领导敢于接访谈话，赵某某上访也就在赴京—接回—再赴京—再接回—所在地镇政府派专人轮流巡守这样一个循环往复兜圈圈之中，直到赵某某瘫痪在床方才松懈。此后，省、市信访部门也逐渐将赵某某上访案打入另册，甚至连督办也懒得进行了。

客观地讲，这是一起事发之初并不复杂的上访案件。赵某某在与法院工作人员发生冲突之后所提要求并不过分，如果当时处理及时、得当，完全可以避免后来的悲剧。但是，在被以妨害公务罪判刑之后，事情变得复杂了。而之后从县城到京城的来回往返兜圈圈，一兜近20年，直至上访者瘫痪在床，这种没有任何结果的结局，其核心问题在于没有一家说了算的机构，没有一个愿意表态的领导。如果中央层面或者省一级层面在上访之初就一锤定音，直接作出具体的处理决定，那么无论是何种结果，当事人都会接受。但是，在反复接访转办的循环过程中，当事人的心态发生了变化，事情也就越来越复杂，最终演变成一幕上访悲剧。

这是一起极具典型性的个案，可以说，我国几乎所有的信访案件都是这个模板。本来，国家设立信访制度，其现实的考虑是将其作为一种社会治理手段，用以缓和社会矛盾和冲突，防止和克服地方官僚主义。可是，时至今日，信访问题反而成为困扰社会，加剧矛盾和冲突的一种诱因，导致地方政府为平息信访，花钱买平安成为比较普遍的现象，也导致司法机关对某些个案的终局处理处于不确定之中，司法权威严重受损。在这种情况下，改革信访制度不仅是必然的，而且刻不容缓。

有人主张废止信访制度，其实信访制度应该继续存在，让老百姓向上表达诉求是必要的，但是必须改革现行的信访办理程序，不改变，信访制度会走向绝路。本人认为，改革信访制度并不复杂，或许只需简单的一招，即可化腐朽为神奇，让陷入困境的信访制度走出困局，那就是信访案件最好有一个说了算的权威机构，禁止层层批转，如果层层批示转圈圈，最后反映的问题都转回原地，那么依样画葫芦就成为必然，问题也永远得不到解决，信访制度根本走不出窘境。

在法治社会，权利救济途径最终应交给司法，舍此再无其他。因此，在各省高级人民法院设立信访庭，省内所有的信访案件，无论赴京上访还是在市、县（区）、乡镇上访，全部转交给高级法院信访庭立案受理，设立特定的程序，公开开庭，一锤定音，不许上诉。这样，困扰我国社会的信访问题自然会迎刃而解。

# 刑事司法必须防止剑走偏锋

我们的刑事司法工作一直有一种强大的惯性运行，就是每隔一段时间，要针对某类突出问题，开展专项活动进行集中整治。这种专项活动是十分必要的，但是在具体工作中，却常常急躁冒进、矫枉过正、剑走偏锋，导致在某些方面动作变形，偏离法治轨道。这类问题，应当引起我们的高度警惕。

## 一、查处非法吸收公众存款犯罪有扩大化倾向

近年来，受经济下行、市场疲软、银行紧缩银根行情的影响，绝大多数民营企业资金周转极度困难，或多或少存在吸收民间存款进行资金周转的问题。这些存款均以民间借贷的形式进行，利息高于银行贷款。在具体运作中，一些企业资金链在阶段时间内出现断裂，引起债权人恐慌，大多数都通过诉讼途径解决，因而近几年法院受理的民间借贷合同纠纷剧增。

这些借贷合同案件，在判决和调解之后，大多数都无法执行，同时一些没有进行诉讼的债权人，也催讨无果，债权空置。在这种情况下，一些债权人便联名举报借款的企业法定代表人非法吸收公众存款，要求

按照刑事案件查处，试图通过刑事诉讼挽回自己的损失。

还有一些债权人为了追回欠款，通过群体性信访、上访途径，并通过媒体，向党政领导和司法机关施加压力，要求追究债务人的刑事责任。于是，非法吸收公众存款案件急剧增加。

与此同时，法院在民间借贷案件中，也把这类“非法吸收存款”案件作为重点进行线索摸排，如果发现某人多次成为被告，就以可能涉嫌犯罪为由，向公安机关移送。这样，非法吸收公众存款案件越来越多。

如此一来，非法吸收公众存款犯罪就被人为地扩大了。在这种背景下，不少民营企业法定代表人都无法幸免。怎么办？我认为应该以行为的社会危害性为标准，一般不作刑事案件处理。

如果按非法吸收公众存款查处，一是打击面过宽，目前众多企业均有此类行为；二是企业会面临灭顶之灾，民营企业法定代表人倒下，企业基本上就倒闭破产；三是众多的债权人要承担巨大的经济损失。按照刑事案件处理，追赃只在理论上有可行性，债权人基本上会血本无归。

对于这类情况，大面积的按照犯罪打击，不但对经济发展影响极大，而且也不利于矛盾化解，不利于对当事人合法权益的保护，还有可能会因为众多债权人的权益受损巨大而引起更多的不稳定因素。因此，对于这类行为的刑事处理要慎重，不能因为有人举报非法吸收公众存款，就一律按刑事犯罪查处。

## 二、刑民交叉案件不注重法院民事判决的既判力

民间借贷案件往往与诈骗、非法吸收公众存款等相互交织，出现这类问题，普遍的做法是按照先刑后民的原则，将案件移送至公安机关，民事案件中止或者驳回。但是，实践中大量的问题是，把已经按照民事

纠纷判决和调解的案件翻腾出来，撤销已经生效的法律文书，一律按刑事对待。

这种做法是不恰当的。

因为这些行为，以个案的形式进行民事诉讼时，很难区分是刑事还是民事的性质，个别案子虽然有欺诈因素，但其行为性质从本质上讲，是属于民事上的欺诈，因而一般应当以民事欺诈定性，按照民事纠纷处理。特别是法院已经作判决或调解处理的案件，不宜再翻腾出来当作刑事案件处理，更不能再追究民事审判法官“失查”的责任。

从实际观之，这类案件在行为发生之初，当事人双方基本上是真实意思表示，之后因为无力偿还引发纠纷提起诉讼，说明双方对权利义务是认可的，特别是经法院按民事纠纷处理以后，双方的权利义务关系已经通过法律程序完全确定，因此应当尊重民事判决或调解书的既判力。同时，民事欺诈行为和刑事诈骗犯罪在很多时候界限很模糊，很难断然区别开来，在这种情况下按照民事纠纷处理，对当事人和整个社会更有益。

### 三、对历史旧案上纲上线重新升格翻烧饼

有这样一种情况应当引起重视，就是一些犯罪分子，在以前实施的一些行为中，公安机关当时只发现某一次作案，便按照治安案件作了处理，但是在之后又犯罪了，这个时候，往往将以前已经处理的事实又列为犯罪事实，同时以当时对案件降格处理为由，追究当时办案人的责任，或者给予党纪政纪处分，或者追究刑事责任。

客观地讲，某一次单独的打架斗殴寻衅滋事行为，很难直接界定为犯罪。事发当时，对于这一次行为，按照治安案件或其他性质的案件处

理并无不妥。至于以后的犯罪行为，那是从量变到质变的过程，执法人员主观上是无法预判到以后的质变结果的。

另外，还有轻伤害案件的处理，按照法律规定，轻伤害案件是自诉案件，属于受害人告诉才处理的案件，不告不理。但是在实践中，各地做法不一：有些地方作为公诉案件，有些地方则为自诉案件，还有的在案发当时，双方当事人直接到公安派出所进行调解、赔偿处理，受害人也明确表示放弃刑事追究。这种方式本来符合法律规定，并无不当，可是在之后如果行为人再犯罪，之前的事又被重新挖掘出来，重新认定为其犯罪的总体行为特征，进行重复计算处理，甚至以当时降格处理案件为由，追究办案人玩忽职守或滥用职权的责任，如果办案人事前或事后收受了礼品，则追究徇私枉法的刑事责任。

“一事不再理”是法治原则，已经处理过的行为，即使当时有点轻或重，只要不是原则性的问题，不能再重新升格处理。因此这类问题，不宜再认定为犯罪行为，更不能以此为由处分当时的办案人。

### 四、倒查案件常常剑走偏锋动作变形

倒查案件是防止、纠正司法错案的有效措施，在具体工作中倒查案件，我完全赞成。但是，在倒查案件中，一直存在偏左倾向，一边倒的问题比较严重。

在倒查案件中，我们一般不倒查那些是否为无罪定有罪、是否量刑过重的案件，而较多关注不起诉的、判无罪的、判缓刑的、判免予刑事处罚的案件。这就意味着，入人于罪，轻罪重判，关系并不大；而只要判得轻、有罪免刑了、宣告无罪了，则有天大的干系。即使判决正确，也有可能成为被殃及的池鱼。

这种重视有罪被轻判，轻视或者直接无视无罪判有罪的导向，其后果是很可怕的。它在观念上已经演变为事实上的“宁可错判，不可错放”的思想，导致刑事法官基于趋利避害的心理，不愿作轻刑判决，也不敢作无罪判决。这样一来，整个刑事司法中的重刑化趋势便难以避免。所有的刑事法官都心知肚明，只有重刑化才是安全的，才是没有风险的。于是，刑事法官只能千方百计地入罪，以避开倒查。在这种背景下，疑罪从无、非法证据排除等刑法原则的落实会受到强烈冲击，重刑化思想、有罪推定也势必卷土重来，贻害大矣！

在依法治国，建设社会主义法治国家的进程中，刑事法网不宜过于严密。这些偏离法治轨道的问题，更不应该成为常态，而应该及时矫正。

# 善行是否遭遇勒索

因帮助、救助他人而引发的纠纷屡见报端，媒体因此讨论过究竟是老人变坏了，还是坏人变老了的问题。其实，这是把问题讨论偏了。人的劣根性在某个时候突然暴发，是正常的，而法律如何规范，特别是司法如何对待这类事情，才应该是我们讨论的关键。

2013 年发生的四川达州小学生扶起老人被讹事件，一度成为网络热议案件。一位老太太摔倒，周围的人相继走开，三个正在旁边玩耍的孩子上前扶起了老人，没想到老人起身后抓住孩子不放，说是孩子们撞倒了自己，要求孩子家长赔付医疗费。

孩子们被赖上了！

为了自证清白，家长向周围商铺店主求证，有三名目击证人为孩子们作证，证明老太太是自己摔倒，孩子们是扶起老人做好事。警方正式立案调查后，得出结论：老太太系自己摔倒，其行为属敲诈勒索行为，决定对老太太处以行政拘留，但因其年过 70 周岁，决定免予执行。

从最初的南京彭宇案被误读，到这起帮扶老人被讹诈，“扶不扶”成为灵魂之问，被讹诈之风似乎愈演愈烈。

同一个时期，河北某地公交车上，一名初中女生主动给老太太让座，恰巧因急刹车致老太太摔倒，老太太便躺在地上不起来。

小女生又被赖上了！

老人说如果不是女孩给她让座，她根本不会摔倒，并向女孩索要医疗费，小女孩的母亲被逼无奈，赔偿了200元钱。

这些个案，引发了整个社会的一个话题：老人摔倒扶不扶？网络上以此为题曾举行过规模较大的辩论赛。正方的观点是老人摔倒应该扶，反方的观点是老人摔倒不该扶。把一个本来不需要争论的问题，变成了一个永久的争论，实在是拜这些碰瓷的个案所赐。

这场辩论中，正方的观点义正词严，从传统道德的角度出发，认为扶是人的善良本性，是中华民族的传统美德，虽然碰瓷等问题的出现，让不少做好事的人吃了亏，但那是偶发的反面案例，并不是每一个跌倒的老人都会反咬一口，如果因为害怕讹诈而不扶，则丧失的是传统的美德，是一种怕麻烦的自我保护的自私行为，人性的光辉是在特定的时刻才显示出其伟大的。反方的观点则认为，当发扬道德行为变成一种冒险行为时，人们犹豫、踌躇，最终决定不扶，是正常的，不是不想帮助他人，而是不敢帮助，南京的彭宇案、天津的许云鹤案、梅州的林春绪案、江苏南通的殷红兵案，都伴随着恩将仇报的见义勇为、惹祸上身的助人为乐，传统美德一时陷入莫名的尴尬。许云鹤案的司法判决，更是让公众寒心，所以，遇到老人摔倒这种事，不要轻易去扶。司法机关经常从“常理分析，根据生活经验所得”得出的分析判断结论，让非加害者承担责任，从而出现了一个又一个彭宇和许云鹤，这些让人心寒的案件使公众的助人之心和友爱之心渐渐冰封，彭宇案使整个中国的道德水平倒退30年，我们还有多少时间可以倒退？

网络辩论赛中，正方的观点难免有些绝对，而反方的观点当然也有诡辩的成分，但是辩论的逻辑和观点，则真实地反映出公众因善行被讹诈而颠覆的心理预期。

2011 年 8 月，天津车主许云鹤因搀扶违章爬马路护栏摔倒的王老太，被红桥区法院判赔 40% 的民事责任 108606 元，引起舆论哗然，这起事件将关于社会道德滑坡危机的大讨论引向高潮。

事情发生于 2009 年 10 月某日，许云鹤驾车沿天津市红桥区红旗路由南向北行驶，到红星美凯龙家具装饰广场附近时，看见王老太由西向东跨越路中心的护栏，后王老太倒地受伤。

法院判决的理由是：不能确定小客车与王老太身体有接触，也不能排除小客车与王老太没有接触，被告发现原告时只有四五米，在此短距离内作为行人的原告突然发现车辆向其驶来，必然会惊慌错乱，其倒地定然会受到驶来车辆的影响。

一审判决许云鹤赔偿王老太 10 余万元后，舆论几乎一边倒地支持许云鹤，而民间再次引发了有关社会公德的大讨论。

许云鹤陈述王老太跨越护栏时被护栏牵绊，摔倒在地，他怕王老太有危险，立即停下车来，从车里翻出创可贴给她包扎上，并拨打 120，就在这时，王老太拿起他的电话，对 120 说了一句让他从头凉到脚的话："我在马路上让车给撞啦！"

王老太是另一番说法。当时她爬护栏时，许云鹤的车撞到自己腿部，自己被撞弹起，趴在车前部，又倒在地上。

天津市天通司法鉴定中心出具的情况说明是，不能确定小客车与人体的接触部位。医院的伤情诊断则是，无法确定原告伤情的具体成因，但能确定王老太的伤系外伤所致。

许云鹤将信息发到网上后，引发轩然大波，此后相关贴文经过微博等媒体转载发酵，不少名人加入讨论，扩散速度进一步加快，影响进一步扩大。

一审判决后，有网友感叹："这判决如果生效了，以后会不会滋生一个行业：天天坐在护栏那里等着，看到有车来就假装摔下来，然后拦住车要索赔，因为被这车吓一大跳，所以摔下来了，责任在这辆车呢。"

"荒唐的判决。以事实为依据，以法律为准绳，是法院判案应遵循的基本原则。但是在判决中，看不到所依据的事实，也找不到所援引的法律。判决中清楚地写着老太太违法穿越，为何板子却打向车主？这种不公平，以后谁还敢帮助需要帮助的人？"

有一份贴文的标题很吸引人，被各大论坛争相转载：《助人为乐，反被讹 10 万，法院乱判葫芦案，何处伸冤？》

二审围绕车辆是否与王老太发生接触，案件是否属于交通事故案展开辩论。许云鹤称：当时他驾车看到王老太翻越护栏时，车与王老太距离至少有 30~40 米，他刹车制动，大致距王老太 10 米时，她摔倒了（事发后他驾驶的车辆呈 45 度角向左靠在护栏上，这被称为明显的紧急制动特征），向左打方向盘只是他停车时的一个下意识动作，不想挡住后面的车。他下车后先看了一下车门是否与护栏发生剐蹭，之后才走到老太太跟前询问。而王老太则称：车撞到她左腿膝盖下方，并展示了受伤的右腿。事故发生的瞬间，她跨过护栏之后看到车向她驶来，当时车速很快，她向后退了几步，但没有躲过，被撞后先向前仰，顺势趴在他的车上，之后又向后摔倒的。许云鹤则辩称：他驾车行至广场附近时，发现王老太由西向东跨越中心隔离护栏，不慎摔倒在由南向北的机动车道内，他立即采取制动措施并向左打方向盘，车辆在王老太身后停住，双方无接触。

王老太的伤情为：右胫骨骨折，右膝内外侧半月板损伤。这个伤，爬护栏摔下来和车辆撞击都可以形成。

而鉴定结论只能证明伤情的客观存在，并不能证明双方接触。如果双方是否接触并没有证据证明，那么就应当推定无接触。但是，法院的推论却恰恰相反，为此受到公众质疑。事实上，撞人还是没撞，这是一个非此即彼的问题。在缺乏证据的情况下，法院其实很难作出一个让各方都满意的判决。

在这种情况下，道德问题与法律问题交织在一起，法院被推到风口浪尖，只能顾此失彼，承受各方指责。

与此同时，广东梅州市平远县农民林春绪热心救治被撞伤的八旬老翁，并护送到医院，结果被老翁的家人赖上，林春绪不但遭到围攻、指责、谩骂，还被逼在医院下跪指天起誓，直到肇事司机出现才得以脱身。

还是 2011 年 8 月，江苏南通市一石姓老太被三轮车撞伤后，肇事司机逃逸，班车司机殷红兵见状靠边停车，下车搀扶石老太到医院治疗，结果被反咬一口，诬良为恶。幸亏殷红兵的班车上装有监控视频，事情才真相大白，石老太被撞与殷红兵没有任何关系。

林春绪因肇事司机出现而消除冤枉，殷红兵因监控视频而得以洗白。这两起事件，虽然没有形成诉讼案件，但是经媒体报道后，都引起热议，与许云鹤案件一样，触碰着社会公众对于"助人为乐""扶困济难"的情感底线，考问着社会诚信和美德，同时也向法院提出了挑战。

可以预计，在今后，仍然还是会发生这类考问灵魂的案件。在具体案件中，无论双方如何各执一词，无论公众怎样热议，只要形成诉讼，最终作裁决的只能是法院，在这个时候，法院要审慎。在事实真相无法判断的情况下，必须对判决的理由进行合乎法理的详细阐释，不能让公众产生太多质疑。如果判决本身的事实和理由含糊其辞，那么，造成舆论质疑就会成为必然。这一切，其实都取决于法院法官的司法水平。

司法面对热点问题不能似是而非，必须有明确的态度，绝不能让善行成为冒险，遭遇勒索。《尚书》云：罪疑惟轻，功疑惟重。《左传》云：赏疑从与，罚疑从去。对于是否属于善行，是扶了还是未扶，救了还是没救，我们应当借鉴古人的准则。在司法实践中，当难以确定是否为善行时，应当以确定为宜，切忌运用道德说教和似是而非的推理。这样才能破解难题，鼓励善行，引导社会善良风俗。

# “诗意判决书”现象必须制止

司法判决引经据典，文采飞扬，在体现法律定分止争、惩恶扬善功能的同时，展示法官的语言风格和才情，彰显法律的柔情和关怀，这是我们一直追求的目标。但是，在司法实务领域，一些法官为了追求所谓的个性特点，笔走龙蛇，信马由缰，滥用诗词典故，将严肃、严谨的司法判决，写成率性挥洒的个人随笔，有识之士为之担忧。更令人担忧的是，这些司法判决的制作者，竟然沾沾自喜，自以为是，还在网上与其拥趸交流互动，吹捧表扬，误导大众。对此，有必要解剖分析，以正视听。

看到一篇网上走红的离婚案判决书，被称为“诗意判决书”，点赞者甚多。热捧者认为该判决书“一改平素判决书刻板枯燥的姿态，具有暖心，有血有肉”，并称“不是简单地卖弄情怀，而是法律与人伦的完美结合”。该法官“以情动笔，以文动情，字字珠玑，点赞”，以及判决书“诗情画意，情理相融，挽救了一个家庭”，甚至有网友认为该判决书为“史上最美判决书”。

现将该网红判决书“本院认为”部分摘录如下，以供欣赏和评论。

本院认为，婚姻关系的存续是以夫妻感情为基础的。原、被告从同学至夫妻，是一段美的历程：众里寻他千百度，蓦然回首，那人却在灯火阑珊处，令人欣赏和感动。若没有性格的差异，怎能擦出如此美妙的火花？然而生活平淡，相辅相成，享受婚姻的快乐与承受生活的苦痛是人人必修的功课。人生如梦！当婚姻出现裂痕，陷于危机的时刻，男女双方均应该努力挽救，而不是轻言放弃，本院极不情愿目睹劳燕分飞之哀景，遂给出一段时间，以冀望恶化的夫妻关系随时间流逝得以缓和，双方静下心来，考虑对方的付出与艰辛，互相理解与支持，用积极的态度交流和沟通，用智慧和真爱去化解矛盾，用理智和情感去解决问题，不能以自我为中心，更不能轻言放弃婚姻和家庭，珍惜身边人，彼此尊重与信任，重归于好。

这是“史上最美判决书”的精华部分，阅读之后，令人错愕。我可以毫不客气地说，这段文字打分应该在60分以下。

首先，语句不通，病句颇多。该段文字的句子之间几乎没有什么关联，“然而”“而”“遂”“以”“更”等词的运用极为别扭；一大段话，究竟分为几层意思，根本不清楚；标点符号的用法也多处错误。同时，作者分不清语法时态。

其次，缺乏主旨，毫无逻辑。“本院认为”部分应该是一篇小议论文，而该段文字，论点不明确，论据不清楚，论证方式纯粹是东一榔头，西一棒槌，说来说去，既像一层意思，又像还有其他意思，没有层层递进，没有三段论推理。一层意思如果用三段论推理分析，则不能必然推出，基本上属于逻辑关系错乱。

再次，空洞无物，不知所云。说理上错乱，抒情上也是言之无物，除了吸引眼球的几句古人诗词之外，什么内容也没有，引用古诗词，也是为了单纯地抒发自己的情感，没有围绕案件事实类比，可以说是言之无物，空喊口号。实际上，这几句诗词仍然是官话套话废话，用上感觉是累赘，不用感觉也没有什么，而且这类古诗词，用到任何一起离婚案件上，似乎都能说得过去。

最后，引用古诗词极不准确。该判决书有三处引用古诗词。一是众里寻他千百度，蓦然回首，那人却在灯火阑珊处。这是辛弃疾写元宵夜的词句，出自《青玉案·元夕》，意指在人群中寻美人不见，不经意间在灯火零落之处发现了。用这句词形容“原、被告从同学至夫妻的一段美的历程”，让人感到迷茫而懵懂，根本感受不到“令人欣赏和感动”的地方。我始终不明白引用该词句意欲何为？二是人生如梦。这是苏东坡《念奴娇·赤壁怀古》里的句子。引用该词句简直令人匪夷所思，难道因为“人生如梦”，才应该努力挽救婚姻，不轻言放弃？这明显属于立论不正确，思想颓废，与社会主义核心价值观背道而驰。三是劳燕分飞。这是古乐府《东飞伯劳歌》里的句子，相传为梁武帝萧衍所作。“东飞伯劳西飞燕，黄姑织女时相见，”“劳燕分飞”就是由此而来。该判决书用这个成语，给人感觉是纯属多余，纯属堆积华丽辞藻，同时，“本院极不情愿目睹劳燕分飞之哀景”，既属于病句，又有生造词“哀景”，给人一种“为赋新诗强说愁”的感觉，让人觉得“劳燕分飞”这句成语是硬塞到句子之中的，文字与境界两不沾边。

总之，该判决书中的引用古诗词，就好比刘勰在《文心雕龙》中批评的，属于典型的“为文而造情”，这种堆积华丽辞藻、卖弄文采的文风，是作文的大忌。

由此可见，这篇网红“诗意判决书”，并不是什么情理法的融合，而是强拼硬凑古诗句的矫情造作，正如毛泽东主席在《改造我们的学习》里批评的那样：“无实事求是之意，有哗众取宠之心。”

最高人民法院一直强调，裁判文书行文应当规范、准确、清楚、朴实、庄重、凝练，不得使用贬损人格尊严、具有强烈感情色彩的用语。这份“诗意判决书”，除了没有贬损人格尊严的内容外，对最高人民法院的其他要求都违背了，这样的判决书，怎么能是“诗情画意”？怎么会成为“史上最美”？司法实践中，这种判决书只能是“花絮”，不能成为范本。

在工作和生活中，无论是公文还是其他文体，都要遵循文章的法则。任何体裁的文章，堆积华丽辞藻，卖弄文采，都是大忌。好文章应是真情实感，有感而发，最忌讳矫揉造作。从唐宋八大家到鲁迅、胡适、叶圣陶，其文字都朴实无华，言之有物，才得以传世。我国古代的能臣干吏，他们的一些传世判词，也是语言朴实，文字通俗，逻辑推理严密，说理透彻的通俗之作。

诗意判决书的出现，并在网上受到热捧，根源于文化素养不高。个别法官不知道写作的真谛，弄不清判决书的文体文风，甚至连语言关都不合格，搞不清记叙文的人物、地点、时间，弄不懂议论文的论点、论据、论证，对逻辑推理更是一知半解，但是却刻意追求所谓的“诗情画意”，引用一些连他自己也不太理解的诗词典故，自以为博学，实际上属于无知。

近年来，我看到过许多引经据典的判决书，比如在赡养案件中引用《礼记》，在故意杀人案件中引用“奸情自古出人命”的“古训”，等等，大都是文不对题，词不达意，聱牙诘典，拖沓冗长，错杂紊乱，酸腐之至，与我国社会主义法治国家的大环境、与新时代的风尚格格不入。这些现象，实际上是以创新之名，行糟蹋文化之实，让法院和法官的形象严重受损，让司法权威和公信力大打折扣。

判决书怎样写？最高人民法院有规定。法官撰写判决书，必须受到约束、限制，不能由着自己的性子乱来。在目前的情况下，当务之急是规范的问题，是合格的问题。为此，必须弄清楚以下几个方面的问题。

首先，判决书是一种公文。公务文书有符合其特性的格式，它是由法定制作者撰写制作，经由法定程序公布的，具有权威性、规范性、工具性的特点。因而写判决书必须按照公文的标准和要求，不能随心所欲，不能像日记和散文一样自由抒发情怀。

其次，判决书是一篇文章。判决书是一篇反映司法案件全貌和法官裁判理由的文章，除了要按照最高人民法院规定的基本固定的框架撰写之外，还必须遵守文章的一般规律和结构法则。一篇判决书通常包含记叙、说明、议论三种文体。在写作时，必须按照记叙文、说明文、议论文的规范性要求，遵守语法和逻辑规则。当然也可以抒情，并使用一定的修辞手法，但是，必须做到叙事清楚，语言流畅，段落清晰，言之有物，言之有据，论理透彻。韩愈主张写文章要“文从字顺”，要求文字必须妥帖，流畅通顺，合乎自然的语言规范，这是基本功。不具备基本功，其他的一切都无从谈起。

再次，判决书必须突出释法说理。“法官要在法律框架内运用社会主义核心价值观释法说理”，这是最高人民法院对判决书的基本定位。因此，在判决书“本院认为”部分，必须按照这一要求提出论点，结合案情，合乎逻辑地加以论证。

最后，判决书到底要不要“诗意”“温情”？当然要。法官在判决书中表达“温情”“诗意”无可厚非，但是“诗意”绝不是强拉硬套古诗词，“温情”也不是单纯抒发个人情感，为抒情而抒情。所谓“诗意”“温情”，是指文章内含的人文情怀，是写作者的价值取向，同时，“温情”与“诗意”必须为“论理”服务，服从于“论理”，不能掩盖论理，否则，只会让司法判决沦为言辞优美的语言堆砌。

判决书必须严谨、规范、庄重。所谓“本院认为”，说明代表的是法院而不是个人，因为判决书展示的是法院的观点和权威，当然可以体现法官个人的语言风格，但不能流露法官个人的喜怒哀乐，否则，居中裁判从何谈起？因此，网上火起的“诗意判决书”之风绝不可长，必须制止；“诗意判决书”的作者应当反思，推崇者应当清醒，法院和所有的法官们应当引以为戒。

**法官札记**

一个基层法院院长的

司法心得

# 第三章

# 争议案件实录

社会就是书，事实就是素材。

——卢梭

# 恋人酒后宾馆开房猝死案

一对恋人与朋友聚餐饮酒后，到宾馆开房住宿。次日凌晨5时，男子哮喘病发作，送医院抢救无效死亡，男方父母遂将女方、宾馆及男子打工的公司告上法庭，要求三方承担连带责任，赔偿医疗费、丧葬费、死亡赔偿金、精神抚慰金等共计50万余元。法院审理后，判决驳回男方父母的诉讼请求。

法院审理查明，李女与高男系恋爱关系。2019年6月27日下午5时，二人共同参加朋友聚会，饮酒娱乐至次日凌晨2时。聚会结束后，高男用美团APP在宾馆预订房间并办理了入住手续，之后二人入住宾馆房间并发生性关系。凌晨5时，李女醒来后发现高男呼吸急促，跌倒在地，遂取出高男随身携带的哮喘喷雾向其嘴里喷洒，并为其喂水、擦脸，然后又用电话、微信告知高男打工的公司经理和同宿舍室友。室友赶来后拨打了120急救电话，并与随后赶来的公司经理一起将高男送至医院抢救。一小时后，高男抢救无效死亡。

法院还查明，高男有饮酒史、吸烟史、家族哮喘病史，此前一直患有支气管哮喘疾病，曾多次住院治疗，随身携带治疗哮喘喷雾；高男未满18周岁，在一音乐公司打工。

高男父母起诉的理由是：死者高男系未成年人，音乐公司对其管理不到位；李女与高男在宾馆同宿，未尽到救助义务；宾馆在高男入住后未尽到安全保障义务，致发生死亡结果。故三被告应承担连带赔偿责任。

三被告均认为自己无过错，不应承担赔偿责任。

该案在处理中有三种意见：第一种意见是，李女虽然在高男发病时尽到了救助义务，但在相处的过程中未尽到注意义务，她应该了解到高男的哮喘病史，因而李女应该适当承担一部分赔偿责任，音乐公司与宾馆均没有责任。第二种意见是，三被告均无过错，但应该适用公平原则，给予高男父母适当补偿一些经济损失。第三种意见是，该案系生命权纠纷，根据侵权责任法，有过错承担责任，无过错不承担责任，该案中三被告的行为与高男的死亡结果不具有法律上的因果关系，均不存在过错，故不应承担赔偿责任；高男的死亡结果系其自身疾病所致，亦不适用公平责任原则，故应驳回原告的诉讼请求。

法院审判委员会讨论研究后，采纳了第三种意见，驳回了原告的诉讼请求。该案在网上公开发布的判决书载明：

关于被告李女对死者高男是否尽到救助义务的问题，审理认为，李女与高男系恋爱关系，事发前与朋友一起共同聚餐饮酒，之后二人在宾馆开房同宿，形成了一方有危险时，另一方必须给予力所能及救助的“特定关系人”。当李女发现高男出现呼吸急促等症状时，采取嘴内喷药、喂水、擦脸等措施，并打电话向朋友求助，之后与朋友一同将高男送往医院。从整个过程来看，李女作为一名在校学生，在自身范围内已经完全尽到了救助义务，而高男的死亡结果，系其自身疾病哮喘发作后猝死，故李女不应该承担责任。

关于被告音乐公司对死者高男是否有救助义务的问题，审理认为，高男受音乐公司雇用，双方形成雇佣合同关系，但其病发并未在上班期间，亦未在职工宿舍，且在高男发病后，公司负责人接到李女电话，便立即赶到宾馆实施救助，并向医院垫付抢救费用，同时高男死亡的结果不存在雇佣合同上的赔偿事由，没有法律上的因果关系，故音乐公司对死亡结果没有责任。

关于被告宾馆是否尽到安全保障义务的问题，审理认为，死者高男通过美团 APP 预订房间，与李女入住该宾馆，形成了宾馆与旅客之间的服务合同关系，宾馆有义务保障客户的安全，但必须是基于管理失职才承担法律责任，如果损害结果与酒店管理无直接关系，则无须承担法律责任。本案中，高男死亡的结果是由于自身疾病所致，与房间设施及服务措施没有任何关系，且高男发病时，也未通知前台服务人员，故宾馆不应承担责任。

笔者认为，该案的判决结果是正确的，判决理由也从法律层面厘清了所涉及的三个法律关系，并分别进行了论述，虽然个别地方的论述角度有待商榷，但总体而言是一份公平公正且有质量的判决书，特别是在长期以来“谁死谁有理”的语境下，在“和稀泥”的大气候下，在片面讲求维稳的形势下，法院和法官能够作出这样的判决，实属难能可贵！

# 朋友聚餐饮酒死亡索赔案

何某与其女友及四名其他朋友聚餐饮酒娱乐后，被送回出租房。凌晨时分，女友发现何某已无呼吸症状，遂拨打110报警，送往医院后抢救无效死亡。何某家属遂将女友及其他共同饮酒者诉至法庭，要求五被告共同赔偿100多万元。法院审理后判决驳回何某家属的诉讼请求。

法院审理查明，2019年7月29日下午7时左右，何某约女友吃饭，并陆续约请其他四名朋友在一烤肉店聚餐饮酒，期间六人摇骰子游戏，输者饮酒，何某一直为女友代酒。晚10时许，聚餐结束，何某与女友及其中两位朋友又到一餐馆吃面，至晚12时许，何某与女友被朋友送到出租屋住宿。之后何某呕吐，女友为其擦洗更换衣服后同室休息。凌晨2时许，女友醒来发现何某没有呼吸，情况异常，遂拨打110报警并求助邻居将何某送至医院救治。医院诊断为酒后猝死。

该案在处理中，合议庭、审判委员会均有两种意见：第一种意见认为，朋友聚会饮酒应适量，如果过量饮酒不加以劝阻，应承担过错责任。该案在何某过量饮酒的情况下，共同饮酒人未及时劝阻；在何某呕吐的情况下，女友未及时送医院检查，应该认为共同饮酒人及女友有过错，未尽到注意义务，因而应分别按照责任大小承担部分赔偿责任。第二种意见认为，共同饮酒后死亡的案件，应按照侵权责任法，有过错承担责任，无过错不承担责任。该案共同饮酒人没有恶意劝酒行为，酒后又将何某送回出租屋，已尽到安全注意义务，女友在其认知范围内也尽到了救助义务，因而五被告不应承担责任。最后，审判委员会采纳了第二种意见。

该案在网上公开发布的裁判文书载明：

本院认为，本案是因共同饮酒后猝死引起的生命权纠纷，应当适用过错责任原则。过错责任原则是行为人在有过错的情况下才承担民事责任，没有过错，就不承担民事责任。饮酒是人们日常生活中合法的正常的交往活动，也是一项可能产生危险性的行为，任何人都应当知道过量饮酒会给自己带来危险，会给自身增加风险。在共同饮酒过程中，饮酒是行为人的权利，其他人无权强迫，况且酒量大小只有本人知道，饮酒人酒量的变化也会因饮酒人的心情和环境等发生变化，共同饮酒的其他人是无法判断的。在本案中，死者何某作为完全民事行为能力人，明知酒后会出现人身伤亡的严重后果，依然过量饮用白酒，致使发生自己死亡的事故，自身存在过错。而《中华人民共和国侵权责任法》第三十七条规定，宾馆、商场、银行、车站、娱乐场所等公共场所的管理人或者群众性活动的组织者，未尽到安全保障义务，造成他人损害的，应当承担侵权责任。由此可知，因其他共同饮酒人“未尽合理限度范围内的安全保障义务”，致使共同饮酒人伤亡，才承担过错责任。本案中，五被告作为共同饮酒人，没有对死者何某故意灌酒、语言要挟等强迫劝酒行为。酒后，其中两名被告还将何某及其同居女友安全送回居住的出租屋，在合理限度范围内尽到了安全护送义务；在何某酒后出现呕吐的情况下，其女友清理呕吐物，清洗衣物；在发现何某出现异常情形时及时报警并送医院抢救，也最大限度地尽到了安全注意义务，均不存在过错。综上，根据民事诉讼“谁主张谁举证”的举证责任分配原则，原告应就五被告在共同饮酒中存在劝酒等违法行为、没有尽到护送等安全注意义务的事实及死者的死因承担举证责任。庭审中，原告没有提供证据证明上述事实，其请求五被告承担赔偿责任的诉讼请求，证据不足，故本院对原告的诉讼请求依法予以驳回。依据《最高人民法院关于适用〈中华人民共和国民事诉讼法〉的解释》第九十条规定，判决如下：

驳回原告的诉讼请求。

笔者认为，该案的判决结果是正确的，判决理由的论述，前半部分体现了一定的法理水平，但是最后却归纳为原告举证不能，并适用相关司法解释，按照当事人未能提供证据证明其主张，因而承担不利后果的规定，驳回诉讼请求。这一归纳显得逻辑推理混乱，自信心不足，理直而气不壮，应该是该案判决书的败笔。从该案法院查明的情况看，五被告均无过错，应直接适用有过错承担责任、无过错不承担责任的条款，直接驳回。

该案属于近几年的热点案件。近年来，聚餐饮酒死亡的赔偿问题比较混乱，裁判尺度不一。一般情况下，只要喝酒发生死人事件，几乎都进行赔偿。死者家属起诉的理由千篇一律，同饮者为什么不阻止我家人喝酒？就该案而言，作为生命权纠纷，从法律层面讲，是否赔偿，应该适用侵权责任法过错责任原则，即该案的各被告是否有过错。如果存在过错，就应该赔偿；如果没有过错，则不应承担赔偿责任。根据最高人民法院的司法解释，判断共同饮酒的参与者是否有过错，应从两个方面看：一是是否存在恶意劝酒，注意是“恶意”，就是不怀好意的劝酒；正常的按照礼仪敬酒应该不在“恶意”之列，如果是恶意劝酒，当然应该赔偿，否则就不能赔偿。二是是否尽到了安全注意义务，这里的“尽到”是常人合理合情的尽到，不能苛求，比如有人认为饮酒的人喝多了，其他人有义务劝阻饮酒者不要喝，这就是对安全注意义务的苛求。

从该案的情况看，同饮者并无恶意劝酒的行为，这是死者组织的饭局，且他一直代女友喝酒。酒后，同饮者将其护送回出租屋。可见，同饮者既无恶意劝酒，又护送其回到住地，没有过错。同时，根据一般人的常识判断，醉酒之后呕吐是正常的情形，不可能一出现呕吐就送医院。该案中，何某的女友在其醉酒呕吐之后，为其擦洗、清扫污物，并换衣擦脸，关怀备至，完全应该视为已尽到安全注意义务。在这种情况下，如果要求女友承担赔偿责任甚至比其他共饮者多赔，不但不符合法律精神，也违反情理。至于何某在聚餐中为女友代酒的行为，也不是法定的赔偿理由。作为一个男人，为自己的女友代酒，比较符合常理，女友也无法预见代酒会产生如此后果。因此，各被告均不应承担赔偿责任。

# 医疗事故死亡赔偿案

医院切除病人并非肿瘤生长位置的右半肠，手术位置南辕北辙，病人死亡后，某鉴定机构的鉴定意见书却认定医院承担次要责任。于是，病人家属与医院之间因赔偿责任的主次问题发生争执，引发诉讼。

法院审理查明，2018 年 10 月 19 日，王某因身体不适去医院检查，肠镜检查为：右侧结肠癌；活检结果显示（回盲肠升结肠）中分化腺癌，浸达浅肌层。11 月 9 日，在全麻下行完全肠镜下右半结肠根治性切除术。术后两天，王某出现肠梗阻症状，距离肛门 60cm 处见结节样隆起，诊断为结肠癌，遂转入上级医院进一步诊疗。上级医院诊断为左半结肠低分化腺癌，于 12 月 12 日在全麻下行左半结肠切除术。半年后，王某因癌细胞转移病情恶化去世。诉讼中，鉴定机构虽认定医院在医疗行为中存在过错，且过错与病人死亡之间存在因果关系，但是又认定医院应承担次要责任。

这个案子，医院诊断错误，手术错位，把没有肿瘤的部位当作肿瘤切除，通俗的概括就是“割错了”！死亡结果发生后，医院和鉴定机构都认为“割错了”，但是又认为病人之所以死亡，与“割错了”关系不大，主要是癌症病变。从这个病人的情况看，即使手术位置正确，人还是会死的，因而医院应承担次要责任。

该案事实清楚，原、被告双方均无争议。争议的焦点是对专业鉴定意见如何对待。

法院在处理中有两种意见。第一种意见认为，该案确实是一起医疗事故，这一点医院和鉴定机构都不否认。但是，该案的赔偿诉讼是基于病人的死亡提起的，是生命权纠纷，而鉴定机构的鉴定意见认为，病人死亡的主要原因是癌症病变，医疗事故仅是死亡的次要原因，因而对病人死亡的后果，医院只应承担次要责任。同时，鉴定机构的意见是专业性很强的结论，不能轻易改变或者否定。该案的病人身患癌症，治愈概率很低，手术只是加速其死亡，并非直接导致死亡。在这种情况下，在赔偿责任方面，医院只能承担次要责任，鉴于死亡的结果，可酌情划分对半责任，由原、被告各承担 50% 的责任。

第二种意见认为，既然对医疗事故没有争议，那么医院就必须承担过错责任，可以承担全部责任，最起码也应承担主要责任。其一，从本案的实际情况看，在手术时割错了，肿瘤还在，好器官被割了，如此重大过错，怎么可能是次要责任？这种情况不需要专门机构鉴定，一般人的认知就可以判断明确。其二，病人死亡的原因与医院的赔偿责任并不必然是对应关系，死亡的主要原因是癌变，并不必然减轻医院的赔偿责任，就医疗事故而言，医院是全部责任，现在把死亡的主要原因与赔偿的主要责任混淆同一，是偷换概念。其三，鉴定机构的鉴定意见是一种书证，应与其他证据一样，平等地接受司法审查，不能以鉴代审。如果鉴定意见违反常识和一般认知，可以直接不予采纳。鉴于本案原告只要求医院承担 70% 的赔偿责任，法院也只能按这个比例处理，认定医院承担主要责任，支持原告的诉讼请求。

法院审判委员会讨论后，采纳了第二种意见，判决医院赔偿各种费用 67 万余元。宣判后，医院不服提起上诉，二审法院维持了一审判决，医院随即自动履行了赔偿义务。

笔者认为，在办理案件中，能够用常识判断的，不需要专业鉴定机构，鉴定结论违反常识的，可以直接否定。本案医院在治疗病人的过程中，诊断失误，手术切除部位错误，给死者及其家属造成的痛苦和损失是显而易见的，鉴定机构的专业鉴定意见竟然认为医院负次要责任，这是明显违背一般常识的，这种典型的医疗事故，如果不承担主要责任，个案中的公平正义便无从体现，法院否定鉴定结论，直接认定医院承担主要责任，体现了担当作为，彰显了公平正义，应予充分肯定。

# 母女二人水库溺亡案

母女二人购买景区门票进入景区游玩，不幸在景区内水库溺水身亡。家属遂将景区管理者某旅游公司和水库管理者某水务局告上法庭，要求赔偿100万余元。

原告认为，母女二人在景区游玩时不慎跌落水库身亡，旅游公司未能及时发现并施救；水务局管理制度不健全，没有采取有效措施防止危险发生，未尽到安全注意义务，故应当承担相应的赔偿责任。

被告旅游公司和水务局均认为自己无责任，不应当承担赔偿责任。

法院审理查明，本案的死者母亲患有乳腺癌，此前在医院进行了左乳腺切除术，之后一直化疗休养。事发当日，从大学放暑假回家的女儿购买了景区门票，带母亲去散心。当日下午5时许，母女二人在水库溺亡，尸体漂浮水面。事发后，原告在公安局治安大队陈述，当时女儿打电话告诉他，母亲情绪不稳定，不愿意回家，需要帮助。

母女二人是如何落水的，由于无目击证人，水库周围亦无监控设备，不得而知。

该案在处理中有两种意见：第一种意见认为，母女二人在景区水库内溺亡，管理者应该承担部分赔偿责任；第二种意见认为，景区内水库护栏处有两处明显的警示标志提醒游客，应视为已尽到注意义务，作为具有完全民事行为能力的成年人，在景区游玩时落水身亡，应责任自负，景区及水库管理者没有责任，不应该赔偿。

法院判决采纳了第二种意见，驳回了原告的诉讼请求。

判决的理由是：第一，该案母女二人是否为不慎跌落水库，事实不清楚，公安机关的鉴定结论是“不排除溺水身亡”，因而不能认定为不慎跌落水库；第二，水库护栏处有醒目的警示标志，管理方已尽到了安全注意义务，母女二人购买了景区旅游门票，但没有购买水库游船票，且该水库并不具有高度危险性，普通游客在正常注意的情况下，不会发生危险；第三，原告无证据证明母女二人在水库身亡是因为景区的设施不齐全或者管理者疏于管理造成的，故应驳回诉讼请求。

笔者认为，该案的处理结果是正确的，但是，判决的理由和逻辑性不强，对词语的理解也有问题，总体感觉法理水平有待提高，说服力不是很强。

首先，判决书中刻意区分溺亡与不慎跌落水库身亡，让人丈二和尚摸不着头脑。根据现代汉语词义，溺亡，俗称淹死，指水淹致死；不慎跌落水库身亡，还是指水淹致死，二者在词义上并无区别。但是判决理由中却刻意进行了区分，且似乎不认可跌落水库致死，而倾向于溺亡。笔者揣测，办案法官可能是将溺亡理解为母女二人主动进入水库，自杀的成分多一些；而不慎跌落水库，则是因疏忽大意而发生意外事件导致的落水。区分这两个词的目的是区分本案的死亡是自杀，还是意外事件。事实上，该案无论是自杀还是意外事件，在民事责任方面并无多大区别，而这一事实已无法查清，故只可笼统地认定为“溺亡”即可，这个情节不是该案的核心点。

其次，基于服务合同关系的建立，景区管理者对游客应该有哪些义务？游客购买门票进入景区，是否就属于签了生死合同，对游客的一切负责到底？这个问题，主要应该看事件的发生属于什么性质。如果事件属于不可抗力或者具有不可预见性，则景区管理者不应承担责任；如果尽到了安全保障义务，亦不承担责任。从该案的实际情况看，核心点应该是景区与水库管理者是否尽到了安全保障义务。该水库在景区内，水库有护栏，护栏处设有醒目标志，并在码头有游客船，进入水库游玩需另行购买游船票，禁止游泳或者擅自玩水。可以说，管理方面的措施是齐全的。在这种情况下，母女二人仅购买景区门票，未购买游船票，却在水库溺亡，景区及水库管理者是不可预见的，应认定为无过错，无过错不承担责任是侵权案件的基本原则，因而驳回原告的索赔请求是合法合理的。

再次，该案的判决将驳回的理由归结为原告举证不能，属于对证据规则的误解。该案的主要举证责任在景区及水库管理者，不在原告，要求原告举证景区管理者设施不全或者疏于管理，是不适当的，相反，应该由被告方举证，法官运用法理与逻辑，行使自由裁量权作出判断。

最后，需要强调的是，这类案件在安全保障义务方面不能苛求管理者，游客是自身安全的第一责任人，这是常识。该案与景区内动物伤人或者山体滑坡等造成的侵权案件不同，在水库溺亡，而且是母女二人溺亡，根据常理常情判断，或者是私自下水游泳溺亡；或者是一人不慎跌落水库，另一人施救溺亡。无论是哪一种情况，都不能由管理者担责。

有一种观点，认为这类案件应该优先保护游客的利益，笔者不赞同这种观点，任何时候，任何情况下，公平正义永远是办理所有案件追求的目标。

# 微信朋友圈发布言论侵权案

原、被告曾因劳务纠纷发生诉讼，法院判决被告支付后，被告发泄不满，在微信朋友圈配发原告照片，发布文字信息："各位老板注意，这个人千万不能用，当你聘用他后，就给自己找麻烦，此人擅长告状。"并加注评论"讹人没有好下场"。原告认为被告在微信朋友圈发布的照片和文字贬损其声誉，造成就业困难，遂起诉至法院，要求被告赔礼道歉，消除影响，赔偿精神损失费 10 万元。

在诉讼中，被告对原告所述事实承认，并愿意给原告赔礼道歉，但不愿意赔偿损失费。

法院在处理中有两种意见：第一种意见认为，被告对原告因劳务纠纷而心怀不满，在微信朋友圈发布贬损原告声誉的信息，明显给原告造成不良影响，侵害了原告的名誉权，应该按照原告的诉求，由被告在相同的信息平台登载声明，给原告赔礼道歉，消除影响，赔偿精神损失费；第二种意见认为，被告在微信朋友圈发布信息与照片，确实侵犯了原告的名誉权，但是，微信朋友圈范围狭窄，传播并不广泛，造成的不良后果和影响程度有限，且原告没有证据证明因该条信息给其造成了怎样的影响和后果，故应按照被告的意见，仅判决赔礼道歉即可。

法院最后虽然采纳了第一种意见，判决被告在其微信朋友圈向原告赔礼道歉，并判决赔偿精神损失费 1000 元，但是在判决理由中，仍然部分采纳了第二种意见中的一些观点，认为被告在自己的微信朋友圈发布信息，传播范围有限，造成的影响不大，故酌情判赔了精神损失费。

这个判决应该说基本上是正确的，让在网络空间诋毁他人的行为受到了制裁，付出了代价，但是对于处理结果，总是感到美中不足，特别是对于判决理由中的折中倾向，笔者极不赞同。

笔者认为，该案是被告对其侵权行为没有争议的案件，事实很清楚，网络留痕毫无争议，被告在诉讼中也承认侵犯原告名誉权。名誉权案件，适用过错责任，应当根据侵权人的过错程度、侵权行为的具体情节、后果和影响确定其赔偿责任。在确定毁损名誉的事实时，只要证明被告有过错，侵权行为即可成立；在确定精神损失时，只需要侵权行为具有可能性即可认定。一般而言，只要行为人将某种与事实不符的情况公开，并造成他人名誉毁损的可能性，就构成侵权。该案中，被告因对已清偿的债务有意见，就在微信上发布原告照片，进行恶意评价，这种性质属于运用言词的诽谤性侵权，再无须原告举证证明造成了怎样的后果和影响。同时，微信朋友圈的范围并不狭窄，微信朋友圈除了好友能看到外，如果不设限制，好友之外进入网络空间的所有人只要点击，均能看见，其传播速度与影响不亚于其他任何媒体，网络虚拟空间也是社会，与现实社会异曲同工，能量绝不可小觑，俗话说“万能的朋友圈”这不是空话。由此可见，在微信朋友圈发布恶意言词，毫无疑问与在现实社会发布效果是一样的，足以导致对被告的社会评价全面降低，因此，判决仅赔偿精神损失费 1000 元明显过低。

通过该案，我们可以引申出网络空间的言论底线问题。在网络虚拟空间，可以随意发牢骚，泄情绪，也可以提出批评性意见、建议，但是必须掌握好底线。“网络空间无极限，视听言论有底线。”就公民个人而言，在微信朋友圈发声，必须遵守法律法规底线、道德风尚底线、信息真实性底线，不能把网络空间作为宣泄不满情绪的工具。我们讲言论自由，并不意味着任何信息的发布都可以不受约束。自由不是放纵，不论是现实生活还是虚拟网络，必须做到自律守底线，批评必须基于客观事实，不能造谣中伤，炮制谣言，在网络上辱骂诽谤的行为必须付出代价，网络空间不是法外之地，这不是空话。

# 临摹名画侵权案

某女士祖传一门制作掐丝珐琅画的手艺，临摹各种图画及实物惟妙惟肖。后自筹资金创建民俗文化公司，教授学徒及制作掐丝画出售为生计，被当地政府树立为“巾帼扶贫车间”“残疾人创业基地”。为了参加省里举办的“创新杯”工艺设计大赛，她收集了网上公开发布的一副长卷绘画《敦煌印象·丝路霓虹》，以此为蓝本制作成掐丝珐琅画，取名《丝路印象》，并注明取材于原画作品和作者，经县工信局推荐参展，被评为产品设计金奖，获得奖金 3 万元，省、市、县三级媒体先后宣传报道。此后不久，原画部分作者以某女士及民俗文化公司侵犯著作权为由，向法院起诉，要求停止侵害，赔礼道歉，并赔偿损失 50 万元，以及承担律师代理费、公证费、交通费等全部诉讼费用。

原告认为，他们所创作的长卷绘画作品，在省版权局已进行著作权注册登记，被告临摹制作掐丝珐琅画，是对他人智力成果的漠视和不尊重，严重侵害了原告著作权，被告未征得原告许可授权，剽窃原告作品，应承担相应的民事侵权责任。

被告认为，临摹原告作品属实，但自己运用掐丝工艺进行了再创作，参展时也注明了原作品名称和作者，没有冒充，只获得了奖金 3 万元，也没有出售获利。因此不构成侵犯著作权，不愿意赔偿。

一审法院审理认为，被告在未经著作权人许可的情况下，擅自使用其作品中的大部分内容，申报奖项，获得金奖，并将获奖情况、作品内容在网上宣传，虽注明出处，但仍属于我国《著作权法》（2010年修订）第47条规定的侵权行为，应承担民事责任；被告对该掐丝画作品虽有出售意向，但并未出售，原告的实际损失和被告的违法所得均难以计算，应结合本案实际情况赔偿。最后，判决认定被告侵犯原告著作权，由被告向原告赔礼道歉，赔偿损失3万元，并承担原告为维权所花费的律师费、公证费、交通费等费用5万余元，承担部分诉讼费用。

一审宣判以后，被告不服提出上诉，要求撤销一审判决，驳回原告的诉讼请求。二审中法官主持双方调解，最终原、被告双方达成一次性赔偿各类损失共计4万元的协议。

该案最终以调解结案，双方应该都无话可说，可是作为一起侵犯著作权的案件，从一审到二审，从原告的期许到被告的抗辩，再到最后的处理结果，反差过大，因而该案有进一步探讨的必要。

该案的核心问题是：临摹公开发表的美术作品另行创作参赛获奖，并注明作品出处的行为是否构成侵犯著作权？

对照我国《著作权法》第47条，我们会发现，该案貌似侵权，简单明了，其实被告的行为与《著作权法》的第47条第（1）~（8）项的规定并不完全吻合，二审法院虽然调解处理，做到了案结事了，但是案件处理结果并不能服众。实际上从一审判决到二审调解，原、被告双方对法院都有很大意见，都认为自己受了天大的委屈：原告认为，侵犯著作权这么大的事，一审总计才判了8万多元，二审又变成4万元，法律何在？被告认为，自己用掐丝工艺临摹制作了一幅珐琅画，是官方组织送去参赛获奖，媒体主动报道的，结果却被认定为侵犯了著作权，不但搭上了全部奖金，还要加倍奉还，公理何在？

这么大的怨气，这么多的疑问，肯定是哪里出问题了。

笔者认为，这是一起难以定性的案子，貌似简单，其实不然，该案一审的处理值得商榷。从一审判决的理由部分来看，该案办案法官机械教条地理解《著作权法》第 47 条，从案件一开始就先入为主，按照条文生搬硬套，但是在具体处理时又感觉到了存在不平衡的因素，于是就运用自由裁量权强砍一刀，试图寻找平衡，结果不但没找到平衡，反而落了个两头不讨好的结局，最终在案件处理上既没有体现出法律效果，更没有达到社会效果。

如果我是一审法官，我会考虑选择以下几种方案处理该案。

第一种思路：可以认定为侵犯著作权，但是只判决被告向原告赔礼道歉，不判决赔偿损失。

对照《著作权法》第 47 条，该案被告的行为性质并不吻合，但是从案件实际情况看，被告临摹的作品毕竟是原告在版权局进行了著作权注册登记的，抄袭是毫无疑问的。因而可以认定被告侵犯了原告的著作权。但是该案的“抄袭”或者是“剽窃”还是比较特殊。它有个运用掐丝技术再创作的过程。同时参赛获得了奖金，没有出售获利。一审判决书也认定“被告对其掐丝作品，虽有出售意向，但至今并未出售，原告的实际损失和被告的违法所得均难以计算”。在这种情况下，只判决原告赔礼道歉，不判决赔偿损失是可行的。这样，原告的著作权得到了尊重，被告免去了经济赔偿之虞，双方的利益问题达到了均衡。毕竟，原告一方是知名画家，被告一方是社会底层打拼的低收入者，这种处理照顾了双方的利益。应该是该案最佳处理方案。

第二种思路：在认定侵犯著作权的情况下，即使判赔经济损失也应该仅限于3万元奖金的范围之内，不宜超出，更不应判决由被告支付原告律师代理费。

该案一审判决使人觉得缺乏公平性，主要原因是将被告所得3万元奖金全部判赔之外，还判决被告支付原告的律师代理费等费用5万余元，这就让原、被告之间的利益彻底失衡。从双方的社会地位来看，原告方是知名画家，委托律师来势汹汹；被告方是民间艺人，虽然经营企业，但其实就是一个小作坊，工作生活举步维艰，在这种情况下通过诉讼剥夺其所有，在我国传统文化看来，有倚强凌弱之嫌，这种社会大众心理，在司法案件的处理中是必须考虑并兼顾的。而在3万元之内处理问题，让原告得礼而饶人，让被告花钱买些教训，兼顾了双方的实际利益，不失为解决问题的务实之道。

第三种思路：也可以不认定为侵犯著作权。

该案原告起诉的侵犯著作权比较特殊，缺乏典型性。假如被告纯属照搬照抄，临摹的作品是一幅水墨画，并署上自己的名字拿去参赛，或者照搬照抄后署上原告的名字卖假画获利，那毫无疑问是侵犯著作权的，但是该案不是这种情况。该案是被告以原告的长卷画为蓝图，采用描摹手法，用掐丝技术进行再创作，制作成珐琅画，这与书法作品临摹《兰亭序》《寒食帖》的性质基本相同。而被告的掐丝画获奖也是因为“掐丝珐琅工艺的设计与制作”，并且在署名时明确注明原画的作者及画作名称，在这种情况下认定侵犯著作权其实是存疑的。我国传统民间工艺有它的特殊性，不可生搬硬套，过于严苛，比如“泥人张”的作品基本上是按照已有的作品原型创作，是否也算侵权？因此，从社会效果看，该案不认定为侵权似乎更加符合大众心理。

总而言之，这类案子不能机械教条地硬套法律条文，要注重兼顾法律效果与社会效果，有时为了社会效果，甚至可以“牺牲”法律效果，这不是违法，而是对法治精神更深层次地理解。

# 祖坟迁移纠纷案

原、被告系同村村民，在第二轮土地承包时，埋葬被告祖父的土地变为原告承包耕种，此后被告祖母、父亲先后去世，均安葬于该坟茔，原告一直未提出异议，亦未发生纠纷。15 年之后，原告突然要求被告迁出其祖父母、父亲的坟墓，被告拒绝，原告遂诉至法院。

原告认为，被告家的祖坟侵占原告承包地，严重侵害了原告的合法权益，给生产、生活造成了巨大困难。曾多次找村委会协调解决未果，故要求被告迁坟并赔偿经济损失。

被告认为，第一轮土地承包时，村民大会规定，凡本村村民去世后埋葬的墓地，以后不得变动。第二轮土地承包时，由于祖坟问题，被告曾提出与原告换地，但未获同意。此后被告埋葬其祖母、父亲时原告没有反对，多年亦未发生纠纷。现原告要求迁坟并赔偿经济损失，实属无理，是破坏民风习俗的行为。

法院审理认为，民事活动不得违背公序良俗。原告在被告埋葬其祖父母与父亲的当时对此认可，此后多年亦未提出异议。时隔 15 年突然要求被告迁坟，其主张违背公序良俗，不应支持。最后判决驳回原告诉讼请求。

笔者认为，这个案子驳回诉讼请求是正确的。根据民法原则，民事主体的民事活动不得违反法律，不得违背公序良俗。祖坟是中国人的圣地，崇拜祖先是中华民族的传统心理，祖坟神圣不可侵犯的观念在我们民族的意识中根深蒂固。由于我国土地公有制和集体所有制的性质特点，农村土地在一轮、二轮承包时，根据村民的实际情况进行具体调整，于是出现了许多坟茔在他人承包地中的情况，对于这个问题，必须尊重传统习俗。处理这类案件，如果是已经安葬的坟茔，应一律维持原状不能变动；若是尚未安葬发生纠纷的，可以根据实际情况处理，但是在安葬时如果土地承包者未表示反对，一旦安葬就不允许再提出异议。

国人一直讲究人死为大，入土为安。在传统的宗法社会，坟墓是维护祖先精神权威、体现宗族凝聚力的象征。保护坟茔早已成为一种道德行为准则。“耕地诫侵连冢土”是早在汉唐以来就形成的法律规范，也是对各阶层的道德约束。掘人坟墓一直被认为是极严重的事件。明、清法律均规定，挖坟掘墓者，斩立决。因此我们现在通过司法手段维护坟墓原状的稳定，对于杜绝这类乡邻矛盾纠纷、维护农村社会秩序稳定，极具现实意义。

# 退耕还林贪污案

有一起检察机关指控的以合伙搞退耕还林工程为名，虚报冒领国家补贴的贪污案，指控的三名被告人，其中两人担任过乡党委书记、乡局级局长，一人为农民。该案起诉后，三被告人一直认为自己无罪，法院原一审认定构成贪污罪，分别判处有期徒刑并宣告缓刑。被告人不服提出上诉，二审法院以事实不清为由发回重审。重审之后，法院根据“疑罪从无”原则宣告三被告人无罪，但检察机关认为判决错误，提起抗诉。二审法院审理后，以出现新证据为由改判三被告人有罪，并均判处有期徒刑，宣告缓刑。

该案在审理中一波三折，从起诉、审理、补充起诉、有罪、判决、上诉到发回重审、无罪判决、抗诉，再到二审、有罪判决，每个环节均存在很大争议。发回重审之后，笔者办理此案并宣告无罪。但这一无罪判决经检察机关抗诉，最终被二审法院改判为有罪。在我国，下级法院必须服从上级法院的判决，这既是法律原则，也是组织原则。法谚有云：“终审判决因为它是终审的，所以它是正确的。”笔者承认并尊重终审判决的正确性，但是笔者认为，这类争议案件，最终是否正确，需要历史检验。该案的重审判决书是笔者撰写的。这份判决书，是笔者首次运用

“犯罪三阶层”理论进行定性分析，并得出结论的案例。虽然判决结论已被上级法院修正，但是整体的分析推理是严谨的，特别是法理评判部分，自我评价认为，天理、国法、人情融合得比较好，文体结构亦可供办理个案时参考借鉴。现将该案的刑事判决书附录于后，供法律工作者研究和批评。

# 刑事判决书
## （节选）

公诉机关指控，被告人于某某于2003年3月、4月，利用其担任L县M乡党委书记、乡退耕还林领导小组组长职务的便利条件，与时任L县B乡党委书记姜某某、下岗职工杨某某各出资5万元合伙搞退耕还林工程。三人以杨某某名义承包M乡林牧场A山耕地、弃耕地、三荒地1000亩，经县、乡林业部门验收，分别于2004年列入131亩、2005年列入864亩，兑现耕地面积计995亩。自2005年至2012年，共领取退耕还林补助款1135360元。在兑现的995亩土地中，耕地面积实际仅为杨某某等4户村民的承包地141亩、林场集体耕地89亩，共计230亩；其余765亩属弃耕地、三荒地，不符合退耕还林补助条件。在领取的1135360元中，应领取款为230亩耕地的补助款157205元，不符合耕地条件的765亩土地补助款526295元中，扣减种苗补助费、预付承包费（55461元、25290元）外，三被告人非法侵吞国家财产计444914元。其中于某某分得138813.17元，姜某某分得153495.33元，杨某某分得152605.5元。

为了证明上述事实，公诉机关提交的证据主要有：土地承包经营权证书、合资经营协议、L县林业局下发的关于A山退耕还林粮食和现金补助的16份批复文件及兑现花名册，证人郭某某等五人的证言。

公诉机关认为，被告人于某某利用其担任L县M乡党委书记、乡退耕还林工作领导小组组长职务之便利，伙同被告人姜某某、杨某某隐瞒土地类型，冒领不符合退耕还林条件的弃耕地、三荒地补助款，非法占有公共财物，其行为触犯《中华人民共和国刑法》第三百八十二条第一款、第三款、第三百八十三条第一款第（二）项、第二款之规定，构成贪污罪。在共同犯罪中，于某某起主要作用，属主犯；姜某某、杨某某起次要作用，属从犯。要求对三被告人依法判处。

被告人于某某辩称，检察院起诉书的指控没有任何事实依据、法律依据、政策依据，这是一起典型的假案、冤案。退耕还林的995亩耕地，是L县林业局经过勾图设计、实测量算、检查验收确定的，公诉机关以二轮承包合同面积推算耕地仅有230亩，并推算其余765亩属弃耕地、三荒地的事实错误。A山有耕地面积1118.2亩，这是L县国土资源部门于1991年测量确定的。按照《退耕还林条例》第35条、国家林业总局《退耕还林工程验收办法》《甘肃省退耕还林工程验收办法》及甘肃省发改委等五部门（2015）1141号文件精神，退耕还林面积应“以丈量面积为准”。杨某某实施退耕还林的面积是国家认可的，领取补贴是根据L县人民政府及其所属林业部门作出的16份文件，这些文件确认的合格面积995亩至今未被依法撤销；杨某某作为大户承包，是A山地域土地唯一的合法承包经营权人，自己与姜某某参与退耕还林符合中共中央国务院（2003）9号文件的政策要求，干部职工可以参与退耕还林工程。主持召开乡党委会议研究杨某某承包的有关事宜，是正常的履职行为，不是利用职务之便谋私利；作为当时的乡党委书记，没有主管、管理、经手退耕还林补助资金，管理经手的部门是L县林业局和财政局。土地类型性质并非检察院指控“掌握在乡政府手中”，其职责属于土地管理部门和林业部门。A 山退耕还林工程从立项审批、作业设计、勾图验收到领取补助，都是在国家规定的职能部门县林业局的许可和审批下完成的。这起案件，自己一个人在经历了两次庭审后，检察机关又将案件上升为共同犯罪，追加起诉姜某某、杨某某，严重背离了“以事实为依据，以法律为准绳”的原则，恳请法院坚守“疑罪从无、罪刑法定”的刑法理念，查明事实真相，宣告无罪。

辩护人认为，一、被告人于某某不构成贪污罪。1. 三被告人合伙实施退耕还林是国家提倡并鼓励支持的行为，没有犯罪的故意；2. 于某某没有利用职务之便的行为。2003 年 4 月于某某主持召开乡党委会议并作出承包决定，属于正常的履职行为。合伙时以公民身份加入，没有为杨某某退耕还林工程谋取任何非法利益；3. 从杨某某和 M 乡政府签订承包土地合同并实施退耕还林的过程看，均符合事实与政策、法律依据，按照甘肃省退耕还林建设办公室“关于对清水县退耕还林大户承包问题的复函”规定，杨某某属于大户承包，是实施退耕还林工程的适格主体，可以享受粮款补助，故三被告人领取的退耕还林补助款是合法的；4. 三被告人的行为不符合《退耕还林条例》第 57 条规定的三种情形，不存在虚报冒领；5. 三被告人的造林行为有益于国家、社会和生态保护，不具有社会危害性。二、公诉机关起诉的事实不清、证据不足、没有法律依据。1. 公诉机关以二轮承包合同面积和农业税纳税面积推算退耕还林耕地的面积，认定 765 亩系弃耕地和三荒地，没有法律依据，是严重错误的。在灵台县林业局认定 995 亩退耕还林面积的文件未被撤销的情况下，该文件是认定耕地事实的唯一依据；2.A 山林场不存在弃耕地。安家山的土地属于耕地、弃耕地还是三荒地，应以国土资源部门的界定为准。原四户二轮承包人搬离农场后，杨某某承包了 A 山林场整山，成为新的土地承包经营权人，并实施退耕还林，不存在弃耕地。3.A 山退耕还林工程已验收合格，领取的退耕还林补助款合法有效。因此，三被告人不构成犯罪。

被告人姜某某辩称，我们三人响应政府号召，在 M 乡 A 山实施退耕还林工程，程序合规合法、资料齐备、面积实在，领取的补助款都是合法的。退耕还林工程由林业局作业设计、验收认可，杨某某连续七年领取补助款，这是经过林业局技术人员核查，由 16 份红头文件认可，不存在非法侵吞和冒领。在 A 山退耕还林面积的认定上，应当以县林业主管部门在作业设计环节"通过水平勾图量算面积为准"，"以实际丈量面积为准"。土地性质的认定应以国土资源部门的为准。按照"一条例、两办法"，结合 L 县林业局关于 A 山退耕还林工程的整套作业设计、勾图验收、统计报表和文件批复等资料，各个环节符合程序，因此耕地面积就是 995 亩。公诉机关按照二轮承包合同面积简单推算得出 A 山 995 亩耕地中有 765 亩三荒地、弃耕地，三被告人非法侵吞国家财产 444919 元，属于事实虚假，罪名硬定，结论错误，公诉机关的指控不能成立。

辩护人认为，一、公诉机关认定的退耕还林面积失实。土地分类只能以国土资源部门认定的结论为准，而不是四户二轮土地承包合同面积和林牧场集体耕地面积的简单相加。2003 年 7 月起，杨某某成为 A 山林牧场新的承包经营权人，承包合同上载明面积为 1000 亩。二、隐瞒土地类型、冒领补助款的指控不能成立。三被告人事前对土地类型不知情，杨某某按流程申报立项，实施了退耕还林工程，经县林业局验收合格后，依据 16 份红头文件领取补助款，程序合法。三、被告人姜某某主客观方面均不符合贪污罪的构成要件，没有侵吞、窃取、骗取的主观故意，也没有利用职务之便，更没有非法占有公共财物的客观行为。四、将三被告的行为纳入刑事法律规范调整范畴，缺乏行政法规的指引，不符合《退耕还林条例》第五十七条规定的三种情形。因此，公诉机关指控的事实不清，证据不足，犯罪不能成立，建议判决被告人姜某某无罪。

被告人杨某某辩称，2003年自己将A山整山承包，当时并不知道具体面积，也不知道有弃耕地。承包之后，退耕还林的所有步骤都是按照林业局技术人员的指示进行，在整地栽树之后，当时估计耕地面积在1200亩左右。后经林业局勾图验收，确定总造林面积为1434亩，其中耕地995亩，宜林荒地439亩。领取补助款是根据林业局连续7年的16份批复文件，不存在冒领和骗取。自己作为一名下岗职工，响应政府的号召，按照县政府和林业局的要求栽树，依据林业局的文件领钱，现在依然在看管A山林场，没有犯罪。

经重新审理查明，2003年4月18日，L县M乡党委会议决定，将该乡A山林场地域整体承包给下岗职工杨某某。7月12日，杨某某与L县M乡经济联合管理委员会签订承包合同，由杨某某承包该乡A山地域的耕地、弃耕地、三荒地1000亩，承包期限自2003年7月12日至2033年7月12日，承包费6.2万元。合同约定杨某某在承包期内对该区域土地享有使用权、经营自主权，并可在国家有关政策范围内退耕还林，享受退耕还林补助，并约定乡政府在同年9月底之前将安家山居住的农户迁移。7月20日，L县公证处对该合同进行了公证。同时，M乡将A山地域的史某某等四家农户全部迁移，并安置了A山林牧场管理人员。此后，杨某某向L县林业局申请退耕还林工程并获批准。2004年12月28日、2005年2月28日，杨某某又与M乡人民政府先后签订退耕还林合同两份，合同载明，杨某某将位于A山林牧场豹子沟梁耕地4块水平面积131亩、位于A山的耕地103块水平面积864亩用于还林，将位于豹子沟的宜荒宜林山地259亩用于造林。在签订两份退耕还林合同之前，杨某某已经按照L县林业局技术人员作业设计要求，于2003年10月至2004年4月底完成了A山整体造林工程，在杨某某施工期间，于某某与姜某某出资参与。2004年6月、2005年6月灵台县林业局安排工作人员对杨某某实施的A山造林工程勾图验收，确定2004年度退耕还林生态林合格面积131亩、荒山造林合格面积259亩；2005年度退耕还林生态林合格面积864亩、荒山造林合格面积180亩。后林业部门按照验收合格的退耕还林面积向杨某某兑付退耕还林补助款。

2005年8月20日、2011年12月31日，杨某某与M乡政府就双方最初签订承包安家山的合同进行了补充和续签，对承包费进行了调整并约定131亩、864亩退耕还林工程的承包期限到2018年7月20日止。2007年5月11日，于某某、姜某某与杨某某签订《退耕还林工程合资经营协议》，主要约定扣除前期投入、土地承包金、林木管护等费用后的收益分款事项。2005年至2012年，L县林业局连续7年向杨某某按耕地标准，兑现995亩退耕还林补助款1135360元、树苗款16239元。杨某某领取后，与于某某、姜某某按照合资协议进行分配，于某某分得213500元、姜某某分得235500元、杨某某分得234000元。

2015年3月，经他人举报，检察机关以涉嫌贪污罪对被告人于某某立案侦查，市纪检机关亦对被告人姜某某进行纪律调查。同月，姜某某向市纪律检查委员会上缴所得退耕还林补助款15万元。2015年10月，区人民检察院对被告人于某某以贪污罪向本院起诉，在本院审理期间，又于2016年10月追加被告人姜某某、杨某某为共同被告人。

对于上述基本事实，控辩双方均无异议，足以认定。

基于上述事实，控辩双方存在争议的问题是995亩土地的类型属性，而这一问题是本案犯罪事实是否成立的焦点问题。

公诉机关认为，L县林业局确定的995亩耕地面积是错误的。三被告人的退耕还林土地中，耕地面积只可认定为230亩，765亩属于弃耕地、三荒地，因而在领取的补贴中，765亩按耕地标准领取的补贴部分为虚报冒领，并在扣除弃耕地、三荒地的标准补贴与三被告人实际投入的资金之后，最终确定贪污总数额。证明上述观点的核心证据可归纳为两个方面。一是当时的A山林场负责人郭某某、土地承包户杨某某等五名证人在侦查起诉阶段的证言：郭某某证明林场承包的集体耕地89亩；杨某证明自家承包32亩；杨某某证明自家承包32亩；史某证明自家承包40亩；史某某证明自家承包37亩；共计230亩。二是二轮土地承包时该区域交纳农业税的土地面积统计表册：根据L县土地管理部门的登记，二轮土地承包时该区域交纳农业税的耕地面积共计230亩。据此推算认定995亩土地中，实有耕地面积230亩，弃耕地、三荒地面积765亩。

三被告人及其辩护人认为：（一）认定退耕还林土地类型的职能机关是政府林业部门，L县林业局按照"退耕还林一条例两办法"规定的程序，从承包人申请到勾图设计、实地测量，再到会同乡、村、社群众代表实地查看验收，资料齐备，最终确定耕地面积为995亩，之后又经市、省林业部门及国家林业总局确认，每年发放补助款，这就是最权威有效的认定，根本不存在隐瞒土地类型、虚报冒领补助款的问题；（二）公诉机关按照二轮土地承包合同交纳农业税的土地面积认定退耕还林耕地面积，于法无据，与国家政策严重不符。应当以当时土地的实际丈量为标准；（三）郭某某、杨某某等五名证人证言只证明了耕地的一部分，庭审时当庭都证明承包的土地面积远远小于他们实际耕种的土地面积；（四）杨某某在2003年7月承包了安家山的整体土地，属于大户承包，到退耕还林时，安家山的合法土地承包人只有杨某某一人，五名证人已不是合法的土地承包人，安家山的耕地面积作为唯一承包人的杨某某最有发言权。因此，公诉机关认定耕地面积仅有230亩，其余765亩是弃耕地、三荒地的事实是错误的，995亩土地属耕地是铁的事实。

本院根据控辩双方的意见，综合分析认为，关于995亩土地，是按照灵台县林业局的文件，全部认定为耕地，还是按照公诉机关的意见，只认定230亩属于耕地?

（一）公诉机关据以定案的230亩耕地已丧失了证据基础。

庭审阶段，本院依法传唤郭某某等四名二轮承包时的土地承包人作为证人出庭作证，他们对侦查起诉阶段的证言均作了修正。郭某某证明：2003年安家山有一千多亩到两千亩土地，实际耕种的面积都比承包的面积大。杨某证明：二轮承包合同上的面积是32亩，按照32亩交纳农业税，实际耕种60多亩。杨某某证明：自家承包证上的面积是32亩，实际耕种了七八十亩，都是耕地。史某证明：承包合同上的面积是46亩，按照46亩交纳土地税，实际耕种的面积有一百多亩。史某某因病未能出庭作证，但其弟史某间接证明，史某某承包的土地面积三十多亩，而实际耕地接近一百亩，他们弟兄二人耕种的土地面积大体相等。证人证言的变化，证明了公诉机关以230亩作为耕地定案的证据已经缺失，按照《退耕还林条例》规定，退耕还林耕地应以实际耕种土地的面积确定，仅出庭的四名证人，都证明实际耕地远远大于承包面积，因此，公诉机关关于耕地为230亩的事实认定本院不予采信。

（二）三被告人及其辩护人提出应以L县林业局确定的995亩耕地作为本案事实认定的意见具有不确定性。

根据证据规则，书证特别是政府规范性文件的证明效力大于证人证言。但是，如果证人证言等证据形成了完整的证据链条，并排除合理怀疑达到了确实充分，仍然可以推翻书证，包括政府规范性文件。本案公诉机关据以定案的证人证言，虽然没有达到证据充分之要求，但却对政府规范性文件的真实性形成了冲击，导致该规范性文件存疑，在这种情况下，本院难以绝对的采信书证，从而确定本案核心事实。因而对于三被告人及其辩护人的意见，本院亦不能完全采信。

（三）本案全部证据没有达到刑事案件在证据上要求必须排除合理怀疑的事实证明标准。

综合全案证据，L县M乡A山地域土地情况比较复杂，现有证据极其零乱。根据L县国土资源部门1991年土地台账，该地域共有土地3349.2亩，其中耕地面积1118.2亩，除去坡埂边带，实有耕地876.7亩。证人郭某某曾担任安家山林场负责人，他在侦查阶段证明，自己负责林场期间，该地域能耕种的土地大约400多亩，林场承包89亩；在出庭作证时，郭某某又证明，A山的土地大约是一千亩到两千亩，林场自种89亩之外，其余的给其他乡的多人承包，每年承包人数不确定，自己也记不清楚。公诉机关以二轮土地承包合同确定耕地面积，但二轮土地承包的土地台账底册缺失。因此，控辩双方的证据组合之间，均存在矛盾或不严谨的问题，每一组证据证明的结果在逻辑上都不周全，都有另一种可能性，无法做出排他性解释。

由此可见，关于995亩土地的类型属性这一焦点问题，本院既不能排除995亩土地全部是耕地的合理怀疑，也不能排除230亩土地是耕地及765亩土地是弃耕地、三荒地的合理怀疑，控辩双方在这一焦点问题上证据组合均存在矛盾与缺失，不能排除合理怀疑，根据现有证据，该事实的证据属于存疑证据，因而995亩土地的类型属性亦属于存疑事实，本院难以认定。

根据认定的本案事实与上述证据分析得出的结论，本院综合评判如下。

（一）刑事案件证据必须达到排除合理怀疑的证明标准，这是本案定罪的必要条件。

排除合理怀疑是运用证据认定犯罪事实所要达到的基本证明标准。《中华人民共和国刑事诉讼法》第五十三条第二款规定：证据确实、充分，应当符合以下条件：（1）定罪量刑的事实都有证据证明；（2）据以定案的依据均经法定程序查证属实；（3）综合全案证据，对所认定事实已排除合理怀疑。根据该条款，排除合理怀疑的实质，是要求刑事案件中指控的犯罪事实必须达到没有合理怀疑的程度，通过案件的全部证据材料，得不出其他结论。这就要求证据与事实之间、证据与证据之间必须完全一致没有矛盾，如果存在矛盾，必须要有符合逻辑的解释并附之以具体证据佐证予以排除。本案的证据控辩双方在证明标准问题上存在极大争议，其根本原因，在于没有弄清排除合理怀疑的证明标准之含义，因而在运用证据认定事实方面以偏概全，逻辑推理不严谨，得出的结论达不到唯一性、排他性，这就丧失了认定事实的基础性。在这种情况下，事实的确定性就打了折扣，认定具体事实必然成为无源之水、无本之木。

（二）客观判断先于主观判断，这是分析本案罪与非罪问题时应当遵循的刑事思维方法。

认定一个行为是否构成犯罪，并确保其结果正确的方法论，是客观判断先于主观判断，即必须首先分析具体行为是否达到刑法条款规定的客观行为标准，这是犯罪构成理论应当遵循的逻辑顺序与原则，也是防止主观归罪必须树立的理念。在罪刑法定原则下，司法认定必须以客观行为事实为基础，只有在行为事实的基础上，才能进行是否构成犯罪的价值判断，这是具体案件定罪的前置条件。本案三被告人领取国家退耕还林补助款的事实客观存在，控辩双方无异议，但其领取补助款是否为犯罪行为，必须首先界定是否隐瞒了土地类型，是否属于冒领。后一个行为的违法性必须以前一个事实的违法性为条件，否则，就会陷入主观臆断的窠臼。我们假设第一、第二被告人在具有国家机关工作人员身份的条件下，具有以职权谋利的便利条件，姑且认定其确有非法占有公共财物的主观动机，但是，其客观行为，即隐瞒土地类型的事实不成立，那么就没有了客观行为因素，在这种情况下，认定贪污罪也就因其缺乏客观行为基础而无法定罪。因此，刑事思维方法在本案认定罪与非罪的问题上尤为重要。

（三）疑罪从无，这是我国刑法罪刑法定原则的重要要求。

罪刑法定是我国刑法的基本原则。这一基本原则要求，在办理刑事案件时，必须坚持法无明文规定不为罪、不处罚。同时，如果具体案件的现有证据不能完全排除合理怀疑，导致犯罪事实存疑，应当推定指控的犯罪事实不能成立。如前所论，本案的行为事实存疑，核心证据之间的矛盾无法排除，因而属于疑罪。对此我国刑事诉讼法有明确规定，中央政法委 2013 年《关于切实防止冤假错案的规定》也明确要求“对于定罪证据不足的案件，应当坚持疑罪从无原则”。对此，在审理刑事案件时，应该切实得到贯彻。与此同时，本院还必须强调指出，疑罪从无原则的贯彻执行是有代价的——它有可能使真正的犯罪分子逃脱法律的惩罚，损害个案的公平正义。但是，这是法治的代价，是保护人权的代价，与保护无辜的人免受不白之冤相比，这个代价值得付出。宁可错放，不可错判，这是疑罪从无原则的题中应有之义和有可能付出的必然代价。因此，就本案而言，在有罪事实从疑的情况下，推定三被告人无罪，是本案最现实的选择。

最后，本院需要阐明两个问题。其一，在本案作出判决之前，审理本案的合议庭与本院审判委员会将本案与案情类似的本院2016年9月作出判决的杨某某、周某某贪污案作了详细比较与研究，认为两案在表象上类似，但在具体事实与定罪证据方面完全不同。杨某某、周某某案涉案的2118亩退耕还林耕地面积，实际耕地仅有751.86亩，1366.14亩耕地纯属凭空虚造，二被告人的供述、证人证言、土地台账对耕地面积的证明完全一致，案件的证据形成了严谨的证据链条，证据之间达到同一性、排他性，足以推翻并否定林业部门规范性文件确认的事实。而本案通过上述的综合分析，已经清楚地表明，公诉机关指控的事实存疑，因而本案难以认定被告人有罪并处以刑罚。其二，就本案而言，在案件事实存疑的情况下，本案合议庭与本院审判委员会在案件的事实认定与定性上，曾一度存在分歧意见，原审也曾作了有罪判决并处以刑罚。但是在二审法院发回重审之后，通过重新审理，并在开庭审理时传唤了7名证人出庭作证，详细听取了控辩双方的意见，最后的判断，是本院审判委员会在综合多数人意见的基础上，基于法官的良知，基于对全案事实的整体把握和分析，基于对我国刑法相关条文及法的精神的全面理解，也是基于对我国退耕还林历史与现状的深入了解，基于通过个案实现看得见的司法正义的大胆追求，作出的独立判断。因此本院认为，我们的判断体现了公平正义！

综上所述，本院认为，公诉机关指控被告人于某某、姜某某、杨某某构成贪污罪的事实不清，证据不足，不能认定被告人有罪，应当以指控的犯罪不能成立判处。同时，还需要指出的是，作为退耕还林时担任乡党委书记的被告人于某某，参与自己辖区的退耕还林工程，其行为是否存在刑法规范之外的违纪性？作为党员领导干部的被告人于某某、姜某某，在L县委、县政府要求干部退出退耕还林工程的规定下发之后，继续参与退耕还林工程，领取国家补助款，虽然中共中央国务院中发（2003）9号文件《关于加快林业发展的决定》规定干部职工可以承包退耕还林工程，但其行为仍然可能存在是否具有违纪性的问题，而这一行为性质，需要党政纪检监察机关依纪依规作出权威界定，本院在司法判决中不予评判。据此，依照《中华人民共和国刑事诉讼法》第一百九十五条第（三）项、《最高人民法院关于适用〈中华人民共和国刑事诉讼法〉的解释》第二百四十一条第一款第（四）项之规定，判决如下：

被告人于某某无罪；

被告人姜某某无罪；

被告人杨某某无罪。

注：该案检察机关抗诉后，二审法院改判，对三被告人均以贪污罪判处有期徒刑并宣告缓刑。

# 组织、领导、参加黑社会性质组织案

2019 年 5 月，笔者担任审判长并主审了郭某等 35 人组织、领导、参加黑社会性质组织案。该案是 2018 年开始的扫黑除恶专项活动开展以来，平凉市审理的第一起涉黑案件，也是中华人民共和国成立以来该市涉案人数最多的普通刑事案件，检察机关指控了 31 起犯罪事实、9 个罪名，庭审历时 6 天，公诉机关派出了 10 人的豪华公诉团队，被告人的辩护律师达 29 人。

经过庭审调查，起诉书指控的绝大部分犯罪事实能够认定，在法庭辩论阶段，绝大多数辩护人作无罪辩护。辩护人认为，一是该案不构成组织、领导、参加黑社会性质组织罪，涉黑的四个特征不明显，特别是组织特征和非法控制特征达不到定罪标准；二是认为指控的其他个罪事实存在，但行为性质大多数不构成犯罪。

法院审判委员会讨论时，对于是否构成黑社会性质组织也存在争议，一些委员认为，该案从危害性特征上看，似乎达不到非法控制标准，不宜定性为黑社会性质组织。

笔者认为，该案能否认定为黑社会性质组织，关键是对危害性特征如何认识，即该案被告人整体的行为特征能否达到非法控制标准，或者是否造成重大影响？检察机关指控的31起犯罪事实，因庭审中证据的变化，个别事实应予否定，但不影响全案的定性；而辩护律师认为该案总体无罪的意见，辩护表演的成分居多，理性思考的成分较少，姑且听之，不可采信之。

关于该案的危害性特征，既是一个实践问题，又是一个理论问题，这需要对立法、司法关于黑社会性质组织的危害性特征进行准确的理解和把握。从实际情况来看，从“97刑法”颁布实施到现在，黑社会性质组织的有关规定一直处于变化之中，从刑法条文最初的简单表述到司法解释、立法解释再到刑法修正案以及一些司法规范性文件，虽然四个特征逐渐成形，但四个特征中非法控制特征的内涵和外延一直处于变动之中，特别是在社会治安形势和刑事政策不断变化的形势下，对非法控制特征的理解和认识一直存在争议，在这种背景下，对个案的把握，在认识上就必然存在差异。

关于黑社会性质组织罪，“97刑法”条文的表述非常简略，只有高度概括的罪状；2011年5月施行的《刑法修正案（八）》提高了该罪的法定刑，并增加一款，专门规定了该罪的四个特征。而在此之前，最高司法机关以及全国人大常委会先后颁布了司法解释与立法解释，四个特征已具雏形。

2000年12月《最高人民法院关于审理黑社会性质组织犯罪的案件具体应用法律若干问题的解释》（法释〔2000〕42号）规定，“‘黑社会性质的组织’，一般应具备以下特征：（1）组织结构比较紧密，人数较多，有比较明确的组织者、领导者，骨干成员基本固定，有较为严密的组织纪律；（2）通过违法犯罪活动或者其他手段获取经济利益，具有一定的经济实力；（3）通过贿赂、威胁等手段，引诱、逼迫国家工作人员参加黑社会性质的组织活动，或者为其提供非法保护；（4）在一定区域或者行业范围内，以暴力、威胁、滋扰等手段，大肆进行敲诈勒索、欺行霸市、聚众斗殴、寻衅滋事、故意伤害等违法犯罪活动，严重破坏经济、社会生活秩序”。

从这一规定看，当时没有提及非法控制，只要有足够的违法犯罪行为即可认定为黑社会性质组织的特征。但是，从该解释的逻辑结构看，第三个特征规定的有“保护伞”是必要条件，这其实是很严苛的一个条件，这个规定实际上造成了“有黑必有伞”“无伞非黑”的认识预期，凡是没有“保护伞”的，实践中均不认定为黑社会性质组织。所以，当时的这个司法解释规定的四个特征不同于以后的四个特征。

2002 年 4 月，全国人大常委会对于《刑法》第 294 条第 1 款进行了立法解释，将黑社会性质组织的特征内容概括为“组织特征”“经济特征”“行为特征”“危害性特征（非法控制）”，对司法解释的结构进行调整，将“保护伞特征”并入第四个特征中，与“实施违法犯罪活动”并列，作为一个选择性条件，同时又提出“在一定区域或者行业内”形成非法控制的概念，这样，黑社会性质组织的定罪条件仍然十分严苛。虽然“非法控制”与“重大影响”是选择性条件，但是由于对“一定区域或行业内”的理解存在空间上的差异性，司法实践中的掌握仍然非常严格。

2009 年 12 月。“两高一部”召开办理黑社会性质组织犯罪案件座谈会，形成会议纪要，明确提出四大特征。这个会议纪要实际上是对 2002 年立法解释的进一步细化，其最大的变化是淡化了“保护伞”，放宽了“一定区域”和“行业”的标准，给“保护伞”和“区域行业”松绑，目的在于根据社会治安形势扩大打击面。

2015年10月，最高人民法院召开全国部分法院审理黑社会性质组织犯罪案件座谈会，又形成会议纪要，不但对四个特征再次进行解释，还提出一些原则，比如要求正确把握“打早打小”和“打准打实”的关系。提出对于二者的关系不能简单化、片面化，要求准确认定黑社会性质组织，既不“降格”，也不能“拔高”，要防止以“打小打早”替代“打准打实”的问题。在认定“非法控制特征”的问题上，要求认定“一定区域”应当具备一定的空间范围，并承载一定的社会功能，如果涉案组织的控制和影响仅存在于一座酒店、一处娱乐会所等空间有限的场所或人口数量、流量经济规模较小的其他区域，则一般不能视为对“一定区域”的控制和影响。这些提法，又提高了认定黑社会性质组织的标准，使“两高一部”此前“松绑”的精神又重新“收紧”，这虽然是一份司法规范性文件，但是鉴于最高人民法院的特殊地位，其效力其实是等同于司法解释的。这样，司法实践中认定黑社会性质组织犯罪的标准又严苛了。

2018年年初，中央决定在全国范围开展扫黑除恶专项活动，根据这一形势需要，“两高两部”颁布指导意见，系统地综合总结此前所有关于涉黑涉恶问题的规定，从程序和实体两个方面统一规范了黑恶犯罪，虽然其规格是司法规范性文件，属于指导的性质，但是在实际上，该指导意见具有完全的司法解释的功能，甚至具有立法的性质。在指导意见中，重复了认定黑社会性质组织的四个特征，对于危害性特征，修订了2015年最高人民法院会议纪要的严格准入条件，特别是与2009年“两高一部”的会议纪要内容比较，也明显降低了黑社会性质组织的门槛，对于“一定地区”“一定行业”的范围和“形成非法控制和重大影响”的具体认定标准明显降格，不再要求严苛，笔者谓之为“松绑条款”。具体表现为，一是不再要求“一定区域”必须达到某一特定的空间范围，而要求应当根据具体案件，结合犯罪行为对经济社会生活秩序的危害程度，综合分析判断；二是取消了此前的一些“兜底条款”，对于此前的一些限制条件放松了，规定只要具备指导意见中具体列举的八个方面之一的情形，就可以认定为具备“危害性特征（非法控制）”；三是“保护伞”不作为认定黑社会性质组织的必要条件；虽然认为黑恶势力坐大离不开“保护伞”，决不能放松对“保护伞”的打击，但是，承认有的黑社会性质组织正处于发展时期，尚未找到“保护伞”，这就使“保护伞”不再是黑社会组织犯罪的必要条件。

从以上司法解释、立法解释和司法规范性文件对黑社会性质组织定罪的变迁，我们可以清楚地看到，单纯按照刑法条文和司法、立法解释，郭某案的黑社会性质组织，是缺乏必要条件的，一是没有明显的“保护伞”，二是一定区域或行业的非法控制也达不到标准，因为他们的控制区域太狭窄，行业太单一。但是，按照指导意见，则完全符合定罪标准。由此可见，郭某案定为黑社会性质组织犯罪是社会治安形势和刑事政策变化的结果，而刑事司法在阶段时间内服从刑法政策的需要，又是刑事法治的题中应有之义。因此，我们最后将该案定为黑社会性质组织犯罪，宣判后收到了较好的社会效果。对于该案事实认定和判决的法理依据，笔者在判决书中均进行详细论述和说明。该判决书在 2019 年被中央督导组高度评价，并被评为甘肃省优秀裁判文书一等奖。现将该判决书的精华部分附录于后，供法律工作者批评指正及参考借鉴。

# 刑事判决书[1]

## （节选）

公诉机关：平凉市崆峒区人民检察院。

被告人：郭某等35人。

公诉机关指控被告人郭某犯组织、领导黑社会性质组织罪、抢劫罪、强迫交易罪、非法拘禁罪、敲诈勒索罪、寻衅滋事罪、开设赌场罪、伪造公司、事业单位印章罪；其余34名被告人分别被指控犯抢劫罪、敲诈勒索罪、强迫交易罪、寻衅滋事罪、开设赌场罪、非法拘禁罪、伪造公司、事业单位印章罪及其他犯寻衅滋事罪、赌博罪。其中被告人郭某、史某轩、葛某华、朱某刚、丁某伟、韩某亮、马某以及被告人张某乙、李某飞、王某属累犯，应当从重处罚；罪犯徐某军在前罪判决宣告以后，刑罚执行完毕以前，发现漏罪，应当数罪并罚；被告人张某军在缓刑考验期内重新犯罪，应当撤销缓刑，数罪并罚。被告人吴某祥、朱某龙、陈某、姜某辉、赵某奎、马某及其被告人王某红、张某甲、吴某明、王某平、张某好、李某飞、宋某东、李某武、张某杰、王某、朱某甲、朱

[1] 该判决书原文78000多字，经删节保留20000余字。在该判决书的撰写过程中，平凉市崆峒区人民法院法官高娟、李旭霞、吴忠、杨文虎、受晓霞、李凤娇、宋瑞给予了有力帮助，特此致谢。

某乙、张某明系自首，应当从轻处罚。根据《中华人民共和国刑法》相关规定，请求法院对以上被告人所犯各罪依法判处，并没收黑社会性质组织的全部财产。

被告人郭某及其辩护人均认为：

（一）郭某等人不构成组织、领导黑社会性质组织罪。1. 郭某的公司合法成立、合法经营，从 2011 年开始，利用闲散资金发放民间借贷，并不构成犯罪，以郭某公司无资质而发放民间借贷就认定其涉黑，缺乏法律依据。2. 不能将公司要求员工统一着西装、有严格的规章制度，对迟到、早退有相应的处罚就认定为黑社会组织。3. 郭某公司的员工入职是为了养家糊口，没有任何人在加入前后有形成黑社会性质组织的合意。公司的大部分收入为客车营运和其他项目的盈利，发放贷款是一小部分，无法达到“以商养黑，以黑护商”的程度。4. 没有形成对行业完全控制的现象，平凉汽车东站有 199 条线路，郭某公司仅跑其中一条线路，无法达到对客运行业的完全绝对控制。因此其组织特征、行为特征、经济特征、危害性特征都与法定标准存在差距，认定郭某及其公司涉黑过于牵强。

（二）不构成抢劫罪。郭某对曹某质押的车辆实施了卸螺丝、放轮胎气等行为，是为了保障债权实现，没有抢劫的动机，无主观占有的故意，因而不应认定为抢劫罪。

（三）敲诈勒索罪无法成立。1. 指控敲诈勒索收取客车经营车主管理费的行为，是郭某与各位车主经合法协商，大家共同委托郭某统一发车并支付相关费用，郭某的主观目的是缩减运营成本，共同获利，无非法占有他人财物的故意；2. 刘某海的车辆被出售系其自愿还是被迫不明确，刘某海的陈述违反常识不应采信，证据无法排除合理怀疑，不能定敲诈勒索；3. 指控敲诈何某明、王某福、张某刚、张某生，均存在事实不清、证据不足的问题，向王某福、张某刚收取挂靠费是正常的，不属敲诈勒索，因此不能定敲诈勒索罪。

（四）认定郭某实施非法拘禁的证据不足。指控的九起非法拘禁事实均不能成立，郭某没有非法拘禁的主观故意，没有限制人身自由的客观行为，所有被害人都可以自由出入，与外界自由联系，因此郭某不构成非法拘禁罪。

（五）郭某等人没有任何强迫交易的行为。2011 年 8 月郭某与朱某华达成合伙协议之前的两次争执事出有因，不能作为强迫交易的起因，郭某没有必要也不可能去强迫一个经营收入不如自己的主体与自己合作经营。郭某之所以出一辆车朱某华出两辆车而双方各占股 50%，是因为双方各持有一条线路，在客车运营中，线路的价值明显高于车辆的价值，持有资源的人比付出劳动的人收获更多利润是各行各业的正常情况，因而郭某与朱某华合股经营合同并无不合常理之处，郭某从未强迫朱某华与其合股经营，认定郭某强迫交易的基本事实不成立，证据严重不足，不应定罪。

（六）认定郭某犯寻衅滋事罪不能成立。李某甲的伤不是郭某殴打，医院病历记载患者自述醉酒后摔断鼻骨；向白某讨债的行为不违法，郭某让人只是去看看，他人的行为不能说明是郭某指使，各参与人之间并无共同犯罪故意。

（七）开设赌场罪的证据不足，无确切证据证明赌场是郭某开设，抽头渔利的数字是估算，赌场持续时间不确定，以此定罪过于草率。总之，本案中所有罪名均有一个共同点，就是不到论述罪与非罪的程度，案件的基本事实尚未明确，证据严重不足，控方所有指控只有被害人陈述与部分证人证言，证言中多见道听途说，庭审中多名被告人表示口供记载与当时陈述不符，曹某江的当庭陈述证明了本案侦查阶段的笔录形成过程中存在诱供、骗供的可能性，以此定罪过于草率。

**经审理查明：**

一、组织、领导、参加黑社会性质组织的事实

被告人郭某于2006年8月刑满释放后，在平凉汽车东站经营客车营运，主营平凉至银川线路，与同在东站从事客运线路的其他经营者互有竞争关系。自2010年9月，郭某先后纠集吴某明、张某甲，对经营同一线路客车的朱某华借故采取殴打、滋扰、商谈等方式，迫使朱某华于2011年8月与其签订合股经营协议。被告人刘某平在此期间受雇于郭某担任客车驾驶员，此后一直跟随。自签订合股协议后至2012年上半年，郭某为拓展客车运营业务，先后吸纳吴某祥、葛某华、韩某亮、朱某龙、朱某刚、马某为其工作。为防止无营运权的车辆影响其客源，郭某指派上述六人驾驶假冒的“客运稽查”车辆，在平凉汽车东站及周边区域巡逻，对无营运权的司机进行驱赶、恐吓、殴打，非法行使政府相关执法部门维护市场秩序的权力，时间长达一个多月。

2012年8月之后，郭某陆续以不同方式登记注册成立平凉鹏飞商贸有限责任公司（简称“鹏飞公司”）、平凉鹏飞投资管理有限公司（后经两次更名为平凉建工农林项目投资有限公司，简称“建工公司”）、平凉市万盛建工园林绿化有限公司（简称“万盛公司”）、平凉天亿汽车服务有限公司（简称“天亿公司”）等四家营业性公司，并大量吸收经理、员工入职。自2013年以来，先后纠集、网罗陈某、甘某、贾某敏、史某轩、董某安、姜某辉、刘某、徐某军、任某茂、赵某奎、丁某伟等人，分别安置于上述四家公司。上述成员聚合时间长短不一，人员每年有进

有出，多数人员工作在一年以上。2016年年底，多数人员离开公司，至案发时，有刘某平、贾某敏、董某安、丁某伟仍然跟随郭某。上述四家公司的法定代表人随着人员变动，由郭某决定随时变更登记，无论名义上的法定代表人由谁挂名，但实际控制、管理者均系郭某。2014年至2016年年初，郭某对上述成员的工作及公司的业务方向做出安排：甘某主要负责拟定公司管理规章制度；任某茂主要业务为高利借贷追讨；刘某平逐渐从客车运营司机提拔为客车部主管，负责客车运营分红及收取客车服务费；贾某敏主营鹏飞公司，但该公司无实际经营载体，以违法放贷为主业；葛某华主管万盛公司，亦无经营载体，以违法放贷、追讨为主业；贾某敏还主导天亿公司，主要从事放贷抵押业务；上述四家公司，逐步形成以郭某为组织者、领导者，以甘某、任某茂、刘某平、贾某敏为骨干成员，以刘某、史某轩、吴某祥、徐某军、董某安、葛某华、朱某刚为积极参加者，以陈某、朱某龙、韩某亮、姜某辉、赵某奎、丁某伟、马某等为辅助实施行为人的组织层级，并通过规章制度约束管理，形成可随时调动的较为严密的层级组织。

在此期间，郭某及组成人员盘踞本区汽车东站一带，通过开设赌场、发放高利贷款、收取服务费等方式获取经济利润，并安排不同人员从事赌场运作、追讨债务，以公司或组织成员之名与借款人签订借款合同或抵押，变相将违规、非法债务合法化，为组织攫取财物，利用聚敛资金为组织成员发放工资、提成奖励。自2011年8月以来，共实施犯罪活动28起，涉及被害人30余人：一是在2012年后半年至2014年年初，郭某指使刘某平、朱某龙、朱某刚、吴某祥、韩某亮等人有分有合，在本区不同地点提供固定场所开设赌场，为参赌人员高息提供资金、记账抽头，账本显示赌资累计有1076万元，从中渔利达57万余元；二是在2012年至2015年10月，郭某为追讨债务，指使吴某祥、马某、朱某刚、甘某、任某茂、葛某华、刘某、史某轩、徐某军、董某安、韩某亮、丁某伟、赵某奎、姜某辉等人有分有合对债务人实施拘押、殴打等方式，剥夺人身自由或滋扰债务人家属，实施抢劫、非法拘禁、敲诈勒索、寻衅滋事等犯罪活动，非法占有被害人财物74.77万元；三是自2011年9月至案发，郭某为了控制平凉至银川客车经营线路，采取胁迫、谈判等手段，实施强迫交易犯罪，迫使朱某华、王某勋、赵某平等10余名经营者接受合股或被迫交纳服务费，非法获利41万元、强行收取服务费33.24万元。总计非法获取经济利益206万余元。

被告人郭某自2011年8月强迫朱某华签订合股协议开始，至2012年上半年在汽车东站假冒“客运稽查”搞地下执法，再到纠集成员开设赌场、收取汽车东站客车服务费，直到2012年年底，通过追讨债务实施敲诈勒索犯罪，郭某组织正式形成。至2018年3月案发，该组织持续时间达7年左右。因郭某等组织成员对被害人及其亲属以暴力或威胁方式实施滋扰、纠缠成为常态，多数被害人直至案发才陆续向公安机关报案或陈述被害经过。部分被害人庭审时仍以各种理由拒绝出庭作证。该组织长期以来，对平凉汽车东站平凉至银川长途客运线路垄断经营，并积极参与实施开设赌场、高利放贷、非法讨债等违法犯罪活动，严重破坏了平凉汽车东站的客车营运秩序与平凉城区的社会生活秩序。

上述事实有物证办公电脑、电脑硬盘、手写笔记本及通讯手机、印章、拳击手套、子弹、车辆、长剑、长刀、长矛、砍刀、匕首、军刺、瑞士军刀、弩、箭、手雷状及火枪状物品，书证平凉市公安局崆峒分局受案登记表、立案决定书、到案经过、刑事判决书、行政处罚决定书、释放证明书、崆峒区工商行政管理局工商登记档案及相关文件资料、搜查笔录、检查笔录、扣押清单及照片、甘肃银行及中国银行冻结存款通知书、建工农林投资公司、鹏飞公司、万盛公司文件及企业资质证书、公司简介、借款合同、借条及借据、各类银行卡、银行交易流水、客车部收支明细、甘肃政法学院司法鉴定中心鉴定意见书、平凉市公安司法鉴定中心鉴定意见书，证人韩某娟、刘某纲、翟某权及其辨认笔录、李某明及其辨认笔录、翟某茜、王某利、陕某民、梁某霞及其辨认笔录、王某、赵某、冯某强等人的证言，具体犯罪行为中各被害人的陈述，被告人郭某、甘某等 19 人的供述与辩解证实。

以上证据中，书证、证人证言及被告人供述相互关联，印证郭某成立公司的情况，包括公司规章制度、管理模式、利润分配方式，形成以郭某为领导、管理顶层的三层级组织模式。书证及涉案物证、银行卡及转账凭证、被害人陈述等能够证实郭某分别注册成立的四家公司现金注册资金达 3000 多万元，查封自建三层办公楼一幢，建筑面积 457.5 平方米，扣押现金、冻结资金 884 151.75 元，同时还扣押各种类型车辆。通过 30 余名被害人在具体个罪中的陈述并结合各类证据，能够证实该组织实施各种违法犯罪活动从中获取非法利益 206 万余元，各被告人供述亦能印证组织经济形式、收入来源、支出状况。结合询问笔录、各被害人陈述及车站员工、客运司机、无证照运营司机证言及被告人在侦查阶段的有罪供述能够证实有组织地多次进行违法犯罪活动，并对平凉汽车东站局部地区形成非法控制的事实。

审理认为，以被告人郭某为首的组织，已经形成了较为稳定的黑社会性质组织层级结构，并有一定的组织纪律约束；在该组织中，郭某是组织者、领导者，甘某、任某茂、刘某平、贾某敏为积极参加者，且属骨干成员，史某轩、刘某、吴某祥、徐某军、董某安、葛某华、朱某刚亦为积极参加者，朱某龙、陈某、丁某伟、姜某辉、韩某亮、赵某奎、马某为组织的一般成员，该组织通过违法犯罪活动或者其他手段获取经济利益，具有一定的经济实力，并以经济实力支持该组织的活动；该组织利用组织势力的影响，有组织地实施抢劫、非法拘禁、敲诈勒索、开设赌场、强迫交易、寻衅滋事等犯罪活动，以暴力、威胁等手段，称霸平凉汽车东站，为非作恶，欺压群众，造成客车车主及一些群众心理恐慌，安全感下降；该组织以暴力、威胁为基础，配挂“客运稽查”牌照，组织多人驾车非法巡逻、驱赶无证营运车辆，非法行驶执法权，架空合法管理机构，垄断平凉至银川客车线路，强行向平凉—银川、银川—平凉及其他客车线路的多名车主收取服务费，派遣发车员拉拢客源，严重破坏了平凉汽车东站及其周边区域的经济、社会生活秩序。该组织的特征概括为：一是已经形成较稳定的犯罪组织，人数较多，有明确的组织者、领导者、积极参加者，骨干成员基本固定，其组织特征比较明显；二是有组织地通过违法犯罪活动或者其他手段获取经济利益，具有一定的经济实力，其经济特征明显；三是以暴力、威胁或者其他手段，有组织地多次进行违法犯罪活动，为非作恶，欺压、残害群众，其行为特征明显；四是通过实施违法犯罪活动，称霸一方，对平凉至银川的客车线路垄断经营，在一定区域和行业内，形成非法控制，具有重大影响，严重破坏了社会、经济、生活秩序，其危害性特征亦比较明显；因此，该组织具备黑社会性质组织的组织特征、经济特征、行为特征与危害性特征，能够认定其属于黑社会性质组织，上述人员属于黑社会性质组织成员。公诉机关指控郭某等 19 人分别构成组织、领导、参加黑社会性质组织罪，基本事实清楚，基本证据确实、充分，指控罪名成立。

二、以被告人郭某为首的黑社会性质组织实施具体犯罪的事实（略）

（一）抢劫的事实。

（二）非法拘禁的事实。

（三）强迫交易与敲诈勒索的事实。

（四）寻衅滋事的事实。

（五）开设赌场的事实。

（六）伪造公司、事业单位印章的事实。

三、黑社会性质组织涉案财物相关事实（略）

（一）注册成立的四家公司。

（二）扣押及冻结资金。

（三）查获扣押不同类型汽车及重型机械等车辆共计 12 辆。

（四）扣押的手表、电脑主机及硬盘、手机及银行卡等物品。

审理认为，该黑社会性质组织的涉案财物，种类庞杂，需要在赃物处置过程中综合考量。结合本案审理查明的黑社会性质组织犯罪事实，依据我国《刑法》第六十四条及两高两部《关于办理黑恶势力犯罪案件若干问题的指导意见》关于财产处置的规定，对于本案财物处置应分四种情况：一是涉案四家公司属郭某为首的黑社会性质组织进行资金往来的经济载体，且该组织成员以四家公司为依托实施违法犯罪行为，因此对于鹏飞公司、建工公司、万盛公司、天亿公司，应由市场监督管理部门对其证照及登记注册问题，依职责依法处理；二是关于扣押、冻结的涉案资金，系郭某个人及注册成立公司在组织经营活动中所获利益，通过实施违法犯罪聚敛的财产及孳息实际用于支持该组织活动，应予追缴；手表及银行卡属组织成员通过违法犯罪或者其他不正当手段聚敛的财物，且无法说明合理来源，亦应追缴；三是办公楼系郭某通过聚敛、获取的财产修建，亦属该组织长期纠集活动的场所，已经有关部门界定为违章建筑，应由行政主管机关对该建筑依法进行处置；四是涉案车辆，分别予以发还、没收，或由扣押机关核准权属后进行处置。

四、部分黑社会性质组织成员与本案其他被告人实施非组织犯罪的事实（略）

综上所述，公诉机关指控郭某等19名黑社会性质组织犯罪的被告人所犯抢劫罪、非法拘禁罪、强迫交易罪、敲诈勒索罪、寻衅滋事罪、开设赌场罪、伪造印章罪以及组织领导、参加黑社会性质组织罪等八项罪名，个别涉黑成员与16名其他犯罪的被告人所犯赌博罪、寻衅滋事罪两项罪名，均全部成立。

针对公诉机关的指控与各被告人及其辩护人提出的辩解、辩护意见，根据本案认定的上述事实、证据和刑事立法、司法解释精神，本院综合评判如下。

（一）关于本案定罪证据是否达到刑事案件证明标准的问题。

本案部分辩护人认为，公诉机关指控的黑社会性质组织犯罪及一些具体个罪的证据缺乏，尚未达到确定、充分的标准，同时认为一些被害人陈述在被告人当庭翻供后已成为“孤证”，因而不能定案。本院认为，被告人郭某、任某茂、刘某、徐某军等，均在庭审中部分推翻了庭前的有罪供述，或者作无罪辩解，或者作出了与原来有罪供述不一致且比较模糊的供述。从庭审与侦查、起诉环节及庭前会议出示的有关证据综合分析，本案被告人所犯具体个罪均为共同犯罪，个别被告人虽然翻供，但被害人陈述与其他未翻供的被告人供述仍然在基本事实方面相互印证，因而被害人陈述并非孤证；同时，根据《最高人民法院关于适用刑事诉讼法的解释》第八十三条规定的精神，在被告人庭前供述一致但庭审中翻供的情况下，应运用“优先采信庭前供述”规则。本案庭审中翻供的各被告人，均不能合理说明翻供理由，且其在侦查阶段的供述与被害人陈述能够印证。庭审中翻供的被告人均当庭阅看了其在侦查阶段的供述笔录，均表示签名属实，但有些话没有说，这在已经排除非法取证的情况下，被告人当庭的供述无法自圆其说，因此，对于各被告人当庭的翻供，因其庭前供述与被害人陈述在基本事实方面能够相互印证，本院采信其庭前供述。但是，对于被害人当庭否认其庭前陈述的，本院运用“优先采信当庭陈述”规则。本案被害人曹某江当庭陈述他与刘某、卫小诚一起，从青铜峡市到平凉市，住在郭某公司，拿着公司后门的钥匙，行动自由，郭某等人没有实施拘禁。对此，本院认为，非法拘禁的被害人人身是否自由，被害人自己最有发言权，自由与否，也是其内心的感受，根据《最高人民法院关于适用刑事诉讼法的解释》第七十八条、第七十九条的规定精神，本院优先采纳被害人当庭陈述，因而指控曹某江被拘禁的事实，因曹某江本人当庭否认，本院不予认定，对于辩护人的意见予以采纳。其他证据虽然部分被告人当庭翻供，但在基本事实方面，其庭前供述均能与被害人陈述、证人证言及有关书证相印证，且可以排除合理怀疑，因而达到了刑事案件证据证明标准，能够定案。个别辩护人认为本案全案的基本事实均不明确，证据严重不足，还不到论述罪与非罪的时候，公诉机关的指控全部不成立。对此，本院认为，黑社会性质组织的犯罪时间跨度大、案情复杂、参与人员众多，犯罪手段比较隐蔽，要求犯罪事实的全部细节完全吻合，是不符合客观实际的。在刑事案件中，根据相关证据认定的事实，是法律事实，它与客观真实尚有差距，故细枝末节方面的不吻合，并不影响基本事实的认定，不能因为个别细节问题的出入就认为证据严重不足，达不到确实充分。因此对辩护人的意见不予采纳。

（二）关于黑社会性质组织犯罪的入罪标准。

庭审中，郭某以外的其他被告人均辩解，其加入组织的时间短，不构成参加黑社会性质组织罪。从我国《刑法》第二百九十四条的规定来看，黑社会性质组织犯罪，是以明知该组织具有违法犯罪行为而仍然接受其领导和管理为入罪标准，参加本身就是犯罪，不要求附加被告人具体实施其他违法犯罪活动等条件，只要接受该组织的领导和管理，不论被告人是否实施违法犯罪活动，均可认定为参加黑社会性质组织罪；如果行为人又实施了其他犯罪活动，应实行数罪并罚。因此，只要加入该组织，犯罪形态即为既遂，加入时间短、中途退出等情节，不影响犯罪的成立，但在量刑时应作为从轻情节予以考虑。因此，对这些被告人的辩解不予采信。

（三）关于对黑社会性质组织的典型性如何认识的问题。

部分辩护人提出，本案中“黑社会性质组织的四个特征不典型”，“不存在一个黑社会性质组织”。本院认为，我国刑法规定的黑社会性质组织是指以暴力、威胁或者其他手段，有组织地进行违法犯罪活动，称霸一方，为非作恶，欺压、残害群众，严重破坏经济、社会生活秩序的组织。刑法对该罪的规定比较笼统。此后，最高人民法院通过司法解释，全国人大常委会通过立法解释，归纳表述了黑社会性质组织的“四个特征”。2011 年 2 月，全国人大常委会通过了《刑法修正案（八）》，使刑法规范条文与立法解释一致。2018 年，两高两部又颁布了《关于办理黑恶势力犯罪案件若干问题的指导意见》，使黑社会性质组织的罪状达到统一，即黑社会性质组织必须同时具备“组织特征、经济特征、行为特征、危害性特征”。这四个特征不同于犯罪构成的四个要件，它不是各自独立、平行并列的关系。在认定具体犯罪时，不能将四个特征割裂开来、简单的对号入座，而应该透过现象看本质。黑社会性质组织并不完全等同于黑社会组织，在“黑社会”后附加“性质”为后缀，说明了二者的区别。我国刑法规定的黑社会“性质”组织，属于黑社会组织的萌芽状态和初级阶段。从本案来看，郭某等黑社会性质组织的组织特征具有一定的隐蔽性，虽然他们在实质上体现的是黑社会性质的各种特征，但却以合法公司的形式出现；虽然组织成员不时更换，组织结构时而紧密时而松散，行为方式也半明半暗，但是郭某作为组织者、领导者的地位一直没有变化，一些起突出作用的骨干成员也基本稳定，其违法犯罪活动的延续性始终存在，对社会管理和他人人身、财产权利的破坏力也一直持续。同时，该组织对内部成员的控制，从被告人朱某龙当庭供述与辩护人辩护意见可以得到有力证明。朱某龙当庭供述，他虽然是鹏飞公司的法定代表人，但身份证、公司印章、营业执照都被郭某锁在保险柜保管；朱某龙的辩护人认为，本案中所谓的法定代表人都是一个虚职，印章、身份证、营业执照都由郭某保管。这也从一个侧面反映了郭某实际控制公司，其组织具有严密性的事实。同时，郭某等被告人的违法犯罪事实与其行为的社会危害性，都证明了其行为特征、经济特征、危害性特征的客观存在，因此，对于部分辩护人提出本案四个特征不典型、不构成黑社会性质组织的辩护意见，与现有刑法条文及立法解释、司法解释的正确释义相悖，本院不予采信。

（四）关于非法控制的界定问题。

部分辩护人认为，截至目前，郭某组织并没有形成对行业的完全控制，平凉汽车东站一百多条客车路线，郭某仅经营其中一条，根本无法达到对客运行业的完全绝对控制，以此认定郭某组织是黑社会性质过于牵强。本院认为，对一定区域、一定行业怎么理解和把握，郭某组织是否达到对一定区域或行业的非法控制，是认定该组织是否属于黑社会性质的关键所在。根据立法解释、司法解释及司法规范性文件的有关规定精神，区域的大小、行业的多少均有相对性，不能简单地要求“一定区域”“一定行业”必须达到某一特定的空间范围。就该组织而言，长期控制、垄断经营平凉至银川的客车线路，并非法强制收取包含个别其他线路在内的车主的服务费，强迫提供服务，又组织地下执法队行使执法权力，合法的管理机构近乎被其架空，对平凉汽车东站的客运秩序、车辆出入及这一区域的整体秩序均产生重大影响，虽然其控制空间不大，但对该区域和行业秩序的实质性破坏极大，体现了该组织对社会合法管理秩序的严重对抗。同时也为该组织带来巨大的经济效益。因而，该组织应当认定为在某一区域或行业内形成非法控制和重大影响，不能机械地要求以特定的空间范围、达到完全绝对控制作为达到“非法控制”的绝对标准。故对辩护人意见不予采纳。

（五）关于本案黑社会性质组织的形成时间。

黑社会性质组织的形成时间，我国刑法条文、立法解释未作明确规定。“两高两部”《关于办理黑恶势力犯罪案件若干问题的指导意见》第6条第3款规定“成立时间可以按照足以反映其初步形成非法影响的标志性事件的发生时间认定”，“将领导者、组织者与其他组织成员首次共同实施该组织犯罪的时间认定为该组织的形成时间”。本案中无法确定明确的时间点，但是，这并不影响黑社会性质组织的认定。从本案情况看，将该黑社会性质组织的形成时间精确到某年某月某日，有违客观事实。该组织形成的时间界限并不清晰，因而无法确定具体的时间点。根据本案实际，该组织的形成时间应确定为一个时间段，即从郭某2011年8月实施强迫交易作案开始，到网罗组织成员，于2012年8月成立鹏飞公司这段时间前后。这个时间段既有违法犯罪的具体事实，又有组织成员入股壮大势力，该组织正式形成规模。因此，郭某等黑社会性质组织的形成时间在2011年8月至2012年年底这一年多时间段内。

（六）关于黑社会性质组织被告人的“主观明知”问题。

本案各涉黑被告人及其辩护人均提出“被告人不知道是黑社会性质组织”，因而在主观方面不是明知。本院认为，我国刑法与司法解释并不必然要求行为人主观上明确知道自己参加的是黑社会性质组织，才能构成该罪，而是要求只要行为人知道或者应当知道该组织具有一定规模，且是以实施违法犯罪为主要活动的，即可认定为明知。从实际观之，在具体案件中，不能要求行为人先于司法认定作出其参加的是黑社会性质组织的预期判断。因此，在本案中，只要行为人知道该组织的基本属性，即使对其自身行为是否构成犯罪认识不清，亦不影响其主观故意的认定。作为一个成年人，特别一些有前科劣迹并多次受过行政处罚、刑事处分的被告人，是完全能够作出判断的。本案中，郭某等人长期非法放贷、开设赌场、非法拘禁、敲诈勒索，其社会危害性是显而易见的，其组织成员对这些行为的性质完全应该有明确的认识，因而认定各被告人在主观上明知是毫无疑问的。同时，刑法规定的明知，包含“确知”与“应当知道”两个方面的含义，侧重一个层面而忽视另一个层面，必然导致判断上的错误，故对被告人辩解和辩护人辩护意见不予采纳。

（七）关于积极参加黑社会性质组织与骨干成员的认定问题。

公诉机关指控本案被告人甘某、任某茂、刘某平、贾某敏四人为黑社会性质组织的积极参加者和骨干成员，部分辩护人认为“积极参加者”与“骨干成员”之间是包含与被包含的关系，不能混为一谈，并要求法庭注意区分；被告人刘某平的辩护人指出，骨干成员不能等同于积极参加者，刘某平的身份演变比较简单，在郭某组织中未参与较严重的犯罪活动，作用不突出，同时刘某平只受郭某领导、没有被其领导的下属，因而既不属于积极参加者，也不是骨干成员。本院认为，关于积极参加者，“两高两部”《关于办理黑恶势力犯罪案件若干问题的指导意见》第5条规定：“参加黑社会性质组织并具有以下情形之一的，一般应当认定为积极参加黑社会性质组织：多次积极参与黑社会性质组织的违法犯罪活动，或者积极参与较严重的黑社会性质组织的犯罪活动且作用突出，以及其他在组织中起重要作用的情形，如具体主管黑社会性质组织的财务、人员管理等事项”；关于“骨干成员”，我国刑法、司法解释均未明确界定何谓“骨干成员”，但根据词义解释，“骨干成员”应当包含于“积极参加者”之中。本院认为，黑社会性质组织的骨干成员，应当是积极参加黑社会性质组织的成员中，主观恶性程度较深、参与违法犯罪活动次数多、态度更为积极、作用更为突出的被告人。从公诉机关指控情况来看，甘某、任某茂、贾某敏均符合上述标准，而被告人刘某平，虽然未参加较严重的暴力犯罪且在具体个罪中作用不突出，但是刘某平在客车部负责收取服务费三年有余，并负责将服务费上交郭某公司，属于地位重要的财务管理人员，因而公诉机关认为刘某平“积极参加黑社会性质组织”且属于“骨干成员”是准确的。

同时，本院认为，被告人史某轩参与抢劫1起、非法拘禁5起、敲诈勒索2起、寻衅滋事1起；被告人刘某参与抢劫1起、非法拘禁6起、敲诈勒索2起、寻衅滋事1起、赌博1起；被告人吴某祥参与非法拘禁2起、敲诈勒索1起、开设赌场1起；被告人徐某军参与抢劫1起、非法拘禁3起、敲诈勒索1起；被告人董某安参与非法拘禁2起、敲诈勒索1起；被告人朱某刚参与非法拘禁1起、敲诈勒索1起、开设赌场1起；以上各被告人犯罪次数多，在具体个罪中作用较大，应当认定为黑社会性质组织的积极参加者。被告人葛某华虽然仅参与非法拘禁2起，但其在公司占有股份享受分红，且参与组织时间长、地位重要，亦应属积极参加者。

（八）关于组织成员参与具体个罪的共犯认定问题。

庭审中，黑社会性质组织成员的一些被告人，认为自己参与某起犯罪只是受郭某调派，或者只开车或者自愿跟去调解，不知道是违法犯罪，没有殴打辱骂行为，没有发挥什么作用，不能认为是犯罪。本院认为，这是被告人对自己参与黑社会性质组织的共同犯罪行为的错误认识。黑社会性质组织的共同犯罪，虽然在犯罪构成上与普通刑事犯罪的共同犯罪相同，但是在主观犯意上，则有区别。普通共犯以各行为人对具体罪行是否基于共同犯意而实施为认定标准，要求共犯之间必须事前或事中形成共同犯意；而黑社会性质组织成员共同实施犯罪则不同，他们以违法犯罪活动为常业，在实施具体行为时，采用殴打、威胁、恐吓、跟踪、滋扰等手段实施非法拘禁或敲诈勒索甚至抢劫等行为，已成为常态，其行为性质在实质上体现的是组织意志，即使在不同时间段分步骤实施，在犯意上都是为了实现或体现组织者、领导者的意图和目标，成员之间对其具体行为和统一行动，均心照不宣、心知肚明，他们内心都很清楚自己为什么这么干，为谁而干。因此，只要参与了某次犯罪活动，均应认定为共同实施犯罪，以不知情、无作用为由推卸责任，或者属于认识错误，或者属于故意避重就轻。当然，在具体个罪的量刑方面，应当按照行为人的客观行为与主观恶性程度，综合考量、具体分析、具体确定刑罚，不能片面地按其在黑社会性质组织中的地位简单确定。

（九）关于个别罪名的变更问题。

公诉机关指控被告人郭某指使刘某平于2012年7月至2016年12月，向十一名长途客车车主强行收取服务费19.1万元，其行为构成敲诈勒索罪。郭某与刘某平的辩护人均认为，该项指控不成立，收取服务费属于车主自愿，是郭某与其他车主为增加客源自愿协商的结果，不应以犯罪论处。本院认为，行为的社会危害性和刑事违法性，是犯罪的本质特征，被告人郭某作为平凉至银川线路的客车车主，无权收取服务费，其以提供发车、拉客服务为由，通过滋扰、威胁等手段，强收服务费，其行为的社会危害性、刑事违法性是明显的，构成犯罪毫无疑问，因而对辩护人的意见不予采纳。但是，该行为属于什么性质的犯罪，则需要进一步分析。根据我国《刑法》第二百七十四条之规定，敲诈勒索罪是以非法占有为目的，行为人实施威胁或者要挟的方法，强行向被害人索取数额较大的财物的行为。该项指控中，被告人的主观方面与客观方面似乎符合敲诈勒索罪的特征，但是仔细分析，则有不同。本案中被告人郭某从2012年7月开始，先后指派郭某燕、张某丙、赵某甲、刘某平陆续向十一名车主每月收取900~1200元数额不等的服务费，时间长达数年之久，其行为虽然有敲诈勒索的外在表现形式，但收取服务费的条件是统一指派发车员，为客车拉拢客源，提供服务。在这种情况下，其行为性质并不完全符合敲诈勒索罪的特征。根据本案情况，在收取服务费之前，郭某等人有过派人滋扰发车的行为，但收取服务费开始之后，车主则大多是被迫后自愿交纳。同时，指控的共同犯罪人刘某平，是在收取服务费两年之后才由郭某调派到客车部收取该项费用的，因而该事实以敲诈勒索定性不当。从本案的实际情况看，被告人郭某为了获取非法利益，强行向十一名车主提供拉拢客源的服务，并据此有条件的收取服务费，使车主在接受服务的基础上，被迫“自愿”交纳服务费，这种行为特征，更加符合我国《刑法》第二百二十六条强迫交易罪的特征，其核心要素是：一方强行提供服务，另一方被迫“自愿”交纳服务费，被告人郭某掌控操作，被告人刘某平于2014年6月开始积极辅助实施。因而将该行为定性为敲诈勒索，无法涵盖全部行为特征，也与被告人的主、客观表现形式不符。因此，该指控应以强迫交易罪定性，公诉机关指控的行为事实虽然成立，但罪名应予更正。

（十）关于强迫交易罪“情节特别严重”的标准问题。

公诉机关指控被告人郭某、张某甲、吴某明所犯强迫交易罪属于“情节特别严重”，并以浙江省高级人民法院制定的标准作为参考依据。被告人张某甲、吴某明的辩护人认为，该罪情节特别严重的标准，目前司法解释没有明确，浙江高院的标准只能作为浙江范围内量刑的参考，能否适用于我省值得商榷。本院认为，我国刑法对强迫交易罪规定了两个档次，情节严重为入罪标准，情节特别严重为量刑标准。最高人民检察院、公安部《关于公安机关管辖的刑事案件立案追诉标准的规定（一）》第二十八条规定了情节严重的标准，该规定属于入罪标准；关于情节特别严重，刑法条文、立法解释、司法解释均无明确规定，最高人民法院也没有授权各省高级人民法院制定该标准。因此，何为情节特别严重，应当属于法官自由裁量权的范畴。在具体案件中，应根据犯罪情节、犯罪手段并结合犯罪对象的人数和数额，综合全案具体情况界定。被告人张某甲、吴某明参与的该起强迫交易，虽然在行为特征方面达到了“情节严重”的入罪标准，但在行为完成之际，所产生的收益尚不明确，以后续的收益数额界定之前的行为，显然不当；以浙江省高院确定的数额界定，更不符合罪刑法定原则，因而不能认定为情节特别严重，辩护人的意见应予采纳。同时，本院确认更改定性的八起收取服务费形式的强迫交易虽然数额大，但在强迫的手段、情节等方面暴力、胁迫的程度不严重，亦不宜认定为“情节特别严重”，应以“情节严重”定罪量刑。

（十一）关于刑法的溯及力与追诉时效的问题。

被告人吴某明的辩护人认为，吴某明参与殴打朱某华，帮助郭某实施强迫交易的事实发生于2010年10月，该起事实所涉及的强迫交易罪系《中华人民共和国刑法修正案（八）》新增，而该修正案自2011年5月1日才生效，故对该起事实应遵循法不溯及既往的原则；同时，该辩护人与被告人张某甲的辩护人均提出，张某甲、吴某明参与该起事实属于一般行为，法定最高刑三年，追诉时效为五年，即使从2011年8月计算，其行为均已超过诉讼时效，故不予追究。本院认为，关于溯及力问题，吴某明参与郭某实施该起行为的时间是2010年，而郭某的强迫交易行为是一个持续过程，从2010年开始至2011年8月合股才结束，不能割裂开来。在该行为的危害结果发生，犯罪完成之时，才是犯罪成立之日，而这个时候，该修正案已经生效，故不存在溯及力问题，辩护人的意见属于法条理解错误，不予采纳。关于张某甲、吴某明的追诉时效，辩护人忽略了共同犯罪的问题。张、吴二人参与强迫交易，是在郭某指使下，为实现郭某的意图而实施的行为，与单独犯罪不同。关于共同犯罪诉讼时效的起算标准与期限，我国刑法没有明确规定，但是，本院认为，基于共同犯罪的共同性，对于共同犯罪追诉时效期限的计算，应注重行为的共同性这一特点，就共同性而言，各个共同犯罪人行为的完成时间，因具体分工或早或晚，但是并不能因其本身行为的终结导致应有追诉时限的起算，而应按照“从犯随主犯”的原则，开始于同一时间点。

即主犯从何时起算，从犯也从何时起算，主犯的时效中断，从犯亦随之中断。本案中，郭某因其他犯罪行为，该起强迫交易行为的时效中断，故被告人张某甲、吴某明的追诉时效同时归于中断。因此，辩护人关于超过追诉时效的意见不予采纳。

同时，被告人朱某龙的辩护人提出，朱某龙参加郭某组织后，于2013年1月8日退出，并有书面声明，朱某龙属于一般参加者，追诉时效为五年，至2018年1月8日已过追诉时效，而郭某等人的刑事侦查立案时间是2018年4月12日，故朱某龙的行为已过追诉时效，不应追究。本院认为，根据我国刑法第八十九条第二款："在追诉期限以内又犯罪的，前罪追诉的期限从犯后罪之日起计算。"被告人朱某龙在参加郭某组织之后，于2012年国庆前后还参与敲诈勒索犯罪，该起事实的涉案金额达到9万多元，属于敲诈勒索数额巨大，法定最高刑为十年，根据我国《刑法》第八十七条第（二）项之规定，追诉时效应为十年，故朱某龙参加黑社会性质组织犯罪没有超过时效，应予追究，对辩护人的意见不予采纳。

（十二）关于被告人张某军原判缓刑的撤销问题。

被告人张某军于2014年9月19日被平凉市中级人民法院以玩忽职守罪判处有期徒刑一年，缓刑二年。2015年8月，张某军在缓刑考验期内，又参与郭某敲诈勒索犯罪，依法应当撤销缓刑，与新罪实行数罪并罚。但是，张某军的原判刑罚是本院的上级法院平凉市中级人民法院作出的，那么，本院能否直接撤销上级法院判决的缓刑部分，本院认为，撤销缓刑只是变更刑罚执行措施，并非对上级法院原生效判决的否认，也不是改变判决的内容，因而下级法院可以撤销上级法院判决的缓刑部分。我国《刑法》第七十七条规定，对判处缓刑的犯罪分子，发现新罪或漏罪时，应当撤销缓刑，而刑事诉讼法对撤销缓刑的具体程序没有作出明确规定，因而从该刑法条文的精神看，应当视为刑法对下级法院已经作了授权，故下级法院审理该类案件时，无需经过上级法院，可以直接撤销该缓刑部分。

此外，本院还要特别指出，刑法规范必须服从服务于国家整体社会治理的大局，这是法治精神的题中应有之义。扫黑除恶是目前及今后一个时期我国社会治理的重要内容，因而对黑恶势力在刑法的框架内严厉打击，坚持打早打小、打准打实，是贯彻落实宽严相济的刑事政策，切实做到宽严有据、不纵不枉、罚当其罪，实现政治效果、法律效果和社会效果统一的有效途径，也是刑事司法的基本任务，本院对郭某等黑社会性质组织的界定与惩处，正是基于这个要求。因此本院认为，我们的判决体现了法治要求与刑法正义。

本院认为，被告人郭某是违法犯罪组织的组织者、领导者，其行为构成组织、领导黑社会性质组织罪；同时被告人郭某以暴力、胁迫方法劫取他人财物，数额巨大，侵犯他人财产权利与人身权利；为索取债务非法扣押、拘禁他人，剥夺他人人身自由；以非法占有为目的，使用威胁、恐吓等方法，直接实施或指派组织其他成员敲诈勒索获取他人财物，数额特别巨大；以暴力、威胁手段，强迫他人与自己合股经营以及强迫他人接受服务，侵犯市场交易秩序，情节严重；以营利为目的，开设赌场聚众赌博，抽头渔利，情节严重；纠集、指使或直接实施寻衅滋事行为，情节恶劣；伪造公司、事业单位印章，妨害社会管理秩序，侵犯公司、事业单位正常活动的声誉，其行为又分别构成抢劫罪、非法拘禁罪、敲诈勒索罪、强迫交易罪、开设赌场罪、寻衅滋事罪、伪造公司、事业单位印章罪；被告人甘某积极参加黑社会性质组织，参与抢劫他人财物，参与非法拘禁他人，其行为分别构成参加黑社会性质组织罪、抢劫罪、非法拘禁罪；被告人任某茂积极参加黑社会性质组织，参与抢劫他人财物，参与非法拘禁他人，参与敲诈勒索他人财物，滋扰、恐吓他人情节恶劣，以营利为目的聚众赌博，其行为分别构成参加黑社会性质组织罪、抢劫罪、非法拘禁罪、敲诈勒索罪、寻衅滋事罪、赌博罪；被告人刘某平积极参加黑社会性质组织，参与强迫交易活动，参与开设赌场，其行为分别构成参加黑社会性质组织罪、强迫交易罪、开设赌场罪，公诉机关指控刘某平犯敲诈勒索罪的罪名不当，应予更正；被告人贾某敏积极参加黑社会性质组织，参与敲诈勒索他人财物，其行为分别构成参加黑社会性质组织罪、敲诈勒索罪；被告人史某轩积极参加黑社会性质组织，参与抢劫他人财物，参与非法拘禁他人，参与敲诈勒索他人财物，滋扰、恐吓他人情节恶劣，其行为分别构成参加黑社会性质组织罪、抢劫罪、非法拘禁罪、敲诈勒索罪、寻衅滋事罪；被告人刘某积极参加黑社会性质组织，参与抢劫他人财物，参与非法拘禁他人，参与敲诈勒索他人财物，滋扰、恐吓他人情节恶劣，以营利为目的聚众赌博，其行为分别构成参加黑社会性质组织罪、抢劫罪、非法拘禁罪、敲诈勒索罪、寻衅滋事罪、赌博罪；被告人吴某祥积极参加黑社会性质组织，参与非法拘禁他人，参与敲诈勒索他人财物，参与开设赌场，其行为分别构成参加黑社会性质组织罪、非法拘禁罪、敲诈勒索罪、开设赌场罪；罪犯徐某军积极参加黑社会性质组织，参与抢劫他人财物，参与非法拘禁他人，参与敲诈勒索他人财物，其行为分别构成参加黑社会性质组织罪、抢劫罪、非法拘禁罪、敲诈勒索罪；被告人董某安积极参加黑社会性质组织，参与非法拘禁他人，参与敲诈勒索他人财物，其行为分别构成参加黑社会性质组织罪、非法拘禁罪、敲诈勒索罪；被告人葛某华积极参加黑社会性质组织，参与非法拘禁他人，其行为分别构成参加黑社会性质组织罪、非法拘禁罪；被告人朱某刚积极参加黑社会性质组织，参与非法拘禁他人，参与敲诈勒索他人财物，参与开设赌场，其行为分别构成参加黑社会性质组织罪、非法拘禁罪、敲诈勒索罪、开设赌场罪；被告人朱某龙参加黑社会性质组织，参与敲诈勒索他人财物，参与开设赌场，其行为分别构成参加黑社会性质组织罪、敲诈勒索罪、开设赌场罪；被告人陈某参加黑社会性质组织，参与敲诈勒索他人财物，滋扰、恐吓他人情节恶劣，其行为分别构成参加黑社会性质组织罪、敲诈勒索罪、寻衅滋事罪；被告人丁某伟参加黑社会性质组织，滋扰、恐吓他人情节恶劣，其行为分别构成参加黑社会性质组织罪、寻衅滋事罪；被告人姜某辉参加黑社会性质组织，参与非法拘禁他人，滋扰、恐吓他人情节恶劣，其行为分别构成参加黑社会性质组织罪、非法拘禁罪、寻衅滋事罪；被告人韩某亮参加黑社会性质组织，参与敲诈勒索他人财物，参与开设赌场，其行为分别构成参加黑社会性质组织罪、敲诈勒索罪、开设赌场罪；被告人赵某奎参加黑社会性质组织，参与非法拘禁他人，其行为分别构成参加黑社会性质组织罪，非法拘禁罪；被告人马某参加黑社会性质组织，参与非法拘禁他人，其行为分别构成参加黑社会性质组织罪、非法拘禁罪。被告人王某红参与非法拘禁他人，参与开设赌场，其行为分别构成非法拘禁罪、开设赌场罪；被告人朱登某随意殴打他人情节恶劣，以营利为目的聚众赌博，其行为分别构成寻衅滋事罪、赌博罪；被告人张某军参与敲诈勒索他人财物，其行为构成敲诈勒索罪；被告人张某甲、吴某明参与强迫交易活动，其行为均构成强迫交易罪；被告人张某乙随意殴打他人，情节恶劣，其行为构成寻衅滋事罪；被告人王某平、张某好参与开设赌场，其行为均构成开设赌场罪；被告人李某飞、宋某东、李某武、朱某甲、朱某乙、张某杰、王某、张某明以营利为目的聚众赌博，其行为均构成赌博罪。

以上被告人所犯各罪，应当根据其犯罪事实、性质、从重从轻的法定与酌定情节以及对社会的危害程度，结合扫黑除恶的治安形势与量刑规范化的相关要求，依法进行惩处。对于组织、领导、参加黑社会性质组织犯罪的被告人，应当根据其在犯罪组织中的地位、作用及主观恶性程度，依法惩处；对于非涉黑各被告人所犯各罪，应当根据其犯罪情节，依法判处。以上各被告人，均应根据“宽严相济”的刑事政策，区别对待，依法分别惩处。

被告人郭某是黑社会性质组织的组织者、领导者，应按照其所组织、领导的黑社会性质组织所犯的全部罪行处罚，其所犯各罪，应按照数罪并罚的原则处刑；被告人甘某、任某茂、刘某平、贾某敏、史某轩、刘某、吴某祥、徐某军、董某安、葛某华、朱某刚、朱某龙、陈某、丁某伟、姜某辉、韩某亮、赵某奎、马某是黑社会性质组织的积极参加者或参加者，应当按照各被告人在黑社会性质组织中的地位和其所参与的具体犯罪的从重从轻情节，分别处罚，其所犯各罪，均应数罪并罚。

被告人郭某、史某轩、葛某华、朱某刚、丁某伟、韩某亮、马某以及被告人张某乙、李某飞曾因犯罪被判处有期徒刑以上刑罚，刑罚执行完毕后，在五年内又犯应当判处有期徒刑以上刑罚之罪，属累犯，应当从重处罚，且不得假释；罪犯徐某军在前罪判决宣告之后，刑罚执行完毕之前，发现漏罪，应当对本案所犯之罪作出判决，再与前罪判决的刑罚实行数罪并罚，已经执行的刑期，应当计算在本判决确定的刑期之内（先并后减）；被告人张某军系在缓刑考验期内犯新罪，应当撤销缓刑，数罪并罚。

被告人吴某祥有自首、立功情节，应当减轻处罚。被告人朱某龙、陈某、姜某辉、赵某奎、马某及其被告人王某红、张某甲、王某平、张某好、李某飞、宋某东、李某武、张某杰、王某、朱某甲、朱某乙、张某明均有自首情节，均应结合其犯罪的社会危害性和主观恶性程度，从轻或减轻处罚。被告人甘某、任某茂、史某轩、刘某、吴某祥、徐某军、葛某华、朱某刚、朱某龙、陈某、姜某辉、韩某亮、赵某奎、马某，在参加黑社会性质组织后，均出于对该组织违法犯罪活动的认知与恐惧而先后退出组织，属酌定从轻处罚情节，应在量刑时予以考虑。

对于共同犯罪的主、从犯，应按照各被告人在具体个罪中的作用区别对待：被告人甘某、吴某祥、徐某军、董某安、葛某华、朱某刚、姜某辉、赵某奎、马某、王某红在非法拘禁犯罪中，被告人韩某亮、张某军、史某轩在敲诈勒索犯罪中，被告人刘某平、张某甲、吴某明在强迫交易犯罪中，被告人丁某伟、陈某在寻衅滋事犯罪中，被告人朱某登、李某武、朱某甲、朱某乙、张某杰、王某、张某明在赌博犯罪中，起帮助、辅助作用，应从轻处罚；被告人甘某、刘某、任某茂、史某轩、徐某军在抢劫犯罪中，被告人刘某、朱某龙、董某安、徐某军、陈某在敲诈勒索犯罪中，被告人王某红、吴某祥、朱某龙、朱某刚、王某平、张某好、刘某平在开设赌场犯罪中，均起辅助作用，根据案情与犯罪的实际情况，应减轻处罚。

据此，经本院审判委员会讨论决定，依据《中华人民共和国刑法》第二百九十四条第一款、第四款、第五款、第二百六十三条第（四）项、第二百三十八条第一款、第三款、第二百七十四条、第二百二十六条第（二）项、第（五）项、第三百零三条第一款、第二款、第二百九十三条第一款第（一）项、第（二）项、第二百八十条第二款、第二十五条第一款、第二十六条、第二十七条、第九十七条、第六十五条第一款、第六十七条第一款、第三款、第六十八条、第六十九条、第七十条、第七十七条、第三十八条第一款、第三款、第七十二条第一款、第三款、第七十三条、第五十二条、第五十三条第一款、第五十九条、第六十四条、第五十六条第一款、第五十四条、第五十五条第一款、第四十七条、第四十四条、第四十一条、第八十一条第二款、最高人民法院《关于审理黑社会性质组织犯罪的案件具体应用法律若干问题的解释》第一条、第三条、第七条，最高人民法院《关于审理抢劫案件具体应用法律若干问题的解释》第四条，最高人民法院、最高人民检察院《关于办理敲诈勒索刑事案件适用法律若干问题的解释》第一条、第八条，最高人民法院、最高人民检察院《关于办理寻衅滋事刑事案件适用法律若干问题的解释》第一条第一款、第二条第（一）项、第（四）项，第三条第（一）项、第（五）项，最高人民法院、最高人民检察院《关于办理赌博刑事案件具体应用法律若干问题的解释》第一条第（二）项、第四条、最高人民法院《关于处理自首和立功具体应用法律若干问题的解释》第一条、第五条、第六条之规定，判决如下：

（一）被告人郭某犯组织、领导黑社会性质组织罪，判处有期徒刑十年，并处没收个人全部财产，剥夺政治权利五年；犯抢劫罪，判处有期徒刑十一年，并处罚金8000元；犯非法拘禁罪，判处有期徒刑三年；犯敲诈勒索罪，判处有期徒刑十年，并处罚金20000元；犯开设赌场罪，判处有期徒刑四年，并处罚金100000元；犯寻衅滋事罪，判处有期徒刑二年；犯强迫交易罪，判处有期徒刑二年六个月，并处罚金10000元；犯伪造公司、事业单位印章罪，判处拘役六个月，并处罚金5000元；决定执行有期徒刑二十一年，并处没收个人全部财产，剥夺政治权利五年；

其余被告人量刑略。

（二）平凉鹏飞商贸有限责任公司、平凉建工农林项目投资有限公司、平凉市万盛建工园林绿化有限公司、平凉天亿汽车服务有限公司，由市场监督管理部门依法处理；位于本区双桥路27号办公楼一幢（457.5平方米）系违法建筑，由行政主管机关依法进行处置；扣押、冻结的涉案资金共计884151.75元及手表、银行卡，予以追缴；

（三）路虎车1辆，由公安机关发还被害人曹某；白色金杯面包车1辆、红色哈弗越野车1辆、奔驰轿车1辆、黄色奥龙牌双桥自卸货车1辆、柳工牌50-C型装载机1台、三一牌225型挖掘机1台、灰色福田牌皮卡车1辆、白色无牌照解放厢式货车1辆，计8辆予以没收，并由公安机关处置后上缴国库；保时捷卡宴越野车1辆、现代越野车1辆、跃进牌货车1辆，计3辆车由公安机关核准车辆权属后依法处置；

（四）随案移送其他物证、书证：印章9枚、平凉建工农林项目投资有限公司、平凉市万盛建工园林绿化有限公司、平凉鹏飞商贸有限责任公司资料、光盘10张、CT片2张，平凉天亿汽车服务有限公司资料，存档备查；汽车质押合同、车辆登记证、行驶证、车架号、保险单、车钥匙、完税证、机动车合格标志、任某华处扣押的银行卡及身份证复印件、银行卡、户口本，暂予留存，待侦查机关调取证据时再作移交处理；随案移送刀、弩、剑、子弹、拳击手套及电脑、手机等物品，予以没收。[1]

[1] 该案一审宣判后，部分被告人不服提起上诉，二审法院审理后驳回上诉，维持原判。

# 法官札记

一个基层法院院长的司法心得

# 第四章

# 理性话题思考

思考是灵魂的自我谈话。

——柏拉图

# 简单案件为什么会变得复杂

一起非常简单的相邻关系侵权纠纷案件，在法院调解处理后，却变得异常复杂。此后四年，当事人内心极度不平，频繁上访、信访，缠闹不休；法院干警疲于应付，备受委屈，各种矛盾交织，难以平息。

该案的案情是，李四与李五南北毗邻而居，李五紧挨两家界墙修盖新房，房屋后檐伸入李四家院子 0.9 米，下雨时，房檐滴水倾流在李四院内，天长日久，雨水侵蚀的一排水窝排列整齐，清晰凹陷。房檐水长年累月侵蚀自家院子，李四多次交涉，李五均置之不理，找乡、村、社处理亦没有结果，李四遂一纸诉状到法院，要求李五拆除房檐，赔偿损失。

只要到纠纷现场看一眼，任何人都能得出李五必须拆除房檐的结论，没有任何变通的余地，可是办案法官却不这样认为，法官进行了超越常识的常规性调解。

调解书载明，原被告双方自愿达成如下协议：

一、被告李五在调解书送达后五日内，用三七灰土在其北房后墙根处（原告院内），修砌高 15 公分、宽 60 公分的斜形护坡；

二、原告李四放弃要求拆除房檐延伸部分及赔偿经济损失的请求。

调解书转入执行环节后，案件很快得到了执行，李五在墙根处修砌了斜坡，诉讼活动画上了句号。

这似乎是一次快捷高效的诉讼活动。从起诉立案到调解执行，我们看到了一幅很有意思的诉讼画卷——

原告要求被告拆除伸入他家院内的房檐，法庭通过调解，原告放弃了拆除房檐的要求，同意由被告在伸入的房檐下，用混凝土修砌一道斜形护坡，以防护原告家院子被房檐滴水侵蚀。这样，原告在经历了一场诉讼之后，伸入自家院子的房檐不但没有拆除，院内地面又要增添一道混凝土的斜坡工程。

调解协议履行后，李四及其儿子开始了不间断的上访。其请求从最初的拆除房檐、赔偿损失两项变为三项，增加了拆除通过调解书确认后修砌在自家院子里的混凝土斜坡。对此，法院的答复千篇一律：调解协议是在法庭主持下，李四与李五协商产生的，调解笔录经双方捺指印确认，调解内容不违反法律规定。李四儿子系案外人，无权上访，因而上访、申诉的理由均不能成立。

上访和申诉在最初的平静进行之后，终于爆发了激烈冲突。在一次接访之后，李四儿子在询问笔录上不签字，并要求带走笔录，法院工作人员不允许，冲突从言语上升到肢体，最后李四儿子被以妨害公务为由戴上手铐拘留，而令人始料不及的是，在送往拘留所的途中，李四儿子失去理智，用拷着的双手勒住押送他去拘留所的法院工作人员，致该工作人员颈部、咽喉部受伤昏迷。

法院与上访者都付出了惨痛的代价：被致伤的工作人员留下了后遗症，最后被定为工伤；而失去理智的李四儿子则被以涉嫌妨害公务罪起诉，之后被另一法院以妨害公务罪单处罚金 3000 元。

妨害公务罪的事实，法院是这样认定的：2014年3月8日，××人民法院主持调解李四诉李五排除妨害纠纷一案，双方自愿达成协议。同年9月17日16时许，被告人李六（李四之子）到××人民法院执行庭询问案件进展情况，执行庭工作人员吴某、贾某依法询问并制作笔录后要求李六签字，李六认为笔录与其陈述不符拒绝签字，并要求将笔录带回家给其父亲阅看，与工作人员发生争执，经汇报分管副院长同意，决定对李六以妨害公务司法为由拘留十五日。吴某、贾某遂给李六戴上手铐，在办理有关法律手续送往拘留所时，李六抓住车门拒不上车，吴某等人将李六抬上警车。在警车尚未驶出法院大门时，李六乘人不备，用手铐勒住吴某颈部，致吴某昏迷，之后被车上其他人员拉开。吴某伤情为颈部环状软骨半脱位，左侧甲状软骨骨折，轻伤二级，九级伤残。

李六被以妨害公务罪处理之后，上访更加频繁，诉求又增加了“查处法院工作人员非法拘留”的内容，而接访与答复仍然是程式化的千篇一律。有一份法院给上级领导机关的信访报告是这样写的：“该案办案人员在审理过程中，认定事实、适用法律以及审理程序均正确。执行人员在执行案件中，执行手续完备，程序合法规范，不存在违规违纪问题，信访人反映的问题均不成立。”

在年复一年的上访中，李六多次与法院司法警察发生冲突，终于在一次较严重的冲突之后，法院院长接待了李六。之后院长去纠纷发生现场了解情况，然后依职权通过审判监督程序，对四年前的调解案件提起了再审。

再审的结果是：

一、撤销××人民法院（2014）××字第896号民事调解书；二、原审被告李五于本判决生效后十五日内，自行拆除其房屋北后檐延伸部分及檐下墙根处混凝土斜坡；三、原审被告李五补偿原审原告李四经济损失若干元。

再审宣判后，双方均没有上诉，从此，一切风平浪静。

如此简单明了的案件，原审处理是如此明显的错误，当事人上访四年之久，与法院工作人员多次冲突，同时在上访中又引发了案中案，当事人被追究刑责，法院工作人员严重受伤，但是却一直得不到纠正，这究竟是为什么？同时，这类简单的相邻权关系纠纷案件，不存在复杂的法律关系，不需要高深的法学理论知识，具备常识即可认知，法官为什么会主持达成那样的协议？这很容易让人怀疑是一起掺杂人情关系甚至金钱因素的司法腐败案件。

上述问题既容易回答，又不容易回答。

事实上，这不是什么关系人情金钱案，这一点必须明确，该案不存在司法腐败因素。但是存在比金钱关系人情更可怕的理念麻木问题。这个问题，在司法实践中普遍存在，危害很大。

如果是腐败问题导致的，那么事情反而容易解决，很可能在当事人上访之际，在冲突刚发生之初，就已经纠正了。然而，正因为不存在关系人情金钱的因素，所以才陷入了一个常规性的怪圈，这个怪圈的特点是：没有腐败问题，找不出程序上的明显错误，但又感觉什么地方不合适，事情永远平息不了。从案件立案到调解，到程式化的接访，再到各式各样的官样文章，似乎每个环节都尽到了职责，从办案人到接访者，每个环节的工作都没有什么过错，但是问题却从这个环节踢到那个环节，从这个人手里转到那个人手里，每个人都麻木地应付着眼前的一切，按部就班，有条不紊，而矛盾纠纷永远摆在那里，一直得不到解决。这种算不上腐败现象，但绝非公平公正的情形，非黑非白，应该称之为“灰色行为”。这样，一个本来简单的问题，便被复杂化了，随着时间的推移，又产生各类新的矛盾，演变得越来越复杂。

把简单问题搞复杂，把小事情拖成大事情，其根源在于“和稀泥”式的诉讼调解和“依样画葫芦”的信访措施。办案的法官通过调解把事情赶紧了结，信访人员通过“依样画葫芦”把问题赶紧推出去，此后几乎所有的环节，所有的人员都尽量维护这个结果，不愿意再找麻烦。于是，所有的问题，只能在原地转圈圈。

这个相邻关系侵权纠纷案正是如此。

该案启动再审程序后，另组成的合议庭向审判委员会汇报时，合议庭的意见是原调解协议的翻版和细化。合议庭评议认为，本案系相邻不动产的权利人因相邻关系产生的排除妨害纠纷。原、被告系同族近亲，前后紧邻，被告家房屋北后檐伸入原告院内 0.9 米，雨雪天气滴水流入原告院子，长此以往造成地面侵蚀，侵权行为客观存在。但是，原告要求被告拆除房屋北后檐，会对被告住宅造成重大损害，并导致住宅安全出现隐患，不利于生产生活。综合考虑双方居住的现状，应由被告重新修缮房屋北后檐，将滴水引入自家院内，以解决被告家屋檐滴水流入原告家院子的问题。“两害相权取其轻”，故对原告要求拆除被告房檐的请求不予支持。但是考虑被告房檐伸入原告家院子，确实侵犯了原告的合法权益，滴水也对原告院子造成了损失，故由被告酌情赔偿原告经济损失 5000 元。原调解协议确定的修砌在原告家院子的混凝土斜坡，显属不当，应予拆除。

再审的合议庭为了不拆除被告的房檐，找了一个“两害相权取其轻”的理由，意思是拆房的损失大，滴水侵蚀院子的损失小，因而两相比较，应舍小保大，不应拆房。合议庭这种在概念上的偷梁换柱和思维上的逻辑混乱，我们姑且不论。很显然，合法权益与违法的成本是不可以比较的，合法权益不是“害”，侵权才是。我们仅从认识论上看，合议庭的认知思维与原审法庭调解时如出一辙，都讳言拆除房檐，总想找一条两全其美的妙策解决问题。而且，在审判委员会研究讨论时，有的委员甚至提出更奇妙的方案，为合议庭的意见作注解，其意见是，让被告在屋檐下用铁皮架设一条空中渠道，把滴水引到自家的院子，这样既可以防止雨水侵蚀原告院子，又可以不拆除房屋。

这个“两全其美”的意见被审判委员会否决了。审判委员会只是作出了常识性判断：房檐伸入别人家院内，属于侵权，必须排除妨碍，拆除房檐。最后的决议是限期拆除房檐，赔偿损失，这是最正确也是最简单的办法。

如果说拆房檐让被告蒙受了损失，那么，这是霸凌侵权必须付出的代价。在处理中其他围绕避免被告损失所做的各种考虑，都是思虑过甚，操心太多；都是分不清是非，不尊重常识；都是把简单的问题人为地复杂化。所谓“两害相权取其轻”的说辞，更是离谱。

那么，诉讼之初，在调解的过程中，为什么会产生一个那样的协议，而按照协议履行之后，原告一方为什么立即反悔并不断上访、闹访呢？这是公众一直存在的一个困惑。

其实，压根就不存在什么反悔，因为原告从来就没有搞清楚调解协议的具体内容，这正是调解的奥妙所在。在农村，面对文化素质不高的当事人，主持调解的一些法官办案的绝招就像这类案子，调解的方案通常是由法官提出，只要一方同意，一些法官就会利用威权，促使另一方糊里糊涂地签字并捺指印，以达到快速结案的目的。对于当事人来说，他们写在诉状上的意见，内心一般是不会改变的，他们到法院通过诉讼讨要说法，把整个事情都托付给了法院，任凭处理。所以，在大多数情况下，即使结果与其意愿不符，但只要不是太过分，当事人都是会忍气吞声自认倒霉，服从法院的“调解”。可是，如果事情的结果太离谱，他们也不会任人摆布，又会通过其他的方式反抗。在这种情况下，案结事不了就成为必然，上访、缠访、闹访也就成了常规途径。正是由于调解过程中的这些猫腻，一些调解案件的执行往往难于判决的案件。而调解案件存在的各种问题，由于有一个双方“自愿”达成的协议，也就更加难以纠正。于是，对于调解案件的上访，现实的情况是基本上不翻旧账，尽量“依样画葫芦”。这样，每次的接访、答复，基本上做的都是约定俗成的官样文章，最终以把当事人忽悠走为目标。

这个案子正是如此，只不过因为矛盾冲突过大，忽悠不走当事人，于是引发了各类问题。

这是一件在我法官生涯中铭刻在心的案件，我曾多次向同事、同学、朋友、领导谈过我的看法。办理简单的民事案件，不能把简单的问题复杂化，不能包揽太多，不能不尊重常识和习俗。如果对于明显的对错反应迟钝，被动麻木地应付，结果会导致更大的错误。

简单的民事案件，柴米油盐，家长里短，世俗之事，只需要常识和良知，需要把复杂的问题简单化。法律的问题其实一点也不神秘，让简单的问题归于简单，这应该是法官办理案件的圭臬。

# 坏孩子定理与“逢死必闹”现象

坏孩子定理是美国诺贝尔经济学奖得主加里·贝克尔总结出的。通俗地说，就是如果一个孩子只要踢他的兄弟姐妹，他就能获得糖吃，那么他就一定会踢。卢梭在《爱弥儿》中也讲过这个问题：在襁褓中的婴儿也会通过啼哭来役使父母，获得更多的关心爱护。更通俗地说，所谓坏孩子定理，就是会闹的孩子有糖吃，会哭的孩子有奶吃。

孩子如此，成人其实也是这样。在社会生活中，人们遇到事情时，只要发现进行某种行为肯定会有利可图，那么他们就一定会千方百计地利用，并从中牟利。

近年来，在我国社会愈演愈烈的因非正常死亡引发的闹缠现象，正是如此。

非正常死亡后的家属闹缠现象，由来已久，目前尤甚。但凡死了人，死者家属必定要到相关机关闹腾一番，以求获得巨额赔偿。

“逢死必闹”，普通的百姓深受其害，基层管理者头疼不已，深受困扰。这些闹缠者，通过把事情闹大，把相关人缠死获取利益，于是出现了“大闹大解决，小闹小解决，不闹不解决”的奇特现象。

聚餐饮酒后猝死，职工在单位非因公死亡，医疗事故死亡，交通事故伤亡，学生在校意外死亡，甚至水库淹死人，当事者家属都要到政府或有关机关闹腾一番，求得解决，可以说，在一些地方“逢死必闹”已成常规。

发生闹缠事件，最为领导机关关注。有关领导的批示通常都是“依法处理”“确保稳定”。可是，具体操作起来，很难。

久而久之，基层组织处理这类事件形成了一种潜规则：以平息纠纷为目标，以摆平事态为追求。于是，“摆平就是水平”便被堂而皇之地认可并推崇。

其实“摆平就是水平”不全是贬义，它在很大程度上反映了基层组织遇到这类事件时的无奈和被迫。因为在基层，处理各类纠纷，特别是有可能形成上访、信访等不稳定问题时，思路一直是：维稳第一，效率第二，法治居于末位。

因为不稳定影响政绩，所以不要把事情闹大，不要引起舆论炒作，不要引起上级领导关注，这些是基层党政领导遇事最先考量的因素。在这种情况下，基层领导必然会选择走最实惠路径，于是，牺牲法治，牺牲公平正义而追求平息事态，有时便成为其选择。

当事人永远是趋利的，他们也会从经济实惠的角度考虑问题，不愿走旷日持久比较麻烦的诉讼途径，而是选择上访、信访甚至闹访，以追求并达到“小闹小解决、大闹大解决”的效果。

一般情况下，非正常死亡事件一旦发生，通常当地党委、政府分管联系社会治安的领导牵头，公检法三长参与，信访局、法制局以及组织、人事、财政等部门的负责人参加，提出处理方案，负责具体落实。

公安局长是处理这类事件的主角，他必须冲锋在第一线，与当事人面对面交涉，这是由公安机关在基层社会治理中一直作为主力军的性质决定的。

法院院长参与这类工作，是基层维护社会稳定的政治需要，更重要的是基层党政组织与当事人博弈的策略需要，当然在处理问题时也提供一些法律意见，但主要意图是震慑造势，意在向当事人或明或暗地施压，以达到他们放弃过高要求、打消漫天要价的企图。

死者家属的闹腾是经常的，参与处理这类事件的领导和工作人员，有时甚至要忍受各种围攻与谩骂。在这类事上，除非当事人的行为严重违法，否则一般情况是不会拘留人的。死者家属闹腾的目的，核心问题是要钱，附带的其他要求，大多数是给党委、政府施压，以增加要钱的筹码，最终，也都是商议出一个双方接受的金钱数额了事。

有一起某乡镇机关的门卫非正常死亡事件，很能说明问题。

某乡镇机关雇用的门卫是本地一男性村民，65 岁，某日早晨 8 点多被发现死在值班室。两小时后，通过调看摄像、走访周边群众，事情搞清楚了。

这位 65 岁的门卫，酗酒、嗑药、性侵同性，导致自己死亡。摄像镜头显示，死亡的前一日下午下班后，门卫酒后将一男性哑巴邀请到机关法庭，然后锁住大门，二人在值班室共同喝酒、吃东西，死者还服用兴奋类药物，之后做了一些不堪入目的动作。至夜半，死者狂躁不已，呕吐出许多污秽物之后，趴在地上，呕吐物回流，窒息死亡。另据了解，死者生前有心脏疾病。在半夜死者折腾时，哑巴试图出外叫人，无奈院子大门加锁，哑巴找不到钥匙无法出去，直到天亮后，哑巴才在机关二楼找到一把梯子，搭在院墙翻出时被路人发现，向派出所报案。之后，死者被送到当地卫生院太平间。

很快，死者家属十数人穿孝服到乡镇机关讨要说法。

他们提出三条要求：一是必须将死者按工伤对待；二是必须赔偿200万元；三是承担一切丧葬费用。

乡镇机关的意见是，在管理方面，机关有严重失当之处，对死者及其家属表示歉意和哀悼；死亡原因完全是死者行为不检点所致，不能赔偿，只能按照临时工辞退的补偿标准，补偿三四万元。

死者家属坚决不同意，声称要捅到媒体上，要上网，要上访……上级党委领导和政府要求，要绝对防止媒体炒作，要警惕该事件成为网络热点问题，要防止形成上访事件，要尽快就地平息事态，决不能成为影响稳定的因素。

最终，通过三天的交涉，双方达成协议：补偿36万元。掏钱之后，一切风平浪静！

在这个事件的处理过程中，地方党委和上级机关都希望尽快平息事态，不要把事情闹大，不能出现不稳定因素。同时在可接受的范围内，花钱买平安是默许的，领导机关追求的是结果和效率，至于过程，他们并不关心也不过问。

一些地方领导侧重于考虑大局，一个市、一个县的大局，害怕因某一事件上访，害怕媒体炒作成为热点，害怕方方面面的不稳定因素，害怕因此而被追责。在他们眼里，处理这类事件是否合乎法治，是否公平正义，他们并不在乎。在这种语境下，每一次发生这类事件，他们首先考虑的是如何灭火，平息事态成为他们的最终目标。

前不久，某县发生了一起聚餐饮酒死亡事件。

某县政务大厅主任与下属及朋友8人，在一工作日的下午下班后相约聚餐。从20时至22时许，共喝白酒3瓶、啤酒6瓶。聚餐中，主任要求猜拳行令娱乐。饭局结束后，两位下属送主任回家，但是当送至其家小区门口时，主任因酒后兴奋，坚决不回家，拖延至23时许，两位下属又叫来同餐的另外两人帮忙，才坐出租车将主任送至单位办公室，并将其抬放到办公室床上，在床头预放了几杯水和垃圾桶，安置好之后离去。次日8时许，单位工作人员进主任办公室汇报工作时，发现主任趴在床下，脸色发青，呼叫不醒，掐人中无反应，遂拨打120送至医院抢救，一小时后，经抢救无效死亡。死后其血样中酒精含量294.9mg/100ml，属酒后猝死。

这是一起很普通的非正常死亡案件。案发后，各方面的反应都是一样的套路。

主任家属向当地政府提出三点要求：一是赔偿死亡补偿费用150万元；二是按工伤对待，因为人死在办公室；三是给死者大学毕业的儿子安置工作并解决政治待遇。这三个要求解决了，他们才能办理丧葬事务。处理中，按工伤和安置工作的要求，其家属很快收回，核心点最终落到钱的问题上。

政府一方有压力，害怕家属挟尸闹事，影响稳定，因此动员家属尽快埋人，然后再处理其他事情；但是家属表示，先处理补偿问题，然后再埋人。于是，政府掏多少钱就成为关键。

最后的处理结果：一是由有关领导做思想工作，参加饭局的8人每人赔偿2万元，二是按照公务员正常死亡后经济补偿标准补助20多万元，共计46万元。

死者家属大幅度降低了要求。他们是明智的，基本达到了目的。他们明白，工作日饮酒，即使死在单位，无论如何也算不上工伤；安置子女及解决政治待遇，本来就是无理要求，他们只是作为砝码提出；经济赔偿问题，本来指望政府掏钱，但是因死者在聚餐及其之后的行为性质，自觉理亏，无法理直气壮，只好退而求其次。

政府一方也满意这个结果，政府掏的这些钱其实是一个公务员死亡后应得的本分，等于没有掏钱；参加饭局的人员通过有关领导深入细致的思想工作，每人愿意补偿 2 万元，共计 16 万元。因此闹缠的事态就这样很快被摆平。

不管规则，逢死先闹，闹缠之法屡屡得手，屡试不爽，已成为当事人获取利益的法宝；花钱买平安，事态总能平息，只要大方掏钱，既省力又有效率，掏钱也自然成为解决闹缠现象的灵丹妙药。可见，闹缠的背后是利益，掏钱的背后也是利益。在逢死必闹的博弈中，似乎达到了双赢。

其实，最简单、最省事也最正确的方法是，把这类纠纷全部推向法院，告知当事人通过诉讼途径解决。

可是，在现实中，这类事绝大多数到不了法院，死者家属不愿去法院，他们就是要求政府立即解决，并通过上访、信访、闹访施压，还通过媒体造势，引发舆情炒作，牢牢抓住地方党委、政府最为顾忌的软肋。

毫无疑问，“逢死必闹”现象损害了法治原则，与文明社会格格不入。但是，基层组织基于维稳的大环境，各种怕。在怕的背景下，把花钱买平安奉为处理问题的灵丹妙药，最终导致闹缠现象愈演愈烈，成为社会顽疾。

比如，聚餐饮酒死亡引发的赔偿，导致人际关系发生裂变，传统文化中的善良风俗被异化，一些人在朋友聚餐时，签订生死文书，书面声明喝酒后如有意外，责任自负。我有一位在县一级担任重要领导职务的朋友，现在每次在应酬前，都给家属叮嘱，他喜欢喝酒，万一酒后发生意外，与他人毫无关系，千万不要找聚餐的朋友索赔，更不能闹腾党委政府。

同时，“逢死必闹”现象也引发了一系列社会失序的连锁反应，公职人员一旦聚餐饮酒出现意外事故，无一例外要被问责。因为害怕问责，他们不敢通过法律手段维护自己的合法权益。因为一旦形成诉讼，就会成为问责的口实，为了息事宁人，宁愿花钱免灾（责）。我的一位朋友是县处级干部，中午路过某地与朋友聚餐，其间在另一房间吃饭的一位女士进来敬酒，觥筹交错之后，这位女士当天下午在家里死亡了。死者的家属就开始闹缠，接受敬酒的一桌七八人无一幸免，那位朋友因职务最高，出了十几万元赔偿金。可是最终还是被问责，受到党纪、政纪处分。

平心而论，这里所举的聚餐饮酒死亡事件，参与者在法律上是没有责任的。第一例的参与者完全尽到了注意义务，没有民法上的过错，而且饭局是领导组织的，酒后领导又坚决不回家，下属送到办公室已经是尽责了，可是最后却让这些人赔钱，于情于理于法怎么能说得过去？第二例中，死亡的女士是因为看见有熟人的缘故主动去敬酒的，即使敬酒过程中有被要求喝酒的语言，也是饭局中的常态，人之常情，怎么能因为酒后死亡就“死有理”呢？

英国历史学家汤因比在《历史研究》中指出：在文明的发展过程中，某种暂时的混乱难以避免，文明的生长过程事实上是一个秩序—失序—秩序的否定之否定的无限过程，这种混乱状态是一种正常的社会失序；但是如果超过了一定的阈值，道德、法律乃至风俗习惯将会失去对社会的指导作用，社会秩序的稳定将被破坏，其消极性绝不可低估。

失序意味着重建。美国社会学家福山认为，社会秩序一旦遭到破坏，必须重建。在追求法治社会的今天，“逢死必闹”现象必须被遏制。其实办法很简单，摒弃法外调和思维，让会哭的孩子没奶吃，会闹的孩子没糖吃，让法律的问题回归法律。非正常死亡事件一旦发生，就全部纳入诉讼程序，由法院按照司法程序一锤定音。

# 洞若观火而不必明察于秋毫之末

明察秋毫一直是司法工作人员的追求，把案子搞清楚，让上帝的归于上帝，撒旦的归于撒旦，特别是刑事案件，不能冤枉一个好人，不能放过一个坏人，这既是基本要求，又是最高追求。但是，世间之事，往往不可绝对。有时候，有些人有些事，你可以明知，但难以明察；可以洞若观火，但不必也不宜明察于秋毫之末。

我一直不能忘记刚参加工作时的一件故意伤害案，我是该案的书记员。

这是一起邻里纠纷引发的故意伤害案件，受害人被铁锨击打，致颅骨骨折，司法鉴定为重伤。

最初受害人指控他是被邻居家老大用铁锨打伤，受害人一家五口都在打架现场，亲眼看见，异口同声。但是，公安机关调查时，有邻居家五人却众口一词，都指证是老二用铁锨打的，老大只是到现场劝架。老二也信誓旦旦，坚决供认是自己用铁锨击打受害人致其颅骨骨折，愿意承担一切责任。此后不久，受害人及其家人的陈述变得不稳定起来，时而说打人者是老大，时而说是老二，有时还说记不清是老大还是老二。

公安机关最终锁定了打人者是老二，案件很快以老二犯故意伤害罪起诉到法院。

法庭查明的事实与侦查、起诉阶段如出一辙。但是，受害人在法庭上愤愤地说，是老大击打了他，现在让老二顶替。在最后陈述的环节，被告人席上的老二突然发出凄惨的哭声，撕人心肺，他哽咽着表示认罪悔过。最后，合议庭以受害人陈述不稳定为由，没有采信其陈述，按照被告人供述、证人证言及受害人在侦查阶段的某一次陈述定案，以故意伤害罪判处老二有期徒刑三年六个月，并附带赔偿受害人医疗费若干元。宣判后，旁听席上的老大及其家人均放声大哭，泪水涟涟；而受害人一家则怒目而视，愤愤难平。领取判决书和赔偿款时，受害人黯然神伤地说："打我的人是老大，你们判错了。"但是，受害人并没有上诉、上访，双方在判决后都归于平静。

此后很长一段时间，我们会经常提起这个案子，大家共同感觉到，是老二代替老大坐了牢。

当时我很纳闷，既然这么明显，那么为什么不把案件退回去补充侦查呢？明知老二是替代老大受罪，却将错就错给老二判刑，让老大逍遥法外，公理何在？

随着时间的推移，我终于想明白了，当初庭长和合议庭是对的，让老二承担刑事责任，让纠纷归于平静，让事情有个结果。

此后，我弄明白了这个案子的原委。

20 世纪 80 年代末的农村，贫困家庭娶媳妇极其困难，而且越是贫穷的家庭，女方讨要的彩礼越高。被告人一家为了给老大娶媳妇，东挪西借，好不容易凑足巨额彩礼，把媳妇娶进门，这个时候已经是债台高筑。可是，蜜月刚满，就发生了老大与邻居家打架的事，又致邻居成重伤，重伤的后果他们是非常清楚的，如果老大因打伤他人被判刑，三年五载之后，那刚娶进门的媳妇会何去何从？考虑到将要来临的雪上加霜的严峻局面，他们一家急速地运用了经济学原理分析计算了利弊得失，最终决定“两害相权取其轻”，为了家庭的总体利益，为了新婚的老大媳妇安心居家，就作出了由 19 岁的老二代替老大顶罪的决定，而且众口一词地证明。

虽然有受害人一家的陈述与抗争，但是面对铁板一块的被告一家和邻居五人的证言，受害人根本无法左右局面，而打架现场的邻居显然早已与被告人家达成一致意见。

公安机关做了无奈的选择，检察机关顺水推舟，到了法院，法官也只有照猫画虎，依样画葫芦。因为，侦查、起诉阶段的事实已经成了铁板上的钉子，庭审只能走程序。

表面上看，事实清楚，证据确实充分；而在实质上，大家都心知肚明。这既是一个无奈的选择，也是一个必然的选择，给老二定罪的各种证据要素具备。

被告人一方：老二的供述从侦查阶段到审判阶段，一直非常稳定，坚称自己打了人，愿意接受任何处理结果；老大及其父母妹妹众口一词，是老二打了人，老大只是去拉架。邻居五人也是如此表达。

受害人一方：受害人妻子女儿刚开始证明是老大打了人，老二来拉架，此后的证言变得含糊起来，受害人本人指控是老大打人，之后在个别时候又表现出犹豫的神情和言语。

根据司法实践，给老二定罪的证据足够了，如果还要怀疑，那就是没事找事。在这种情况下，法院判决老二有罪并处以刑罚就顺理成章。而这类案件，想要按照疑罪宣布无罪，那简直是不可想象，仅受害人一家的上访，就够法院喝上一壶。

于是，大家都选择了最为轻松，也对自己最为有利的路线与途径。被告人一方做出了对家庭最为有利的选择，牺牲老二保全老大及其婚姻。而且老二才 19 岁，服刑三年六个月之后也才 22 岁，虽然剥夺了三年多的自由，有可能会影响老二以后的人生，但是这种未来的、潜在的危害性，不在贫穷家庭的考量之中。他们不会想得那么长远，他们考量的是眼下的、影响整个家庭稳定的现实危害，这种趋利避害的利益之心，也是人性的一部分。

受害人一方要求维护自己的权益，要求对打人者惩罚，其维权与报复的心愿要得到满足，这是他们在这次纠纷事件中的底线思维。因而，当被告人一家李代桃僵之后，他们基本上选择了妥协，在他们心中，惩罚老二和惩罚老大其实差别不大，他们的权益得到了维护，报复之心也得到了满足。反正，被告人一家为自己的行为付出了代价，这就够了。

公安和检察机关选择最为经济的途径，在被告人一家及邻居众口一词的背景下，让受害人选择了含糊其辞。同时，老二“好汉做事好汉当”，把所有责任一肩承担，这种情况在我国根深蒂固的罪从供定的传统思维模式下，逮捕并移送起诉老二，是名正言顺的。

法院虽然“依样画葫芦”，但是庭审的各种程序都是规范的，按照证据规则和刑事案件的证明标准，认定老二有罪并处以刑罚，似乎没有什么问题，至于真正的打人者，至于众口一词的证言背后的因素，法院没有做到明察于秋毫之末，这不能算是枉法，而是智慧。

法院的做法是温情的，是司法的温情和人性的善良，如果明察秋毫，如果最终惩处了老大，那被告人一家作伪证的责任也就在所难逃。试想，如果真正打倒了一大片，我们是为正义得到了彰显而欢呼呢，还是会为被告人一家的处境酸楚呢？我想，如果那样，正义的成分不会增色多少！因此，在这种情况下，以消极的方式扶助贫弱，也是一种正义。这与人情案、关系案，与法外开恩或者是把人情凌驾于法律之上，完全是两个概念。

法律关乎人情，因而在我们的社会中，司法应当以自己特有的方式体现温情。孟子云：君子可欺之以方。在现实生活中，这份宽容是司法工作者应当拥有并践行的。

# 另一类强奸案件

强奸案件一直备受人们关注。

一些强奸案件，特别涉及名人的，最为媒体津津乐道。主流媒体对于这类案件的报道，总是挥舞着道德的鞭子，着眼于挖掘作案者心理的龌龊，美其名曰保护女性权益。大多数的媒体认为，只有对强奸犯罪从重惩处，才能体现公平正义；凡是从轻的判处，或者是在事实存疑的情况下走从轻路线判处的，都被认为是打击不力。曾有一名人之子的强奸案件，用专业眼光审视，可谓疑点重重，可是在媒体铺天盖地的报道和舆情的压力下，还是被处刑十年，而一些网络媒体仍嫌打击不力。

虽然疑罪从无原则早已被确立为我国刑法的基本原则，但是，在司法实践中，强奸罪似乎是例外。在具体事件中，从侦查到审判，办案人员秉持的仍然是自古以来“奸出妇人口”的证据理念，只要女方一口咬定被某人强奸，那么男方的罪行基本上就会坐实，很难脱罪。

中国传统文化有“万恶淫为首”之说，对于与性相关的事物，我国社会既讳莫如深，又深恶痛绝。在危害社会的各类犯罪中，强奸罪最为万夫所指。网络时代，一旦发现强奸案件，一些媒体立即像注射了鸡血，既高度亢奋，又一脸严肃，动辄慷慨激昂，集中声讨，似乎不处以重刑，便难以体现社会正义。“饿死事小，失节事大”的心态丝毫不亚于明、清时的腐儒。如果一起强奸案件被宣告无罪，则往往会引起轩然大波，各种质疑指责纷至沓来。

但是，在民间，与主流文化对强奸罪的态度不同，一直有另一种声音。这就好比《三言二拍》中所反映的关于对经商和两性关系的看法，当时的理学家和民间的声音大相径庭，而市井里巷应该是更真实的民意。现在，我们对于强奸案件的态度，也是如此。

相对于官方和媒体，民间对于强奸犯罪是区别对待的，对于确实属于丧失人性、惨无人道的强奸犯罪，民间也是深恶痛绝、人人喊杀。但是，对于大多数的强奸案件，大部分老百姓的声音并不严厉，仅仅是茶余饭后的谈资和调侃，同时还不时掺杂着一些诙谐幽默与不严肃，一些司法人员也是如此。这些与主流媒体不同的声音，其实也不乏理性的成分，更能代表真实的民意。

理性地讲，强奸罪也就是一种普通的刑事犯罪，它并不比其他犯罪更穷凶极恶。让我们回顾司法实践，理性地看待这个问题吧。

我刚参加工作的20世纪80年代末，在家乡县法院刑事审判庭担任书记员，有两起强奸事件，颇为奇特。

农历三月唱大戏，戏场内两个同村的青年男女邂逅，看完戏后二人结伴推自行车步行回家。春天的山村小路上，景色宜人，当走到一座废弃的瓦窑旁时，男子试探性地邀请女子到瓦窑里看看。女子嘴上说不去，可是两脚不听话，支好自行车后，二人一同走进瓦窑洞观赏。废弃的瓦窑里，挂满了蜘蛛网，在落满细微尘土的地上，留下了两个男女整洁清晰的脚印。走到瓦窑深处，狭小、静谧的空间催发了男子的荷尔蒙，他不由自主地揽住女子的腰肢求欢，女子说不行不行，但是站着不动。血脉贲张的男子哪里顾得许多，搂住女子，相向而立，解开女子裤带，站着发生了性关系。事情结束后，女子穿好衣服，笑骂男子你真坏，然后二人一同走出瓦窑，推上自行车，优哉游哉步行回了家。

事有凑巧，他们进出瓦窑的情景，被对面山梁上放羊的女子丈夫尽收眼底，当他认出渐渐走远的女子是自己的妻子时，心中忐忑，急匆匆驱赶羊群转过山梁，进入瓦窑查看。瓦窑里的脚印与扔下的卫生纸让他明白了一切，晚上回到家休息时，男子与妻子发生了激烈争吵，在事实面前女子承认了在瓦窑发生的事情，但争辩自己不愿意，是被强奸了。

争吵了一夜的夫妻于次日上午到公安派出所报案。

那个男子被派出所传讯时，竟然未作任何争辩，大方地承认女子不同意，他强奸了，并说好汉做事好汉当，他愿意接受惩罚。

案件很快转到法院。开庭审理时，法官一再提问男子，女方究竟是同意还是不同意？男子一口咬定，女子虽然没有反抗，但是一直说不要，并骂他坏，他就是强奸。最后判决的结果是，被告人承认是强奸，有自首情节，受害女方一直声称不同意，故构成强奸罪，减轻判处有期徒刑8个月。合议庭评议时，主办法官叹息不已，说是这个案子如果被告人不承认强奸，就很难定案。

当时我还记录了一件强奸准丈母娘案，与瓦窑强奸案相似。一个炎热的夏日午后，一男青年去恋爱对象家约会，其恋人下地干活了，准丈母娘一个人在家，男青年便殷勤地帮干家务活。在柴房打理牲畜草料时，准丈母娘衣着暴露、徐娘半老的风韵让男青年心神荡漾，神不守舍。无意间一次肌肤接触，他们就搂抱在一起，在柴房发生了性关系。但是，这个场面被邻居大妈看到了，事情很快在村里传开，男青年的恋人一家震惊震怒，准丈母娘便于事后三日向公安局报案被强奸了，男青年随即投案自首。

庭审后，男青年被减轻判处一年有期徒刑。法庭上这位男子憨憨地陈述，他做了强奸的事，对不起恋人。请求法院从重处理，越重越好。宣判后这位男子仍然说判得太轻了，要求从重。

作为重罪的强奸罪，在这两个案子里丝毫感觉不到罪大恶极，相反却让有些人感受到一种轻松惬意，甚至诙谐幽默。庭审时担任法庭记录的我，竟然下意识地想起了《诗经》里的句子“邂逅相遇，与子偕臧”。在很长的一段时间里，刑庭的法官们一起喝茶谈工作时，时常会提起这两个案子，庭长曾多次说过，“奸出妇人口”，自古以来都这样。被告人承认强奸，想开脱也没有办法。

此后，每当遇到相类似的强奸案件，我都会想起这两个案子，并产生疑惑：在一个废弃的瓦窑里，光天化日，结伴而行的孤男寡女，采用站立的方式发生性关系；在堆满柴草的茅屋内，一对男女在干家务活时耳鬓厮磨，突然爆发激情，不可自制。然而竟然因为女方嘴里说不行、不要，而认定男子违背妇女意志构成强奸罪，那么这种强奸罪的社会危害性在哪里？对女子的身心健康究竟有多大伤害？是否真的侵害了妇女性自由的权利？

我曾把这个案子告诉妻子，她很不以为然，认为就是不检点的一对男女出轨了，还能判刑？妻子的观点其实代表了大多数老百姓的内心想法。类似的案件，对于普通老百姓而言，就是认为男女双方出轨了，事后女方翻了脸，真正的民意其实是同情男方的，并不像一些媒体那样剑拔弩张，必欲重处而后快。

瓦窑强奸案与柴草房强奸案之后三十年，又有一起出租屋强奸案。

赵男与张女通过网络游戏认识后，互加微信好友，关系从相识到亲密再到暧昧，然后常常结伴参加朋友聚会，一起饮酒吃饭、玩闹 K 歌，并多次发生性关系。

初春的某日，张女与十几位朋友聚餐饮酒，庆贺其生日。赵男受邀于晚 8 时来到酒店餐厅共庆张女生日。次日凌晨 1 时生日庆祝活动结束后，赵男与张女一同乘坐出租车到张女租住的房屋内。该出租屋位于某小区 A03 楼 501 室，四人合租，当晚除张女与赵男在 01 号房间外，还有一租客在同室另一房间。

进入房间后，场面很温馨，赵男醉卧床头，张女则在洗漱之后换上白色吊带睡裙陪伴，过生日的氛围似乎继续弥漫在租住屋内。此时此刻，将会发生什么事情，稍具常识的正常人完全可以想象、预测到。但是，此后发生的情节，赵男、张女二人说法不一。

据赵男说，在张女洗漱更衣之后，他们说了一会儿话，然后连续发生了两次性关系。他还在张女的脖颈处留下了两处有纪念意义的咬痕印记。

而张女则说，洗漱更衣之后，她要求赵男出去回家。赵男说头晕再睡一会儿，她便陪坐在床头玩手机，不久赵男酒醒了，抓住她要求发生性关系，被她拒绝，赵男遂抱住她在脖颈啃咬，她奋力推开，赵男骂了几句就睡着了；过了一会儿，她推醒赵男，要求赵回去，赵随即翻身压住她乱摸乱亲乱咬，她打了赵一个耳光，赵恼羞成怒对她拳打脚踢，并扯断她的项链和睡裙吊带，之后开门出去。很快赵又返回房间强行压住她，连续发生两次性关系。她因肚子疼推开赵去了卫生间，出来时赵已经在床上睡着了，她无奈之下躺在赵旁边也睡着了，直到天亮。

赵男也承认当晚撕扯殴打过张女，但是过程与张女所述不一致。赵男说，两次性生活结束后，他点了一根烟仰卧在床上歇息，弹烟灰时发现烟灰缸里有烟头，吃醋质问时他们发生纠纷，他一怒之下殴打了张女，然后夺门而出，却被张女追出拽回，要求先在房间睡下，等天明以后再谈事情。

发生性关系与发生纠纷的过程，二人各执一词，但之后同床共枕到天亮的说法是一致的。早上起床后，张女要求赵男赔偿项链和睡衣损失，赵男应诺，二人遂一起出门，各自行事。中午时分，张女电话叫来另一男友金男，告诉金男，赵男酒后打了她，致其脖颈、面部受伤，金男随即打电话与赵男交涉；黄昏时分，金男陪张女到派出所报称被赵男殴打。在公安机关询问中，张女才说出赵男在殴打她的同时还实施了强奸。公安机关立案后，张女一直坚称自己被强奸，而赵男则一直否认，称撕打是事实，发生关系纯属自愿。

公安、检察机关均采信了女方的陈述，认定为强奸，之后起诉至法院。

按照传统观点，可以定案。一是双方确实发生了性关系；二是有殴打、撕扯的情节，女方身上有伤痕；三是女方一直说是强奸。同时，公安机关侦查结束，公诉机关已经起诉，即使男方不供，也可以定案。

但是，这个案子的命运与前两案迥然不同。法院开庭审理之后，合议庭、审判委员会均断然认定，男方无罪。在宣判之前，检察院撤回了起诉。

法院认为无罪的理由是基于常识与人性的判断。一对青春期的男女青年，交往中已经超出了一般朋友的界限，事发当晚又是生日酒宴后，于凌晨时分共乘出租车到女方出租屋内，做了一切合乎常情的事，之后因出现纠纷发生撕打，撕打之后仍然同床共枕到天明。直到下午时分，女方的真男友发现伤情追问时，女方仍然只说是遭到殴打且损失首饰，并到派出所报案。在公安民警询问的过程中因对殴打和损坏首饰的情节无法自圆其说，才说出被强奸之事。这种单方证据，在男方的陈述合情合理的情况下，是不能采信的，因此综合案件的整体情况，属于事实存疑、证据不足的强奸案件，应以不追究男方的刑事责任为宜。该案检察院撤诉后作出了相对不起诉决定，女方也服从处理，这也反映了法院意见的正确性。

从以上的这些案例看，实践中大多数的强奸案，也就是很普通的一些刑事案件，对这些案件的社会危害性，应以平常心对待，大可不必过于渲染，搞得群情激愤。当然，对于一些恶性的强奸案件，必须重处，但这是极少数。实践中需重处的，一是采取极其凶残的手段强奸，致女方身心受到摧残伤害的；二是利用教养等特殊关系胁迫、霸凌式强奸的；三是多人用暴力手段轮奸的。除此之外，则应该根据案件的具体情况，结合常识、人性，严格按照证据规则，能定案则判处。如果属于似是而非、朦胧暧昧的情形，则应宣告无罪，以不追究刑事责任为宜。

# 醉驾入刑异议

我对于醉驾入刑一直存有疑问，持有异议！

2011 年 2 月，全国人大常委会通过《刑法修正案（八）》，将醉酒驾驶纳入刑法规制范畴。2013 年 12 月，“两高一部”联合颁布相关司法解释，进一步明确了醉驾入刑的标准，规定驾驶员血液中的酒精含量大于或者等于 80mg/100ml 的驾驶行为，一律构成醉酒型危险驾驶罪。

这是史上最不需要动脑子就可定性的犯罪，只要驾驶员血液中酒精含量达标，则无一例外构成醉酒型危险驾驶罪。

醉驾入刑，舆论界一片叫好。绝大多数人都认为，只要动用刑罚手段，醉酒驾车即可得到全面遏制，交通安全也会呈现一片蓝天。但是，多年后的现状却是：醉酒驾车并未减少，醉驾犯罪却超过盗窃罪，犯罪数高居各类刑事案件第一位。

理想与现实的巨大反差，应然与实然的距离，是否让当时的欢呼者感觉到了一丝尴尬、无奈甚至苦涩？

不可否认，醉驾入刑，对社会公众确实起到了教育、引导、警示和震慑作用。但是，面对逐年上升的醉驾犯罪现实，我们是否会觉得，当初的醉驾入刑，似乎显得过于仓促、草率甚至残酷呢？

我们知道，行为的社会危害性，是犯罪的本质特征。这里的危害性，是看得见的现实危害，可是，醉驾一律入刑，是将没有直接危害后果或者潜在的、可能发生的“危害”行为纳入刑法规制。这种将拟制的危险行为绝对化的认识，是违反实质违法性判断原则的，有悖于刑法关于犯罪的概念。

一个行为即使在形式上违反了刑法规范，并具备了刑法规定的犯罪构成，如果不能证实它实际上侵犯了法益，它就不具有实质刑事违法性，就不能算作犯罪，国家不得予以处罚。那么，无任何危害后果的醉驾侵害的法益究竟是什么？不确定！

醉驾犯罪在主观上属于故意还是过失？说不清楚！

诚然，行为人对醉酒持有故意，这自不待言。但是，如果醉驾后发生了交通事故并达到了交通肇事罪的标准，这个时候会从一重罪处罚，仍然按交通肇事罪定性，醉酒只是从重情节，而交通肇事的主观形态毫无疑问是过失，这就出现了醉酒驾驶犯罪在主观形态上的悖论。

一方面，危险驾驶罪在主观上是故意；另一方面，醉酒后的驾车行为导致的损害又是过失，因而醉酒型危险驾驶罪只能解读为过于自信的过失，即轻信自己的醉驾行为不会危害公共安全，属于认识上的过失。从该罪的法定刑上看，最高刑是拘役六个月，也说明立法者对其主观上是以过失论处的。

从理论上讲，危险驾驶罪保护的法益是公共安全和人民群众生命财产安全，只要醉酒驾车即构成犯罪，即成立犯罪既遂。由此可以看出，这种过失型抽象危险犯罪，是把结果的可能性认定为社会危害性，使得主客观两个方面都处于一种矛盾之中，按照犯罪构成理论根本无法自圆其说。

刑法的目的是保护法益，不能单纯地限制公民的自由，应该将法益保护机能、行为规制机能和人权保障机能有机统一。而人权保障机能，就是要限制入罪权、施刑权。刑法作为最后的手段，不能轻易干涉公民的日常生活，这也是保障公民权利的标志。饮酒是社会行为，醉酒本身并不是刑法的规制对象，可是，却将醉酒驾车全部纳入刑法规范调整，笔者认为，这就显得刑事法网过于严密和严厉，这不是法治国家和太平盛世所应当推崇的。

醉驾入刑在实践中已经产生了一定的社会负面效应。法网过密，打击范围过宽，按照驾驶员的血液中的酒精含量标准一刀切，不需要有危害结果出现，不需要有定性分析，只要醉酒开车，就推定抽象危害状态随之产生，这是典型的立法拟制，典型的凌霸定罪。同时，在社会管理中，一人醉驾，全家遭殃，一些地方将醉驾纳入征信记录，导致贷款、消费受限，子女工作的政审受到影响；只要是醉驾，即使处以免罚或者缓刑，公职人员也会被开除公职，营运行业人员则面临终身禁驾而彻底失业。笔者认为，这会成为隐性的社会风险。

德国学者考夫曼认为，如果把一般危险性作为推测的危险，使个案确无危险的情形仍然成立犯罪，则明显有悖于罪责一致原则。雅科布斯认为，在一个行为没有后果，完全不危险或者仅仅具有有限的危险时，进行刑法规制不具有合理性。白居易说，“善除害者察其本，善理疾者绝其源”。治理社会问题，刑罚确有其他手段所不具有的震慑作用，但是过度依赖刑罚手段，其作用会很有限甚至相反。一个国家的现代化治理要求，犯罪的人越少越好，事前的教育要大于事后的处罚，对于醉驾的一刀切处罚，无疑有违刑法的谦抑性原则。法治社会，民法应当扩张，行政法应当规范，刑法应当谦抑。基于此，笔者认为，醉驾一律入刑，值得商榷，对于醉驾行为，应当以结果导向判定是否入刑，凡是造成公私财产或者公民人身损害的，应当入刑；无损害结果则应出罪，仅承担行政责任，并加大行政处罚的力度和范围。

# 寻找利益关系平衡

NBA 篮球比赛，裁判在某一次吹罚有可能存在不平衡情况时，会在下一次的吹罚中把哨子还给对方，这在行内叫作“找平衡”，是大家心照不宣的默契。这种颇具智慧的规则，蕴含着丰富的法理学原理。我们一直把法官比作诉讼场上的裁判，那么，这种“找平衡”的方法，是否也适用于诉讼场上的法官呢？答案是肯定的。

许多民事案件，特别是婚姻家庭纠纷案件，细小琐碎，案件事实若明若暗，当事人双方情绪对立，争执你死我活，丝毫不让步，誓将官司打到底。

这类家长里短的小案件，处理起来颇费周章，往往双方当事人都不会满意，因而法官最害怕办理这类案件。

有一起离婚案件，男女双方分居已五六年，婚姻关系早已名存实亡，双方分别多次起诉离婚，但是在诉讼中或者自动撤诉，或者被判决不准离婚，三四年来都没有结果，给当事人本人及其亲属造成很大痛苦。

一个简单的离婚案件，为什么会如此麻烦？

关键因素在于，男方要抚养孩子，但孩子随女方生活；女方要分割财产，但财产由男方控制，且女方对财产的诉求证据不足。在这种情况下，双方当事人各有顾虑，办案法官举棋不定，于是，这起婚姻纠纷便再三拖延，没有结果。

那么，如何才能平稳地处理这个案件呢？NBA 球场上的“找平衡”法则能够给予我们启示。在具体案件中，找出能够撬动双方核心利益的平衡点是关键因素。

这起案件，对女方而言，核心利益是分割财产；对于男方而言，核心利益是孩子抚养。同时，财产由男方控制，孩子又由女方掌管。在这个时候，利益平衡的问题就显得尤为重要。而从实际情况看，孩子双方都可以抚养，判给女方或者判给男方都是正确的；财产分割则必须有证据，如果证据不足或者没有证据，无法证明是婚后共同财产或者家庭共同财产，则无法分割。

在这种情况下，如果要判决离婚，则处理案件就有两种思路。

第一种思路：孩子判归女方，男方承担孩子抚养费，驳回女方分割财产的请求。这是最省事最简单的方法，既符合法律规定，又非常容易执行。但是，这个省力省事的方案，会让男女双方的心理都不平衡。女方没有得到财产，心里肯定会愤愤不平；男方失去了孩子，心里也会有怨气。虽然结案了，但诉讼的效果不佳。

第二种思路：法官出题，让双方当事人自己选择。女方如果要财产，就必须放弃孩子抚养权；男方如果要孩子，就必须在财产上作出让步，让分割财产证据不足的女方在财产上得到实惠。这种让双方都有所得、有所失，自己选择得什么还是失什么的办法，比由法官硬性判决的方法更能让当事人心理平衡。这个时候，就看诉讼的双方各自侧重于什么？有所得必有所失，让他们自己去选择得到什么和放弃什么，是比较智慧的处理民事案件的有效方法。女方如果放弃孩子，则可以多分得财产；男方如果抚养孩子，则要失去一部分财产。这样，把诉讼双方利益的交汇点作为砝码，让法官掌握总体上的增减尺度，最终达到案结事了。

我们一直讲“清官难断家务事”，所以遇到这类案件，决不能死抠法律条文，机械、教条地办案。婚姻家庭纠纷案件，主张权利的一方，往往存在证据比较薄弱的问题，因而不能单纯地、教条地适用谁主张谁举证原则，必须根据案件实际情况，在法律精神的框架下，寻找平衡双方利益关系的杠杆，以追求实质正义为目标。

还有一起因离婚案件引发的关联案件，因为没有把利益平衡问题作为关键因素考量，诉讼拖延七八年之久，当事人一直上访、申诉、缠闹，引发了不稳定因素。

这个案件的基本情况如下。

夫妻双方于2011年通过法院诉讼离婚，法院判决孩子由女方抚养，男方每月支付一定数额的抚养费。宣判后男方上诉要求抚养孩子，案件经一审、二审反复折腾，最终的结果仍然没有变化，判决书生效。但是，该案涉诉的孩子，在诉讼过程中已被男方抢走，因而女方虽然通过诉讼争得了孩子抚养权，但是权利无法实现，此后女方多次要求执行判决书的内容，男方一直拒不履行。受人身不能强制执行的限制，法院也没有强制执行孩子的抚养权，于是女方的孩子抚养权一直处于空置状态。

女方上下奔波，要求法院强制执行，以实现孩子抚养权。男方也不间断地上访、申诉，以孩子由女方抚养不利于成长为由，要求再审，变更孩子的抚养权。省高院审查后，裁定驳回再审申请。五年后，男方向原一审法院起诉要求变更孩子抚养权，法院审理后驳回了诉讼请求；男方继续坚持上诉，二审法院依然驳回上诉，维持原判。之后女方继续申请执行孩子的抚养权，男方继续申诉变更抚养权，局面就这样僵持着，与此同时，法院既无法执行孩子抚养权，也没有受理变更抚养权之诉。八年以后，男方向检察机关申请检察监督，检察院做出了一份“可以另行起诉”的审查决定，男方遂于第九年再次向原一审法院提起变更抚养权之诉。

这是我国司法实践中颇为悲哀的诉讼个例。一份九年前生效的法律文书沦为一纸空文，权利人的权益一直无法实现，义务人则辗转挪腾，上诉、申诉、起诉、申请抗诉、再起诉，用足用活了所有的诉讼权利，甚至于九年之后，原一审法院还根据上级检察机关的抗诉决定，继续受理“变更抚养关系”诉讼案件。

显然，这起案子的历程，使法律尊严遭到践踏，司法权威受到损害。同时，在当事人滥诉运用到极致时，检察机关仍然为其买单。当然这个话题不在我们的讨论之列。我们要讨论的，是已经成为这种情况的案件应该怎么处理的问题。

对女方而言，赋予自己孩子抚养权的法院判决书在九年时间里没有执行。由于女方无法实现抚养权，抚养费因孩子随男方生活自然无须执行；对男方而言，不执行法院判决没有任何代价，三级法院、检察院还不时为其不执行判决的后果买单，甚至于违反“一事不再理”的法律原则，重复受理变更抚养权之诉。

处理这个案件，根据“一事不再理”的法律原则，应该驳回起诉，因为男方不但不执行法院判决，还不断掀起诉讼，明显属于滥诉。但是，简单地驳回，则男方的申诉肯定会继续，女方的上访也不会停止，问题永远不能圆满解决。

基于此，面对实际问题，要彻底了结这一纠纷，思路就要灵活。在这种情况下，寻找当事人双方利益关系的平衡点，就成为处理纠纷的核心。

孩子抚养权当然是核心，但是这个因素早已固化了，同时，随着孩子逐渐长大，执行九年前的判决似乎也失去了意义。因此，解决的关键，一是认可经过九年时间，抚养权已经既成事实的问题；二是如何补偿女方九年时间没有实际行使抚养权的问题。从实际观之，女方骨肉分离九年之久，生效判决书确定的权益一直虚置，其精神方面的痛苦也是客观存在的。

在这种情况下，平衡双方利益的关键就是：一是让女方放弃抚养权，孩子抚养费用因女方一直没有实际抚养，当然不应该再主张；二是让男方掏点钱，从实用主义角度出发，以九年孩子抚养费的数额为基础，当事人双方协商精神抚慰问题，通过金钱补偿，让女方得到心理慰藉，也让男方感受到拒不执行法院判决的代价。这样，案件方可圆满解决。

寻找利益关系平衡，实际上就是让双方当事人让步和从哪个角度进行补偿的问题。在司法实践中，运用这一方法必须在法律的框架内，遵循四项准则：一是必须认可无法更改的事实，或者一旦更改就会发生更大损害的事实；二是必须具有同情心和同理心，基于法官的良知与公平正义；三是必须理解法的精神，摒弃机械教条的法条主义；四是谁缺什么，急需什么，就补偿什么。这不但是办案的智慧，也是解决问题的最务实的策略。

# 司法改革中的潜规则及其价值考量

## ——以基层法院改革实践为主要考察对象*

【内容提要】司法改革在取得巨大成就的同时，具体运行中有一些措施被虚置、异化，其原因在于基层改革实践中产生并盛行的潜规则。潜规则作为一种异化的程序，隐藏在正式制度的背后，与正当程序结伴而行，没有名分，却能登堂入室；法无正条，却又深入人心。潜规则的表现形态多样，产生原因各异，有观念层面的，也有体制层面的；有工作思路方面的，也有具体措施方面的。对于潜规则的价值，在认识其危害性的同时，不能一概排斥，而应理性评价。本文最后的结论是，为解决实际问题而产生的潜规则，其本身具有一定的补漏与纠偏性质，不宜一概否定；为追求政治效应、刻意创新而形成的潜规则，要慎重反思，思归理性；对于为追求政绩、搞形式主义做花样文章而产生的潜规则，应当坚决纠正并剔除。

【关 键 词】司法改革　基层法院改革实践　潜规则　正当程序　价值判断

---

* 本文是笔者 2018 年提交给全国法院审判专家研讨会的一篇论文，现收录于本书。

## 一、引　言

时至今日，司法改革已经进行了三十年，取得的成就有目共睹。但是，反思三十年的司法改革，仍然存在许多问题，这些问题一直阻碍、制约着改革向纵深发展，使一些改革措施无法落到实处，达不到社会公众的预期。有学者认为：多年来的司法改革，形式大于内容，虚功重于实功[1]。这一判断虽然言过其实，有武断之嫌，但却从侧面反映出司法改革中确实存在一些不容忽视的问题。

立足于基层法院的改革实践，笔者认为，我们的改革取得了巨大成就，但是，确实有一些改革措施在运行中被异化、虚化，从而使公众、学者以及法律工作者对改革产生怀疑甚至动摇。造成这一现象的原因是多方面的，但是其中有一个隐形层次的原因，应该引起我们的高度重视。那就是，在司法改革的运行过程中，有一些规则没有通过制度加以明确，上不了台面，但在实践中却发挥着作用甚至是主导作用，严重影响改革进程。这些因素，有的表现为具体的形态、事件，有的表现为思路、方法，它们常常游离于法律法规和各种规范性文件之外，对改革产生影响，形成制约，用现在的流行话语来说，可称为“潜规则”[2]，即司法改革中的潜规则。

“潜规则”一词，在当代中国的各种场合时常能听到。在大多数情况下，我们将潜规则归为一种破坏社会正常秩序的规则，认为这是一种让人们对社会产生不信任的规则，是一种变相腐败的规则。历史学家吴思

---

[1] 高一飞:《司法改革的中国模式》，法律出版社 2011 年版，第 4 页。

[2] 在网络搜索引擎中输入“潜规则”，可以出现职场潜规则、娱乐圈潜规则、楼市潜规则、大学排行榜潜规则、企业排行榜潜规则等。

认为，中国社会在正式规定的各种制度之外，在种种明文规定的背后，实际存在一种不成文却又获得广泛认可的规矩，恰恰是这种东西，而不是冠冕堂皇的正式规定，支配着现实生活的运行。[1]

诚哉斯言！司法改革在运行的过程中，某些时候、某些方面确有这种情况。

全面描绘并论述司法改革中的潜规则，非笔者所能胜任。笔者在这里仅主要以基层法院改革实践中的一些突出问题为考察对象，对其中的潜规则现象进行归纳梳理，粗浅剖析，以期管中窥豹，抛砖引玉。

## 二、潜规则的表现形态

在司法改革的进程中，潜规则就像一个幽灵，与正当程序相伴而生，结伴而行，以各种形态表现出来。它作为一种异化的程序，所展现出来的效应是巨大的。

### （一）量刑规范化改革中的无限配合、量刑迁就

量刑规范化是司法改革的重要内容，在限制法官自由裁量权、统一裁判尺度方面起到了重要作用。但是，在基层法院的司法实践中，普遍存在遇到棘手问题绕道而行的问题，突出的表现有两个方面。

一是量刑迁就。在诉讼拖延的刑事案件中，如果被告人实际羁押的时间在法院判处时已超过犯罪应当判处的刑期，法院普遍的规则是关押多长时间就判处多长刑期。在这种情况下，量刑规范化规定的一些从轻、从重的比例与基准刑，就会被虚置，办案法官采取估堆的办法，以关押

[1] 吴思:《潜规则：中国历史中的真实游戏》（修订版），复旦大学出版社 2017 年版：自序第 2 页。

的时间为基准，配合公安、检察机关，变通计算。比如，本该判处拘役或六个月有期徒刑，而实际关押了十三个月，这个时候，法院判处的刑期不可能少于十三个月，拘役刑会上升到有期徒刑，六个月有期徒刑也会变通为不少于一年一个月。❶

二是疑罪从无变通为疑罪免罚。我国1996年修订后的《刑事诉讼法》确定了疑罪从无原则。但是，基层法院司法实践中，因疑罪被宣告无罪的判决凤毛麟角，大量的疑罪均作了变通判处。特别是职务类犯罪案件更是普遍。一些事实从疑、证据缺失，又羁押较长时间的案件，法、检两家常常相互协调、沟通，作出变通处理，以避免出现国家赔偿、错案追究的问题。

### （二）多元化纠纷化解背景下的机制创新与形而上学

改革需要创新，需要探索，需要突破一些条条框框，这是常识性概念。但是，在一些基层法院的改革实践中，却存在为追求政绩，搞名词翻新，做花样文章的问题。形式上是创新，实质上是折腾，并形成了一套创新的潜规则，既蒙蔽上级领导机关，又浪费有限的司法资源，似乎只要推出新名词，形成典型材料，通过媒体报道，就成为成功的改革创新。这类创新，其共性是注重理论论证，忽视实践功效，或者对实践中的弊端视而不见，或者弄虚作假寻找实践，依据论证创新的正当性、合理性与实用性，夸大创新功效。

❶ 有学者曾深入司法实践第一线，通过与基层公、检、法人员谈话、调查发现，在某些基层法院有着这样的看法："说实话，法律、法规修改不修改，其实对我们影响不大，我们该怎么办案还是怎么办案。""刑诉法修改前是这样，修改之后到现在，可以说还是这样，基本上没有什么实质性的变化。"李奋飞：《失灵——中国刑事程序的当代命运》，上海三联书店2009年版，第179～185页。

从司法服务领域的改革创新举措来看，长期以来，为了应对诉讼案件数量猛增的现状，消弭信访、上访案件发生，提高工作效率，各地基层法院纷纷推出“三调联动”[1]“诉调对接”[2]“司法确认”[3]“一村一法官”[4]等措施。这些举措，得到最高人民法院肯定后，有些地方的基层法院一刀切，纷纷成立机构，定指标，出经验，与审判主业并列。一些法院将此作为硬指标，层层分解，层层加码，不允许有任何质疑或变通。在这种背景下，形成的潜规则是，一些法院成立专门机构，抽组专人，出材料，填报表，搞文字、数据游戏，以应付检查为终极目标。上级来检查调研，只报喜不报忧，表面上成绩斐然，功效巨大，实际上完全是一个空壳。

以司法确认创新机制为例，2008 年某地法院推出司法确认之时，为了证明司法确认的功效，采取摊派指标的方法，要求当地基层法院每年

---

[1] 三调联动：是指人民调解、司法调解、行政调解三者结合，采用教育、协商、疏导的方法，化解矛盾，把纠纷解决在萌芽状态的机制。该经验 2005 年在湖南湘潭、攸县、郴州等地试点推出，随后全国各基层法院全面推行。

[2] 诉调对接：是指采用诉讼方法与非诉讼方式相衔接，推动矛盾纠纷快捷解决的机制。该措施起源于江苏南通 2003 年的大调解机制。2008 年中央将“建立健全诉讼与非诉讼相衔接的矛盾纠纷调处机制”纳入司法改革部署，经中央批准，于 2009 年 7 月发布《最高人民法院关于建立健全诉讼与非诉讼相衔接的矛盾纠纷解决机制的若干意见》，遂在全国各基层法院推行。

[3] 司法确认：是指对涉及民事权利义务性质的纠纷，经行政组织和其他民间调解组织调解后，双方当事人共同将签署的协议拿到人民法院，申请确认其法律效力的制度。该制度发端于甘肃省定西市法院系统。2009 年 7 月发布的《最高人民法院关于建立健全诉讼与非诉讼相衔接的矛盾纠纷解决机制的若干意见》确认了这一制度，2010 年 8 月全国人大通过的《人民调解法》明确了这一制度。

[4] 一村一法官：是指一个行政村驻一名法官，随时随地解决矛盾纠纷的制度。该制度首创于河南、陕西等地。2012 年 11 月 29 日《西部法制报》报道，“陕西法院‘一村一法官’机制大见成效”。把法庭设在人民群众的生活驻地，设在家门口，法官承诺，“从今天开始，我的身影将会随时出现在大家的视野，或者就在你家的院落里、店铺里，或者就在你行色匆匆的半道上……我们力争当好普及法律的宣传员、矛盾纠纷的排爆员、体察民意的潜水员。”

必须完成司法确认事项几十件、数百件不等。但是，在实际工作中没有这么多的事务。为了完成任务，业务庭就把已经办结的诉讼案件改头换面进行改造；个别基层法院甚至派专人守候到公安交警大队套取公安机关现场处理的交通事故案件，形成案卷材料；更有甚者，某些基层法院全部造假，连申请人、申请事项都进行编造。任务一旦完成，便不了了之。时至今日，该项创新连每年的统计数据也无人问津。

诸如此类的创新，在推出之时都号称功效巨大，可是在媒体宣传、上级检查之后，便销声匿迹。之所以能起到一时的轰动效应，就因为获得了肯定，认为基层可以出经验、出政绩，于是在推出之时热闹非凡，乐此不疲，同声叫好，但最终却难以为继。

### （三）诉讼服务中心建设中的政绩工程与剑走偏锋

建设诉讼服务中心是基层法院改革的重心和亮点。但是，在改革的进程中，一些地方却存在这样的潜规则：一些基层法院将此作为项目建设，重心放在硬件设施建设上，使本来旨在改善司法作风、方便群众诉讼的改革，演变为事实上的工程质量建设。工作重心定位于花费大量的人力物力财力，改造硬件设施。

从实际情况看，各地均投入大量资金修建、改造诉讼服务中心场所，有的地方还硬性规定了建筑面积，要求场地宽敞、装修讲究，各类导诉窗口整齐划一，还规定了编制人员必须达到全院人数的百分比。这样，对外宣传有图片，领导检查有样板，至于实际功效，反而居于次位。❶

---

❶ 关于诉讼服务中心，由于把主要精力放在硬件设施建设上，社会公众及法院内部曾一度这样戏谑：装潢公司的水平，体现诉讼服务中心的水平；装潢工程的质量，代表诉讼服务的质量。

### （四）政治利益驱动下的制度创新

由于在改革这一热门话题之下，积极推行改革能够产生较多的政治效应，这就对个别基层领导者产生了强烈的政治利益驱动。于是，这些基层领导者从获取政治荣誉、捞取个人政治资本的动机出发，把制度创新作为政绩途径，以改革创新之名，行制度设计之实，形成了改革思路上的潜规则：追求轰动效应，挖空心思出经验，推典型，搞名词翻新，甚至明目张胆超出立法界限，创设司法制度。

比如，某地法院创设辩诉交易制度，运用英美法系的“辩诉交易”原则审理刑事案件；[1]一些法院创设“人民陪审团”，[2]将陪审团与合议庭分离，参与庭审，评议案件的事实与证据；一些法院创设“判例法机制”，[3]运用英美普通法系的裁判方法审理案件；等等。

这类创新，尽管创新者宣称“是一种创新的工作机制而不是一种司法制度”，[4]但是，在具体操作方面，都突破了宪法和法律关于我国的审判组织与诉讼原则的界限，实质上是对诉讼制度的修改。

这类完全超越现行法律规定与原则的创新，受到一些地方的推崇。

---

[1] 辩诉交易制度：是英美法系国家的司法制度，指刑事案件提起控诉的检察官为了换取被告人的有罪答辩，提供比原来指控更轻或更少的罪名指控，是被告人争取有利于自己的处理结果与检察官讨价还价的一项司法制度。在我国首创于黑龙江牡丹江市某法院使用“辩诉交易”审理的一件故意伤害案。

[2] 人民陪审团制度：河南、陕西等地作为司法民主的创新举措推出，由人大代表、政协委员及其他党政干部、大学教师组成人民陪审团，行使审判组织的部分职责。人民陪审团参加庭审，但与合议庭分离，发表的意见是合议庭判决时的重要参考。

[3] 判例法机制：判例法是英美法系国家的法律渊源，基本原理是“遵循先例”。近期广东某法院在国内首创“判例法机制”，运用英美法系裁判方式审案，要求当事人提供先例并围绕先例是否应适用于案件进行辩论，在网上引起热议。董柳等：“这个法院火爆了：首试英美法裁判方案审案”，载 http：//wap.ycwb.com/，最后访问日期：2018 年 10 月 10 日。

[4] 省高院请来人民陪审团，载http：//hsb.hsw.cn，最后访问日期：2011年3月5日。

实践中还有一些未经媒体报道的创新举措，大多是华而不实，经不起理论论证与实践检验。或者虎头蛇尾，无生命力；或者昙花一现之后寿终正寝。但是，他们的共同点高度一致：以追求标新立异体现改革魄力，以引起轰动效应体现改革成就。

此外，在法院内设机构改革、法官员额制改革等方面，有的地方存在“上有政策，下有对策”的潜规则。这些潜规则，根植于个别基层法院改革实践的土壤之中，或明或暗，半明半暗，附着于正式制度的背后，没有名分，却能登堂入室；法无正条，却又深入人心。它们以各种形态出现，几乎成为一种常态，有时甚至作为一种领导智慧被推崇，对改革的影响极其深远。

## 三、潜规则的成因透视

基层法院改革实践中的潜规则现象，相对于其他领域更为普遍，导致一些改革措施被架空、虚化、异化。其原因，应该从经济的、社会的、政治的、文化的、人性的、制度的方方面面综合分析。

### （一）经济效益与政治利益双重驱动下的非理性改革动力，是潜规则产生的根源

博登海默认为，在每部法律的背后，都存在一种想要违抗它的张力，这是人的天性使然，根源在于自身利益。[1]一些基层法院改革实践中存在的潜规则问题，正是如此。它是那些基层法院自身利益与基层法院领导者个人利益双重驱使的结果。曾几何时，基层法院由于经费严重短缺，

---

[1] ［美］E. 博登海默:《法理学——法哲学及其方法》，邓正来、姬敬武译，华夏出版社 1987 年版，第 427 页。

便通过主动开发案源，成立“经调中心”“民调中心”，不管审级、专业，抢办经济案件，收取高额的诉讼费用，以缓解财政压力，20 世纪 90 年代中后期的这类乱象，至今仍能让我们记忆犹新。

此后，随着经费困难问题的解决和收取诉讼费用问题的规范，经济利益的动机消失了，政治利益却凸显出来。由于积极推行改革能够产生较高的政治效应，一些基层领导便将改革作为捞取个人政治资本的途径，在亲民、便民方面搞名词翻新，在体制、机制方面搞一鸣惊人，各类创新举措层出不穷，导致了改革进程中大量的非理性色彩，潜规则随机应运而生。一些基层法官的感叹很能说明问题——“由于法院领导出台改革措施时各有目的，因而会遗留很多问题，结果以后的每一次改革都沦为为上一次改革‘补窟窿’，每一位继任院长都要为前任院长的改革措施‘补窟窿’”。[1]

**（二）现行法律制度和改革措施方面的漏洞与瑕疵，为潜规则的产生提供了充分的空间**

我国立法在技术操作环节一直存在漏洞，法院改革在初始阶段处于半自发、半组织状态，以后虽然强化了顶层设计，但是在具体的进程中仍然存在各自为政的问题，而且有些顶层设计本身也存在过于原则与脱离基层实际的情况，导致改革的应然性与实然性不时发生错位现象。[2]在这种情况下，潜规则的出现，客观上反而能够弥补立法与顶层设计的不

---

[1] 万毅:“转折与展望：评中央成立司法改革领导小组”，载《法学》2003 年第 8 期。

[2] 改革的应然性是指改革应当如何进行，实然性是指改革实际怎样进行。李步云:“法的应然与实然”，载《法学研究》1997 年第 2 期。

足，解决一些实际问题。于是，一些基层领导常常在正式规则之外，寻找解决实际问题的途径。这样，潜规则不但应运而生，而且被不断强化巩固。

比如，在涉及人、财、物的具体改革中，高层的规定一般比较原则，对于一些具体事务，只规定大原则，要求各地积极向地方领导机关请示汇报，争取党委领导，人大支持，政府配合……而涉及人、财、物的事项，恰恰是最难协调沟通的，地方也有地方的难处。于是，在具体执行过程中，有的基层法院只能“八仙过海，各显神通”。这样，落实的结果在各地便千差万别，各种潜规则也就大行其道，最终改革措施的虚化与结果的异化也就成为必然。

### （三）我国传统文化中的人治思想、帝王之术，是潜规则运行的热土

潜规则在实质上是一种人治程序。我国传统文化强调贤人政治，认为人的作用最为重要，荀子提出“有治人，无治法”，因此，有学者认为，几千年来，我们缺乏法律神圣、制度崇拜的观念。[1]

自西汉以来，历代帝王，如果觉得制度有碍，便在正式制度之外另搞一套。汉武帝时为了加强皇权，把管理国家的实权由丞相府转移到内廷，在正式制度上，百官仍以丞相为首，但却另由心腹之臣组成侍从皇帝左右的宫廷机构，谓之“内朝”，掌握决策权力，架空丞相，使以丞相为首的中央政府，在实际上退居到执行政务的地位，构成“外朝”。汉武帝之后，霍光辅政，在朝会上明确宣布大将军“治内”，丞相“治外”，正式宣告了内外朝分治，使武帝时的潜规则成为正式

---

[1] 郭建等:《中国法制史》，上海人民出版社 2006 年第二版，第 46 页。

制度。[1]

明朝初期太祖皇帝废除丞相制后，又实行内阁制，最初也是以潜规则的形式出现，到明成祖时虽成定制，但却是以惯例形式起作用，一直有暗箱操作的成分。有明一代，内阁制一直不是成文制度，特别是嘉靖、隆庆、万历三朝，内阁大臣虽无丞相之名，却行丞相之实，严嵩、张居正等内阁大臣，权力甚至超过丞相。[2]

这类人治思维、帝王御臣之术，所谓传统管理中的智慧，其观念在我国社会根深蒂固，一直为我国传统文化所推崇，潜规则也随之应运而生。

**（四）思考维度上存在的急功近利的唯经济主义倾向，是潜规则盛行的温床**

有学者指出，我们的民族在心理上一直存在一种急功近利的唯经济主义躁动，其思考的维度总是热衷于直观的指标，热衷于短平快，以指标和效率论英雄。[3]这种意识，在行政管理与发展经济方面比较突出，在司法改革领域也不例外。

毋庸讳言，我们在司法改革的某些方面，长期以来一直存在一种"大跃进"思维：为了快速改变某种弊端，热衷于大干快上；为了推进某项改革，热衷于轰轰烈烈，习惯于数据化、指标化。这样的愿望当然是良好的，但是在具体工作的进程中，重结果，轻程序，为了达到目标，

[1] 张晋藩、王超:《中国政治制度史》，中国政法大学出版社 1987 年版，第 217 ～ 220 页。

[2] 张晋藩、王超:《中国政治制度史》，中国政法大学出版社 1987 年版，第 630 ～ 632 页。

[3] 赵林:《文明冲突与文化演进》，东方出版社 2006 年版，第 2 页。

常常寻找捷径，在正式规则之外另做文章，最终必然导致改革的异化，达不到目标与效果。

### （五）司法体制高度依赖行政运行管理模式，是潜规则产生的重要因素

在我国，由于受长期以来的一些思想影响，在体制层面，司法的特殊属性一直没有得到应有的重视，司法体制、机制对行政体制具有高度的依赖性与强烈的亲和力，这早已成为一种大众思维。因此，在基层法院的改革进程中，自觉或不自觉地遵循行政的运行管理模式，成为一种心理惯性。

比如，在内设机构改革与法官员额制改革中，总是习惯于套用、对应行政管理的模式与干部待遇，习惯于讲级别。如果与行政级别不对应，社会公众不认可，法院内部与法官本人也难以接受。总是对行政级别割舍不下，成为基层法院机构改革中的一种心痛！在这种情况下，机构改革总是左右观望，小心翼翼，在改革的具体运作中，便会发生通过潜规则实现级别的保留之事。

## 四、潜规则的价值考量及其出路 *

如前所论，潜规则的表现形态多样，产生并运行的原因各异。那么，对于基层法院改革实践中的潜规则如何评价？其出路何在？这是本文要

* 考量，是指思考衡量，本意是对某件事情反复斟酌、不断推敲，深入进行思考、判断。价值一词，来源于经济学，用来表达人们对产品的某种需求或者是对事物的相关评价。从哲学的角度来说，价值是在人们的认识中建立起来的对价值主体行为的主客观评价，有正向的，也有负向的。引自强昌文："论当代中国社会法律的价值基础"，载《安徽大学学报》1999 年第 6 期。本文所指的价值，是对基层法院改革实践中潜规则现象的综合评价。

探讨和解决的核心问题。

有学者认为，司法潜规则的产生和运行是一种腐败，根源于权力的失控。潜规则长期活动于幕后，见不得阳光，是劣币驱逐良币，它促成司法机关和司法者的腐败进而走向群体腐败。[1]司法潜规则抵消了司法改革的成果，使改革成为一种负担。[2]

危言耸听哉斯言！笔者不完全赞同这种观点。

诚然，在正当程序的视野下，潜规则在基层法院改革实践中产生并运行，确实使许多改革措施异化、虚化，影响了改革进程，因此在一定程度上称其为“毒瘤”[3]也不为过。但是，我们必须看到问题的另一面。

从另一个层面来看，基层法院改革实践中的潜规则，是展示我国司法改革生态的绝佳窗口，不能一概斥之为毒瘤，而应该结合历史与现实，科学理性地看待，既不能听之任之，也大可不必谈“潜”色变。

至此，笔者似乎陷入了一种“恶循环”：改革要遵循法律法规及顶层设计规范，这是规则之治，而规则之治的前提是改革本身应当具有较高的规则化；顶层设计是改革运行中普适的规则，改革的规则化必须依凭规则的管束才能实现。但是，实际情况超出了这个轨迹，因为改革实践中塞入了大量的附属产品——潜规则，潜规则本身又不是规则，但却对改革有其独特影响，并寓于改革的整体进程之中。因此，考量潜规则的价值，对规则之治与改革的整体性变迁就显得尤为重要。在这种背景下，非此即彼的结论显然是武断的。

笔者认为，从两个层面，辩证的考量基层改革实践中的潜规则问题，

---

[1] 高一飞:《司法改革的中国模式》，法律出版社 2011 年版，第 255 页。

[2] 谢佑平主编:《司法评论（第二卷）》，中国检察出版社 2011 年版，第 250 页。

[3] 王超:“试论隐性程序”，载《中国刑事法杂志》2002 年第 1 期。

应当成为我们的共识。

一个层面：为解决实际问题而产生的潜规则，具有一定的补漏与纠偏功效，不可一概排斥。

基于解决实际问题产生并运行的潜规则，是顶层设计中改革的理想与基层实践中理想的改革在思路与途径上相互博弈的结果。顶层以理想主义为导向，基层以实用主义为手段。于是，基层从趋利避害的角度出发，运用潜规则规避改革进程中的各种风险，不足为怪。

理想主义导向的正确性毫无疑问，这也是笔者的理想。

但是，实用主义导向也有其价值，这一点必须得到正视。

这里的实用主义概念，并不是有用即真理的传统表述，而是在司法改革的进程中，基层领导在制度与其他的条件制约下，比较几种可能的解决问题的办法，力求寻找一种在特定时空中后果相对合理、收益相对较高、风险相对较低的解决方案。遇到有重大风险的问题，总想绕开，或者说总要积极规避制约的因素，这样，潜规则便应运而生。因而可以说，这种实用主义是“一种努力以思想为武器促成更有效行动的，以未来为导向的工具主义”。❶

从实际观之，基层考虑问题的核心是如何具体落实改革措施，实现具体目标。因此，基层领导在遇到制约因素之时，调动和运用其个人智慧（且不对这种智慧做褒贬），在规则之外运用潜规则解决具体问题，在很多时候具有与正当规则相兼容的相对正当性。基层解决问题往往倾向于结果导向，而不是原则导向；倾向于个体导向，而不是规则导向，其方法具有很强的实用理性，有时关注实质，有时关注形式。用韦伯的术

❶ 苏力：《送法下乡——中国基层司法制度研究》，中国政法大学出版社2002年版，第181页。

语来说，是实质理性的，而不是形式理性的。[1]

比如，量刑迁就与变通的问题，虽然有违司法公正与人民法院独立行使审判权，但基层法院或法官经常会考虑现状，考虑基层公安、检察以及党委、政府的实际情况作出处理。这不是一个制度与原则问题，而是一整套制度与原则问题，同时还必须有一定的社会条件。因此，不能简单地强调法官独立行使审判权或者法官的品行这一个方面，不能将修订一条法律原则视之为实现司法公正的根本途径和唯一保证，更不能将之视为包治百病、立竿见影的灵丹妙药，而是要务实地解决这一问题。

又如，多元化纠纷化解方面的问题，把某一个地方或某些特殊个案具有实践功效的措施，通过下指标、定任务的方式全面铺开，完不成任务就要追责，这实际上是一种“大跃进”思维，问题来自上层的工作思路。在这种情况下，基层出现“上有政策、下有对策”的各种潜规则，也是无奈之举。

另一个层面：为探索改革而刻意创新形成的潜规则，应当慎重反思，回归理性；为追求政绩，弄虚作假搞形式主义的潜规则，必须及时纠正并杜绝。

如前所论，刻意创新中的潜规则，绝大多数不是创新，而是基于政治效应、政绩工程的动机与目的，做花样文章。这类潜规则，或者违反现行立法的原则与精神，或者本身就是花架子，没有任何实践功用，反而让改革变得失去理性并呈现乱象，无论从理论上还是实践上，都没有任何价值。

比如，一些机制性的改革创新，如前述的诉调对接、司法确认等，

---

[1] 韩红强：“形式理性与实质理性的悖论——马克斯·韦伯的法律社会学思想”，载《前沿》2006年第10期。

在理论上是完全正确的，用于解决个别特殊问题，也确有独特的理论价值与实践功效。但是问题的关键是，把个案的价值当作普适价值，全面推行一刀切，搞硬性指标，结果造成有的地方为了出政绩，积极运用行政手段，定指标、定任务，全力推行，最终演变为为了达到目标而搞数据造假；有的地方不得不消极应付，但是为了完成任务只能造假。最终导致支撑这些创新的实践基础成为虚拟。

又如诉讼服务中心建设，其初衷是优化司法服务窗口，方便群众诉讼。但是在运行中却演变为以政绩为导向，并不断扩张其功能，试图通过该项措施解决众多问题，而这些问题，又不可能通过诉讼服务中心解决。在这种情况下，最终只能形成一种结果：那就是除了花费大量经费留下的折腾痕迹外，一切回归到本来的状态。

在这里，还要明确的是，司法的制度性改革，必须在现行立法的框架下，通过顶层设计运行，这是常识。制度创新绝不能与现行法律的精神和原则相悖，前述的辩诉交易、人民陪审团等改革措施，是明目张胆的违法行径，实属不伦不类，与法治国家背道而驰。其隐性的规则，都是标新立异，推典型，出经验，以改革创新之名，行追求政绩之实，哗众取宠，追求轰动效应，对改革的危害极大。这类乱象，已经受到学者的诟病并引起司法实践界的警觉，我们应该深刻反思。[1]

## 五、结束语

至此，笔者自认为已经对基层司法改革实践中的潜规则问题作了一个比较系统的论述。最后的结论是：改革要有实效，必须正视基层实践

---

[1] 汪建成："非驴非马的河南陪审团改革当慎行"，载《法学》2009年第5期。

中的潜规则问题，必须分门别类，考察某些潜规则的合理性，并将其上升为明规则，比如内设机构改革与法官员额制改革方面，必须充分考虑我国社会的现实与大众心理；必须对刻意创新与追求政治效应的政绩工程彻底反思并纠正；否则，基层司法改革就没有生命力。本文的一些观点与结论可能失之偏颇甚至完全错误，但这是笔者经过理性思考后的独立结论。学术探讨作为一家之言，应当秉持不唯上、不唯书、只唯实的宗旨，大胆直言，指陈时弊，以求上达高层，下接众声。古人云：千人之诺诺，不如一士之谔谔。失当之处，期待批评。

**法官札记**

一个基层法院院长的

司法心得

# 第五章

# 读书感悟随笔

书籍能引导我们进入高尚的社会，并结识各个时代的伟大人物。

——斯迈尔斯

# 海瑞与海瑞定理

海瑞是明朝官场上的一面旗帜，更是后世仰视的清官代表。

海瑞举人出身，以骂嘉靖皇帝名震天下。在民间，海瑞是神一般的存在，老百姓称之为海青天、南包公。

明代的官僚极其看重身份，非进士出身万难挤入高层。海瑞从福建南平县的教谕起步仕途，做到了总领江南鱼米之乡的应天巡抚，最后死在南京右都御史正二品的任上，如果没有真才实学和处世的绝招，万难做到。但是，明史对海瑞的记载极为简略,《海瑞传》有一半的篇幅，是海瑞给嘉靖皇帝上的那道空前绝后的奏疏——《直言天下第一事疏》，名满天下而政绩乏善，正史对其褒中有贬，海瑞是个有意思的历史人物。

作为一名法官，我一直搜寻海瑞的司法轨迹，想寻找一些对本职工作有指导意义的东西。我曾读过一些现代学者关于海瑞法律思想的文章，可是大都空洞无物，口号连篇，感到没有什么价值。正史中也找不到关于海瑞司法理念方面有特别价值的资料，散见于民间野史和小说戏曲中的海瑞，又过于高大上，让人无法窥探其司法理念。而一些文人笔记所收集记载的片段，虽然很不完整，则多少能反映一些海瑞关于司法问题的观点。

《大明王朝1566》中，海瑞审讯浙江巡抚郑泌昌、按察使何茂才，展示了高超的办案能力。海瑞抓住贪腐官员的漏洞，思路清晰，语言犀利，逻辑推理严密，运用对手的逻辑错误，击其死穴，办案能力之强确非常人所及，并且牵出了宫廷贪腐的线索，让宫中派驻江南织造局的太监总管杨金水因此而疯癫。可是这是虚构的，无论正史还是民间野史，均没有类似事件的只言片语。显然，这是现代作家的妙笔生花升华出来的理想的海瑞海青天。

见诸正史的海瑞，其凛然正气还是让人敬佩的。他惩戒官二代的冷幽默，尤其使人忍俊不禁，拍案叫绝。总督胡宗宪之子到淳安，驿站工作人员接待不周，惹得胡公子生气，捆打驿吏，海瑞怒斥公子：胡大人巡察地方，一直要求我们不得铺张浪费，今天你如此行装威盛，胡作非为，怎么会是总督大人的公子？打假！随即胡公子被拿下，随身携带的价值数千两银子的财物被没收充公，并向总督书面报告了情况。

读明史每至此，我都极为佩服海大人的胆气，打总督大人公子的屁股没商量，并没收其财物，牛人啊！同时我也一直向胡总督的胸怀致敬，一个封疆大吏，抗倭名将，能坦然面对属下小县令的义正词严和咄咄逼人，感慨啊！

海瑞担任应天巡抚时，颁布了《督抚条约》，第三十六条规定的主要是廉政、节俭方面的内容，也有涉及司法工作的。古代行政官与司法官不分，法典刑民不分，巡抚主政一方，其中一项主要工作就是审理诉讼案件。江南民风好讼，应天巡抚衙门每月初二、十六放告两天，受理诉讼。据说放告日每天来告状的竟有三四千人之多。这么多的案子，由行政主官兼理，海瑞都能不徇私情，快速办理。特别是事关权贵之案，海瑞绝不姑息迁就，为百姓称道，《督抚条约》公开宣布：本院法之所行，不知其为阁老尚书家也，凌害小民，有犯毋贷。

在应天巡抚任内，海瑞办理了大量的农民因借贷抵押土地，无力还贷而丧失土地的案件。根据《大明律》，典当的田产五年内可以用原价赎回，超过五年，则为死当。海瑞为安抚民众，以有利于民为由，发布行政命令，要求把因放贷当死的田产归还原主。这一虽然有利于贫民，但明显破坏契约意识的做法，在当时就颇有争议，毁誉参半。而海瑞也最终因此背上"纵容小民，鱼肉缙绅"的罪名而被罢官。

今天看来，海瑞的这种做法仍然难以定论。从社会大局来看，打击土地兼备，给无地的贫民以生路，似乎符合社会正义，但是，从司法个案来看，从司法的原则、理念来看，又确实存在不遵守契约精神、有违诚实信用原则之嫌。海瑞因此而被诟病，也在情理之中。

现代学者关于海瑞法律思想的总结，我不是很认同，严格执法、不畏权贵、重典治贪等其实算不上海瑞的法律思想，这几乎是当时所有的士大夫都认同秉持的信念，非海瑞所独有。在这个问题上，苏力教授独辟蹊径。

苏力总结了两条海瑞定理，很有意义：

海瑞定理Ⅰ　始终如一地依法公正裁判会减少机会型诉讼。

海瑞定理Ⅱ　在经济资产的两可案件中，无法明晰的产权应配置给经济资产缺乏的人；在文化资产的两可案件中，无法明晰的产权应配置给文化资产丰裕的人。

海瑞定理Ⅰ没有什么价值。在我国古代，滥讼的问题比较严重，一些胥吏与刁民相互勾结，发起诉讼共同获利，对这类寻租型诉讼，通过公正裁判进行遏制，以防止滥讼，应该说，这是所有正直官员的普遍心声。古代官员的第一要务是处理诉讼事务，古人普遍认为，为官不滥受诉讼是很高贵的品性，他们一直致力于从源头上遏止滥讼。蒲松龄在《聊斋志异》《冤狱》篇有一段“异史氏曰”，代表了我国古代官员在司法工作中对待滥讼的主流观点，他说：“讼狱乃居官之首务，培阴骘，灭天理，皆在于此，不可不慎也。一人兴讼，则数农违时；一案既成，则十家荡产，岂故之细哉！余尝谓为官者，不滥受词讼，即是盛德。”海瑞关于滥讼问题的理念，与此是一脉相承的，因此，海瑞定理Ⅰ没有什么特别的司法价值。

海瑞定理Ⅱ则不然。用海瑞自己的话解读，非常有意思。“凡讼之可疑者，与其屈其兄，宁屈其弟；与其屈叔伯，宁屈其侄；与其屈贫民，宁屈富民；与其屈愚直，宁屈刁顽。事在争产，与其屈小民，宁屈乡宦，以救弊也；事在争言貌，与其屈乡宦，宁屈小民，以存体也。”

上述论断的实际价值与现代民法的模糊性原则是契合的，而且极具操作性。其核心是，在真伪不明的情况下，两害相权取其轻。亲情之间的争议，维护长幼有序之纲常，贫穷之间的争议，倾斜于均贫富的价值趋向。在财产问题上，让底层老百姓占些便宜；在人格尊严问题上，维护社会精英阶层的体面。这种让诉讼双方各自牺牲或放弃其富余的或者无关紧要利益的方法，是处理疑案诉讼的智慧之举。需要强调的是，这一理念运用的前提是“疑案”，并不是针对所有案件，事实清楚证据确实充分的案件，那必须严格依法办理。

这一指导如何办理事实不清证据不足案件的操作准则，在海瑞时代就有批评者认为其偏狭，现在则有相当一些学者和司法工作者指责其违背公平正义原则。

我们必须关注海瑞定理Ⅱ在现代社会司法工作中的特殊价值。事实上，只要存在疑案，只要案件事实真的查不清，就一定会存在价值的选择，这个时候，海瑞定理Ⅱ的意义就凸显了。特别是在今天，在信访、上访频繁，诉讼案件爆棚的形势下，海瑞定理Ⅱ极具实用价值。这种形式上看似不公正的做法，能够快速地通过司法手段解决问题并形成权利义务关系的稳定，是我们应当关注并认真研究的。

当然，司法首先要追求公正，但是司法的公正并不像政治伦理哲学论证那样纯粹，其中还夹杂了种种社会考量，如果让争议问题一直悬而不决，其社会负效应并不比个案的不公正小。事实上，司法是实用主义的，不是纯粹主义或本质主义的。

有一个典型的例子可以充分说明海瑞定理Ⅱ的实用价值。1946年，美国著名演员卓别林亲子关系案件，多次亲子鉴定表明，卓别林并非该孩子的父亲，尽管在孩子受孕的那一段时期，卓别林与孩子的母亲有过多次性关系。但是，陪审团最后仍然判决卓别林向该案自称是其儿子的儿童支付抚养费。加州最高法院根据陪审团的判决，向卓别林下达了执行命令，卓别林执行了判决。同时，美国还有许多这类案件的判决，均要求离婚的父亲给其已经离异的妻子在他们婚姻关系存续期间孕育生产，但经亲子鉴定并非丈夫亲生的孩子支付抚养费。在这类显然是“诬诉”的案件中，法院并没有特别关注这类判决对这些“父亲”是否公正，而是更多地考量了孩子以及社会的利益。归根到底，法律的终极原因，是社会的福利，美国法院秉持的理念，与海瑞定理Ⅱ简直是异曲同工。

作为极负盛名的历史人物，人们对海瑞的政治品格、政治才干以及私人品性，一直褒贬不一，对此我不作评价。但是，在民间，海瑞的社会公论一直很高，这当然有老百姓寄托理想的成分，可其内在的闪光成分还是不可低估。明史评价海瑞“秉刚劲之性，戆直自遂，盖可希风汉汲黯、宋包拯，苦节自励，诚为人所难能”。海瑞死后，“小民罢市，丧出江上，白衣冠送者夹岸，酹而哭者百里不绝”。一个与名臣汲黯、包拯齐名并列的历史人物，应该受到关注，而他的司法理念在个案中的价值，今天更应该为我们所汲取。

# 包公与包青天现象

年轻时一直哼唱一句耳熟能详的歌词：“开封有个包青天，铁面无私辨忠奸……”这是20世纪90年代初台湾拍摄的电视古装剧《包青天》主题曲里的歌词。电视剧里的包拯包青天，与传统戏曲中的黑脸包公如出一辙，都是深入人心的青天大老爷，清正廉洁，断案如神，一眼就能分辨出是非忠奸，而且昼断阳间事，夜管阴间鬼，惊堂木一拍，喝一声“大刑伺候”“从实招来”，任何问题都迎刃而解，各种冤屈顷刻明了。包大人高坐大堂之上，其凛凛正气，威严肃杀，鬼神惊悚，坏人俯首，看者无不称快！不管是民间刁顽还是阴间厉鬼，无论是皇亲贵戚还是贪官污吏，在包大人的公堂上，根本无处遁形，难逃法网。

包公的这个形象，几百年来在民间流传、加工，早已成为正义的化身，成为神一样的存在。老百姓在包公身上寄托了各种希望，让他无所不能，让他成为穿透邪恶的一面照妖镜。包青天的形象，真正深入人心，成为一种现象级。我曾在开封市包公祠见到一上访的中年大妈，她在包公塑像前，边跳边唱，又哭又叫，运用豫剧诉说自己的不平，痛斥现在没有了包青天，让包青天的灵牌为其申冤，引得围观的游客不时鼓掌叫好。

但是文学作品中的包公其实是经不起推敲的。我们熟悉的戏曲《铡美案》，秦腔、京剧、豫剧等各个剧种，剧情大致相同，都是包公主持正义，不畏强权，顶住了皇太后和公主的求情干预，用皇帝特赐的铜铡，处死了抛妻弃子、忘恩负义的陈世美，为上访的农家妇女秦香莲申了冤。

我从小看这部戏剧，曾经觉得包公真厉害，铡死陈世美的结果好解气。可是随着年龄增大，阅历和知识的增加，感到剧中的许多情节不可思议。我一直疑惑，陈世美犯的罪行是不是应当处死？北宋的法律是怎么规定的？从秦始皇大一统之后，到大清宣统皇帝退位，我国历朝历代的死刑案件，其核准权一直由皇上直接行使，这应该是常识，所有的杀人案件，只有皇帝朱笔勾决，才有法律效力。和平年代，地方官及中央政府的任何官员，不能擅自处死案犯。但是，包公不经皇帝批准，则直接判决案犯死刑立即执行，而且杀的还是皇帝的女婿，这怎么可能呢？但是，老百姓不管这些，他们只觉得痛快，认为杀得好，至于法律程序之类，根本没有人去关注、思考。

这些疑问，使我逐渐不再喜欢看《铡美案》，甚至对所有涉及包公的戏剧都有了逆反心理，进而挖掘、分析戏剧中的一些细节。我感觉到，戏曲中的包公断案，除了刑讯逼供和先入为主之外，好像再没有什么特点。曾读过《狄公案》，觉得包公与狄仁杰相比差远了，狄仁杰的逻辑推理真是有水平，而包公无论是法理上还是情理上，都表现得既违反逻辑又违背人性，还不符合常识，因此，包公铁面无私是真，公平公正则无，至于断案如神之说，更是虚妄。戏剧中的包公，凡遇到疑难复杂案件，并不是运用自己的智慧，进行调查研究，通过逻辑推理依法依规判断，而是在大刑伺候达不到目的之后，经常求助于鬼神，在睡梦中由鬼神托梦指点迷津，或者采用诱、哄、骗的方式获取真相。比如他智斗庞太师，智擒庞衙内，智提曹国舅，智审和尚案，智解匿尸案，等等，都脱不开装神弄鬼的窠臼，这无论如何与包公青天大老爷的形象都不符。

民间和文学作品中，把包公塑造得近神近妖，为了树立典型，结果搞过了头，效果往往会适得其反。但是包公的青天形象，早已深入人心，成为宋以后历代官员的标杆，是青天里的青天，也成为老百姓的一种寄托。

读正史，则完全颠覆了包公的民间形象，包公非神非妖，反而有血有肉。正史中的包公，虽然不及戏曲中的那么神明高大，但不失为一名优秀的领导干部。

包公名拯，为人至孝。史载包公“少有孝行，闻于乡里”，他考中进士后，被朝廷任命为建昌知县，建昌距离家乡比较远，父母当时年龄偏大，身体不好，包公向朝廷说明理由不去上任，留在家中照顾父母。朝廷体恤下情，就改任包公为和州的税官，可是父母亲不同意，包公便遵父母之命辞官在家，直到二老相继去世，三年守制期满，他才在父老乡亲的多次劝说下，赴天长县担任知县。包公的这种举动，让人感慨不已。一个为了照顾父母，弃官不做的人，是一个真性情的人，也是一个心地善良敬畏天命的人。这种人，比为了工作，顾不上照顾老人，甚至老人去世也顾不上奔丧、一心扑在工作上废寝忘食的人，要靠谱得多、高尚得多。

在天长县，包公办理了著名的“割牛舌案”。《宋史·包拯传》载：有盗割牛舌者，主来诉。拯曰：“第归，杀而鬻之。”寻复有来告私杀牛者，拯曰：“何为割牛舌而又告之？”盗惊服。这起小案件，彰显了他的智慧和能力，也让刚参加工作的包公声名鹊起，之后包公调任端州知州。

包公两袖清风，极重廉洁自律。在端州，包公廉洁自律的品质为人所称道，端州是著名的端砚之产地，宋代文人墨客，极重文房四宝，前几任官员以端砚作为进身之礼，交结权贵，不遗余力。而包公在完成朝廷规定的向皇宫上贡的端砚数量后，没有多拿过一块砚台。一个科举出身的读书人，不但不贪金银，连一块写字用的砚台也能做到不拿一个，真是难能可贵！包公之廉洁自律，确实是发自内心。

包公反对执法过度、问责泛化。包公在工作中真正践行了严于律己、宽以待人。他担任监察御史时，发现一些兼任按察使的官员，为了政绩，专门收集地方官吏的细小过失，向中央上奏弹劾，以标榜自己的工作负责，搞得地方官吏人心惶惶而不能安心工作。于是他就向皇帝建议，直接撤销了按察使这个岗位。历朝历代，总有一些人，一朝权在手，便把令乱行，像如今一些地方出现的“上班喝牛奶被通报”“洗澡未接电话被处分”“马路边买菜被通报”，等等，看似负责任、严执纪，其实是乱作为、胡折腾，是心术不正的整人之举，对工作有百害而无一利。

包公坚持原则、敢于碰硬。包公代理过一年多的开封知府，在京畿之地、天子脚下做知府，虽然位高权重，但人事关系复杂，工作难度和压力可想而知，但是包公“立朝刚毅，贵戚宦官为之敛手，闻者皆惮之”，其工作得到了老百姓的充分肯定，民间赞扬“关节不到，有阎罗老包”。同时，包公也践行了司法为民的宗旨，让老百姓直接到知府大堂打官司，解决了群众告状难的问题。

包公在担任中央政府领导职务时，直言敢谏，做了许多利国利民的事，官做到枢密副使，去世后被朝廷追封为礼部尚书的头衔，谥号孝肃。宋史评价包公：性峭直，恶吏苛刻，务敦厚，虽甚嫉恶，而未尝不推以忠恕也。与人不苟合，不伪辞色悦人，平居无私书，故人、亲党皆绝之。虽贵，衣服、器用、饮食如布衣时。其大意是：包拯性情严峻刚正，非常憎恨严苛刻薄的官吏，做人做事追求忠诚厚道，虽然疾恶如仇，但在具体事务上一直讲求忠恕之道。净化朋友圈、工作圈，不巧言令色取悦人，虽然位高权重，但始终不忘本色，吃穿用度跟做老百姓一样。

包公曾经立下家规：后世子孙仕宦，有犯赃者，不得放归本家，死不得葬大茔中；不从吾志，非吾子孙也。

摒弃戏说，还原真实，包青天现象的正面光辉不可磨灭，作为一种精神财富，其价值是永存的。历史上真实的包公留给我们的精神财富是宝贵的，包公身上表现出的廉洁自律、刚正不阿、疾恶如仇、不畏权贵以及忠恕宽厚的精神，在任何时候，都是极为可贵的。

# 况钟的光芒与马森的闪光点

历史上那些大人物之外的人物，与大人物相比是小人物，但是在普通人眼里，他们仍然是大人物。这些人，身居要职，精明干练，他们身上的闪光点、他们对国家社会的贡献，往往超过大人物。可是，这些人却常常静悄悄地躺在书中，湮没在浩瀚的史海中，不为世人过多地知道。

况钟在明代算不上大人物，但是在民间，况钟光芒四射，声誉极佳，是可与海瑞并肩的青天大老爷。正史中，况钟以治理苏州政绩斐然而闻名。苏州的最高主政官名标青史的极多，如汉代的朱买臣、唐代的白居易、宋代的范仲淹，但是他们的留名，其实是在诗书词赋等领域特有建树，而真正以治理苏州政绩卓著留名的，唯有况钟况大人。

况钟不是科举出身，早年在尚书吕震属下任书吏，因精明强干为吕尚书所重视，明成祖时就被推荐担任礼部郎中。宣德年间，况钟被举荐任苏州知府，上任后惩治奸吏、裁减冗员、减轻赋税、清理积案、平反冤狱，深受老百姓爱戴，被呼为青天。他治理苏州任期届满时，苏州士绅百姓一万余人联名上书留任，皇帝准奏以正三品留任，直至去世。

况钟初任苏州知府时发生的一件小事，足以让我们领略他身上的闪光点。

况钟任苏州知府不久，府衙遭受火灾，几乎所有的文书档案被付之一炬。造成失火的是一名小吏。大火扑灭后，况钟坐在瓦砾堆上，气愤难平，命令痛打小吏一顿鞭子，然后喝令其回家休息。小吏回家后，料定自己死定了，就坐在家里等待太守抓捕治罪。可是况钟却给朝廷上了一道奏章，主动承担了火灾的责任，自请处分，对那名失火的小吏只字未提。之后要求失火的小吏继续上班。其他人问为什么不让小吏承担责任时，况钟说：府衙失火，本来就是知府应负的责任，一名小吏怎么能承担得起呢？知府承担责任，最大也是给予处分，罚没一年的俸禄，小吏承担，则会身陷囹圄，我怎么忍心呢？皇帝看到况钟的奏章后，只下令裁减其俸禄，没有再作其他处理。

作为一方大员，能有如此善良之心，为保全一名小吏而自担责任，现在读来，仍然让人感慨不已！在出现工作失误时，他没有推诿过失，而是主动担责，代下属受过，这种胸襟，是否会令某些即使属于自己的过失，也要推给下属，让下属代其受过，或者下属稍有过失，就小题大做、严加惩罚以示自己原则性强的领导者汗颜？

史载，况钟善于办理疑难复杂案件，且办事效率极高。他治理的苏州，下辖七个县，接任时前任知府遗留了大量的久拖未决案件，这些案件“累年莫决，囚多死于淹禁”，问题相当严重。对于这些积案，况钟不推诿、不拖延，逐一审理，不到一年时间全部结案。明史记载，共审理羁押的各类案犯一千一百二十余名，老百姓称颂况钟为“包龙图复生”。

传统戏曲秦腔《十五贯》，写的就是况钟作为监斩官，复查第二天就要执行死刑的人犯时，发现下属县令办理的因奸杀人案件疑点重重，有重大冤情，遂连夜面见总督，请求停止执行死刑。之后他亲临作案现场，调查取证，从十五贯铜钱的数量上发现蛛丝马迹，从现场勘验中推测出凶手身份、职业，最后装扮成算命先生，智抓真凶娄阿鼠，为受到冤屈的两名青年男女平反昭雪。十五贯的故事，在《三言二拍》中也有类似的故事情节，但写的是南宋时期的事，人物主角是一无名县令，与戏剧《十五贯》大致结构类同，人物情节则各异。在戏曲中，将这个故事嫁接到况钟身上，也是民间通过文学作品惩恶扬善，颂扬况钟的青天形象。另有一篇《况太守断死孩儿》，颂扬的就是况钟“折狱似神”，但故事情节颇为荒诞离奇，况钟是在鬼神的提示下才判明案情的，这反而影响了况青天形象。

况钟在苏州知府任上先后达十三年之久，最后卒于任上。他死后，不但苏州市民痛哭罢市，邻近郡县的士绅民众，也前来吊唁。送葬之日，百姓倾城出动，十里长堤白衣冠两岸，夹舟奠别，隆重至极。一个地方官员，死后让辖区内的百姓如此悲痛爱戴，古今并不多见。当时的文人李孟吉对况钟评价极高，认为况钟“德比范忠宣，威同包孝肃”。此后在苏州沧浪亭内况钟的砖刻画像下，刻有“法行民乐，任留秩迁，青天之誉，公无愧焉”的颂词，至今仍清晰可见。《明史·况钟传》评价：况钟锄豪强，植良善，民奉之若神；刚正廉洁，孜孜爱民，前后守苏州者莫能及。

民间一直将况钟与海瑞、包拯并列，称之为“三大清官”，可是在老百姓的口碑中，况钟的名气其实是低于海瑞、包拯的，特别是与况钟同时代但稍晚于况钟的海瑞，在当时就是清官的一面旗帜，让人景仰。但是，就对社会的实际贡献而言，海瑞远远不及况钟，而论人品才干，无论从他们同时代人的评价还是从实际情况看，况钟也是高于海瑞的，明史称况钟为能臣干吏，是中肯的，名实相符。其实，一个社会，更需要况钟这种务实的官员。

况钟之后，明代还有一个人物，名叫马森，他官居大理寺卿、户部尚书，就职务而言，马森高于况钟，但就贡献与名气而言，又低于况钟，他仍然属于大人物之外的人物。

马森字孔养，科举出身，嘉靖十四年进士。马森的身上没有多大的光芒，但是，却有让人感叹的闪光点。

马森办理婚姻家庭纠纷案件很有一套，他任太平知府时，处理兄弟争讼案件极有特色。有兄弟二人因田产提起诉讼，马森受理案件后，便命人取来一面大镜子，让兄弟二人坐在镜子前，长时间看着镜子里的自己及对方，同时又将其父亲的画像置于镜前对着他们。过了许久，对兄弟二人说：你们两个人都垂垂老矣，好好看看自己，怎么可以因为钱财损害兄弟之间的情义呢？兄弟二人看着镜子里的自己，五官相似，两鬓均已斑白，再看看父亲画像，一下子触动亲情，泪如雨下，感慨万千。最后，兄弟二人握手言和，撤回诉讼，拜谢马森而回。

儒家思想的最高境界是无讼，信奉性本善。马森运用亲情的力量，让诉讼的两兄弟唤回人性之善，摒弃人性之恶，达到和好息讼，这种理念，对现在办理案件仍然具有一定的参考价值。

马森也是一个正义在心、不徇私情的人。他担任江西按察使，在任上办理了江西的一起官员杀妻案，在当时的官场极具震慑力。

当时有一位进士出身的官员，违反规定豢养外室，特别恶劣的是，为了讨好外室竟然杀死自己的妻子。其他的官员因为同僚的缘故，一直徇情包庇关照，没有人揭开这个盖子。死者的亲属将诉状递交马森，马森阅后勃然大怒，斥责其他官员徇情枉法，他充分行使按察使的司法职责，按照大明律处死了这位进士官员，让同僚震惊，百姓称快。

无原则地徇私情关照同僚，一直是明清时代的官场陋习，但是马森能破除陋习，主持正义，在那个时代是难能可贵的。

由于马森熟悉大明律法，敢于碰硬，屡决疑狱，他很快被调任大理寺卿。明代的大理寺与刑部、都察院合称“三法司”，共同行使中央最高司法机关的职权，三法司地位一样，职责各有不同。刑部掌管天下刑事案件，都察院掌管稽查纠察，大理寺负责复核驳正，是刑事案件的最后一道防线。任何刑事案件，未经大理寺审核复查，均不能向下发送。马森在大理寺卿的岗位上，多次驳回事实不清、证据不足的一些案件，也平反了许多冤假错案，赢得了很高的社会评价，与当时的刑部尚书郑晓、都御史周廷共称为“三平”，意为三个坚持正义、平之如水的最高司法机关领导干部。

马森的人品、才干和声望，引起了当时一些权贵的关注。他曾担任过科举考试的主考官，因而有许多学生。其中有个学生是当时的内阁首辅夏言的女婿，这位学生一直要介绍老师去拜见首辅，可是马森婉言谢绝了学生的好意。夏言的政敌、内阁次辅严嵩知道了马森不愿拜见夏言的事，极为高兴，以为有机可乘，托人拉拢马森欲为己所用，但马森仍然不为所动，绝不攀附严嵩。

人品高雅，不攀附权贵，这是马森身上最闪光的亮点。古往今来，身在官场的一些人，经常挖空心思，携带重金，千方百计打探，寻找门路结交权贵，以求官升一级，甚至不惜丧失人格，放弃尊严，可是马森却将在别人看来求之不得的绝佳晋升机会视如敝屣，或婉言谢绝，或不屑一顾，这种冰清玉洁的品格，真是令人钦佩！孔子曰：君子不党；又曰：君子如玉。这不就是在说马森马孔养吗？

# 黄光升的智慧与嘉靖帝的底线

大明嘉靖四十五年，户部云南司主事海瑞向皇帝呈递了那份在当时让朝野目瞪口呆又欢呼雀跃的奏章——《治安疏》，嘉靖皇帝怒不可遏，立即逮捕海瑞，准备从重从快予以严惩。

当时的大明朝廷，徐阶主持内阁工作。这位扳倒权臣严嵩的名臣首辅，是赞同言论自由的。海瑞骂皇帝，指斥时弊，可谓切中时政要害，以徐阶为首的当权派，在内心对他完全认同。虽然皇帝很生气，后果有点严重，但是，有徐阶的周旋，天并没有塌下来，海瑞被关进刑部监狱。

忤逆皇帝的钦犯没有交给锦衣卫或东厂西厂，而是交给国家司法机关刑部，这就意味着，这起惊天大案要走法定程序了。这是海瑞的幸运，也是皇帝的雅量。

于是，这起大要案的办理就落到刑部尚书黄光升的肩上。

黄光升是嘉靖三年的进士，与首辅徐阶三观相同，私交甚笃。他在地方上任职多年后，由徐阶推荐进入中央国家机关，任刑部尚书，是徐阶路线的坚定支持者。海瑞案件，放在历朝历代，都会重处，但是在大明嘉靖朝，情况却有些特殊。黄光升办理此案，必须考虑四个方面的因素。

一是首辅徐阶的态度。徐阶的态度很明确，无论是为了自己的名声，还是为了正义，他一直力救海瑞，在皇帝面前多方周旋，疏导皇帝的情绪，极力淡化案件的性质，防止了该案件的上纲上线和政治化，使海瑞案件在皇帝的心里成为一个孤立的个案，把该案定性为一个为邀直名草率上书的小官，一时心血来潮的耿直、莽撞行为，这种出于自私的动机实施的行为，并没有什么后台。徐阶的态度代表内阁的态度，海瑞案件的处理最终要由内阁拟旨，因此内阁对海瑞案的看法至关重要。

二是社会舆情。明朝是一个重视舆论的朝代，海瑞上书后，当时的文官集团以及社会各界交口称赞，以徐阶为首的文官团体高度团结，力挺海瑞，形成了强大的舆论压力。

三是皇帝的态度。海瑞上书后，起初嘉靖帝勃然大怒，但是听说海瑞“买棺材，别妻子，散童仆，以死上疏”之后，竟然沉默无语，叹息再三。之后把海瑞的奏章留在宫中数月，不交给朝廷讨论，还说:“此人可与比干相比，但朕不是殷纣王。”比干是殷商时的大臣，因进谏被殷纣王挖心处死，留名千古，而殷纣王亦以残暴著称，成为后世几千年来暴君、昏君的代名词。皇帝的这种态度，说明对海瑞如何处罚，他的内心是矛盾的。处死海瑞尽管可以出一口恶气，但是让后世将自己比作殷纣王，实在太丢脸。他不是一个暴君、昏君，他要树立一个有容人之量，能采纳逆耳之言的明君形象。皇帝的犹豫、沉默以及叹息，似乎在向各方传递一个信息，海瑞不会受到重罚。

四是百官的态度。明代的风尚，凡是向皇帝进谏言的，无不受到百官称赞，海瑞上疏骂皇帝，一时成为百官的榜样，大家纷纷伸出援助之手。有一个官员听到皇帝犹豫叹息的态度，揣测皇帝不会杀海瑞，便写了一道要求释放海瑞的奏章。可是皇帝看到奏章后，立即对这位官员给予了惩处，不但进行了廷杖，而且罢官流放。于是，百官再不敢表明态度，只对海瑞给予暗中支持。

在这种背景下，作为刑部的当家人，黄光升充分运用了自己的智慧，他审时度势，利用皇帝犹豫不决、患得患失的心理，将海瑞上疏批评皇帝比拟子骂父律，判处绞刑上报。

这是一份极具智慧的判决，让嘉靖皇帝在海瑞案件上进退失据，无法表明态度，只能将刑部的判决继续留中不发，保持沉默。不久之后，随着嘉靖皇帝龙御宾天，海瑞便被顺理成章地释放。

黄光升的智慧在于轻罪重判，将难题抛给皇帝，让皇帝处在二难推理之中，最终难以表态。

首先，撇清了海瑞恶毒攻击的动机和目的。黄光升查明海瑞没有任何政治上的反动性，不存在结党营私，没有搞团团伙伙，更不存在阴谋夺权。他只不过是出于热爱皇帝的忠诚心理，讲了一些言语比较激烈的话而已。

其次，该案法无明文。海瑞的行为在《大明律》中找不到合适的罪名，而且从洪武时期开始，太祖皇帝一直鼓励大臣对皇帝知无不言，因而让人说话，天塌不下来。

最后，该案只能比拟科刑。《大明律》中没有正式定罪的条款，但是骂了皇帝，必须承担责任，予以处罚，在这种情况下，只能类推。根据海瑞的行为，在《大明律》中最相类似的条款，就是“子骂父律”，比照该条款，考虑到海瑞骂的是皇帝，故从重处罚，处以绞刑。

嘉靖皇帝接到这样的判决，陷入进退维谷之中。

一是如果海瑞的案件没有政治目的，那么比拟子骂父律，在定性上是准确的。

二是既然是儿子骂父亲，那就是一家子的事情，属于人民内部矛盾，排除了敌我矛盾。

三是将一个儿子骂父亲的人民内部矛盾处以死刑，显然属于暴虐行为，处罚太重。一个贤明、仁慈的父亲不会因此而处死儿子，而应该以教育为目的，惩前毖后，治病救人。

以嘉靖皇帝的睿智，肯定能感觉到，这是黄光升要救海瑞下的套，他实际上认可这个套，但是要直接无罪开释，他却咽不下这口气；以黄光升的聪明，他明白，如果判处流放之类的轻刑，皇帝肯定批准，但是他不，他就要判决绞刑。他清楚地知道，皇帝不会批准。

嘉靖不批准这个判决，也说明这个皇帝还是有底线意识的，他不会因为暴怒而乱杀人，理由不充分的死刑他不批准，轻罪重判在他面前也过不了关。

因这份骂皇帝的《治安疏》而名满天下的海瑞，最后不但没有被处死，反而在嘉靖宾天隆庆登基之后，被无罪开释，委以重任，开启了一段辉煌而短暂的主政一方的仕途生涯。海瑞的这个结局，当然还有当时的其他因素，但是，刑部尚书黄光升的智慧是关键因素，同时，最根本的原因、决定性的因素，还是有底线的嘉靖皇帝。因此可以说，成就海瑞成为一代名臣的，是嘉靖皇帝。

# 国法之外，兼顾天理人情

在办理司法案件的过程中，如何做到国法与天理人情的结合，是一大难题。我国古代从汉武帝时代开始，推崇春秋决狱，以儒家经典的春秋大义作为判案的依据，虽然使法律的严格执行受到冲击，为后世所诟病，但是在天理国法人情的结合方面，还是具有积极意义的。今天，我们在法治国家的进程中，在力求严格依法的背景下，借鉴古人在国法之外兼顾天理人情的思路与理念，对于促进个案的公平正义大有裨益。

《驳案汇编》记载，清乾隆年间，在浙江乌程县发生了一起兄长强奸弟媳，被弟弟打死，之后火化埋葬的案件。一审、二审以及重新审理的整个过程，和办案官员的办案思路与理念，对于我们今天处理案件，仍然很有启迪。

闵三娶妻倪氏，长期与胞兄闵廷公共同生活，家庭关系融洽。乾隆十三年六月初二日五更时分，天还未亮，闵三出门去地里查看庄稼长势，妻子倪氏亦起床到另一间房里饲养桑蚕。闵廷公见状，顿起奸淫弟媳之意，遂裸露下身，悄悄到养蚕房抱住弟媳，要求发生性关系，倪氏抗拒不从，大声喊叫。在双方互相撕扯中，闵廷公抓伤倪氏的身体并扯断裤带，在此危急时刻，闵三恰好返回，他赶到养蚕房，拾起一块石头，击中闵廷公左太阳穴，致其流血倒地。闵三取灯照看，见兄长头部流血已经昏迷。遂叫来邻居闵某一同救治，但终因闵廷公伤重失血过多，救治无效死亡。闵三害怕追究罪责，就对外谎称兄长中暑，因病身亡，然后买棺收殓，雇人抬至野外田间烧化掩埋。不久，闵三的行为被人告发，知县查明了全部事实真相。

我们来分析这个案件。

案件的起因：闵廷公丧失人伦，见胞弟外出，弟媳独处蚕房，遂产生奸淫邪念，并着手实施，与弟媳发生撕扯。

作案的环境：五更时分，养蚕房，油灯盏置于地上，灯光昏暗。

案件的情节：闵廷公着手实施强奸，并撕断弟媳裤带，抓伤胸部；闵三从地里回家，大门未关，听到妻子喊叫声后跑到养蚕房，闵廷公正在撕扯搂抱弟媳，未发觉弟弟回来；闵三匆忙中拾起一块石头，击打到闵廷公左太阳穴，致其流血倒地，经救治无效死亡，遂烧化尸棺埋葬。

案件的证据：闵三夫妻和事后来现场的邻居，以及抬棺的证人，他们的供证都很稳定；尸棺虽已烧化，但骨殖存在，没有毁坏。

适用的法律：《大清律》本夫于奸所获奸，登时杀死者勿论；卑幼不得杀尊长，犯则依故杀律科罪；凡卑幼致死尊长，事关服制，应从本律者，各按本律定拟；本应罪重，而犯时不知者以凡论；毁弃缌麻以上尊长死尸者，斩监候。

一审定罪量刑：闵三打死胞兄，服制攸关，按本律定拟，烧尸轻罪应予免除，最后以故意杀死胞兄定罪，判处凌迟之刑。

一审判决后，逐级上报到刑部。刑部对一审认定的事实、证据均认同，但是对定性和处理结果有异议。

刑部审查后认为，按照大清律，与人通奸而本夫于奸所获奸，登时杀死者勿论；还规定，卑幼不得杀尊长，犯则以故杀律科罪；又规定，本应罪重而犯时不知者，以凡论。本案闵廷公系闵三胞兄，闵三于五更时赴田看秧，妻倪氏起而饲蚕，闵廷公见弟媳独处，顿萌淫念，裸露下体搂抱图奸，倪氏不从拒喊，恰逢闵三回归听见，赶去蚕房救助，见其妻被人搂抱图奸，一时忿激，情迫仓皇，又值灯远昏暗，不暇详视，未曾认系胞兄，拾石掷殴，致将闵廷公误伤殒命。细阅案情，闵廷公之强奸弟媳已干内乱之条，闵三回归惊见，忿激之际惟知获奸，实不知为胞兄。按其情节，实系犯时不知，因而不能依照“卑幼杀尊长”的条文定性。一审既认定了闵三作案时不知是胞兄，又将其按照“故杀胞兄”的罪名处以凌迟之刑，前后失据，情罪不符。总之，本案事实寸磔，不能草率结案，应该发回重新审理，妥善定罪量刑。最后，刑部以事实相互矛盾，证据不充分为由驳回。

知县重新审理后认为，闵三自田归家，惊见有人抱妻图奸，灯远昏暗，不暇详视，一时忿激，拾石掷打，不料乃为其兄，以致误伤殒命。按照律条，本夫于奸所获奸，登时杀死者勿论；又规定，本应罪重而犯时不知者，以凡论。本案闵三因捕奸而误伤胞兄，实系“犯时不知”，应照律勿论；其烧化尸棺，原图便于掩埋，骨殖现存，并非惨毁可比，但匿不报官，应按照律条从重处罚，杖八十。

重新审理的结果上报后，刑部复查认为，根据律条“本应罪重，而犯时不知者，以凡论”，“凡人奸所获奸，登时杀死者勿论”，“毁弃缌麻以上尊长死尸者，斩监候”等规定，本案闵三因其兄闵廷公拉奸妻倪氏，闵三自外至，实闻妻喊叫，即从拉奸之人背后用石一击致毙，按律定拟，自属“犯时不知”，及殴死之后知其是兄，竟敢希图灭迹，用火烧化，故不能仅按照“匿不报官”处以杖刑。闵三火化其兄尸棺的行为，与毁弃尸体还是有区别的，且其兄强污弟媳，罪在不宥，故闵三应比照“毁弃缌麻以上尊长死尸者，斩”的规定，减一等处罚，杖一百，流放三千里，至配所折责四十板。

该判决意见上报皇帝后，皇帝批准了。

这个案子的一审、二审以及重审、终审，实在是太有意思了。对于一个小小的老百姓的案子，从县衙到刑部大堂，对于案件事实与法律适用反复推敲，使认识越来越明确，最终做出了国法天理人情达到完美结合的判决，彰显了司法的温情与实质正义。

一审最初的审理思路是：虽然法律规定丈夫在奸淫的场所抓获奸夫奸妇，当场杀死不以犯罪论处，但是本案属于弟弟打死兄长，首先应该适用“卑幼杀死尊长”的条款，以故意杀死胞兄定罪，凌迟处死；火烧尸体属于轻罪，不予处罚。

刑部审查时的思路是：首先，本案是现场杀奸，应以不论罪为原则；其次，本案确实是弟弟打死兄长，属于卑幼杀死尊长，但是该条款有例外规定，即“本应罪重而犯时不知者，以凡论”。本案事实清楚地表明，闵三在情急之中奔赴现场救妻子，眼中看到的只是强奸之人，根本不知道是自己兄长，在一击倒地之后才看清是兄长，故应适用例外条款，属于“犯时不知者”，应按照一般情况论处，不能认定为弟弟故意杀死兄长，而应该认定为“奸所获奸，登时杀死者勿论”的情况。

两相比较，一审最初在认定闵三“不知其兄，误伤殒命”的情况下，又按照卑幼致死尊长的罪名处以凌迟，他们的逻辑是：虽然没有认清，但兄长是真兄长，因而必须以卑幼杀尊长论。这明显属于法律理解与逻辑认识上的错误，最终导致适用法律错误，量刑过重，且没有适用例外条款，刑部发现并指出了错误的症结所在。发回重新审理以后，一审对于主要犯罪事实在适用法律上虽然正确，但是对于火烧尸体之行为又有所忽视，导致量刑太轻，因而仍然存在认识上的偏差。而刑部则在完全认可一审案件事实的情况下，充分运用逻辑推理，做出了符合律条和案件实际的判决。

这个案子，从一审到终审，都认定弟弟在击打时没有认出哥哥，上上下下也都是在这个背景下讨论罪与罚的问题。其实，弟弟在击打时是否认出了哥哥，才是本案事实的核心问题，可惜这个问题似乎没有被关注过。显然，如果没有认出，就是“犯时不知者”；如果认出了，则属于“卑幼杀尊长”。

同时，正是这一完全没有争议的问题，才是本案需要进一步讨论的关键所在。

关于这个问题，绝不是疏忽，也并非事实清楚无可怀疑，而是从上到下都是选择性失明。

按照常理，作为朝夕相处一起生活的亲属，就算是在紧急情况下，就算是在人的身后，且天未大亮，灯远昏暗，但是在五更天查看庄稼长势返回的时间段，一个弟弟在近距离竟然认不出哥哥，这可能吗？这无论如何也是有悖常理的！而对这一有悖常理的情节，从一审到刑部再到皇帝，却无人质疑，这说明了什么呢？

这说明，这个事实大家都是心知肚明、心照不宣的。大家都知道，但是谁也不说破。这正是春秋大义，是人性的良知，是天理国法人情的结合点，这不算枉法。

那么，这个结果的合理推测只能是，哥哥太混蛋了，让弟弟抵命太冤，而且，如果以命相抵，这一家人会覆案绝祀，这在古人看来是违背天理的不道德行为，是极为严重的问题。于是，从上到下都认可了弟弟没有认出哥哥的说法。但是，如果单纯按照不知者不为罪论处，对弟弟不予惩罚，似乎又有纵容之嫌，毕竟是弟弟真的打死了哥哥，兄弟之间的服制又很重，因此就按照弟弟未经报官私自埋葬哥哥尸体的轻罪加以惩戒，让各方面都能说得过去，以寻找一种平衡，这是司法人员的智慧。在这里，天理国法人情得到了完美结合。

我国有句古话，“救生不救死”，从本案的实际情况看，这一家人已经很悲惨了，如果在处理案件时，官府真的神目如电铁面无私，那么结果就太残酷了。哥哥死了，弟弟以卑幼杀尊长之罪再被凌迟，已毁名节的女人或再嫁或寻短见……这是赶尽杀绝的节奏啊！如果这样，严肃执法的意义何在？正是基于这个原因，在弟弟是否认出哥哥这个关键问题上，大家都选择性失明，揣着明白装糊涂。这也是人性的善良、司法的温情。

司法中有一种恶，往往是在正义的框架内，在依法的名义下，打着正义的旗号进行的，这是禁锢在法条主义桎梏中的教条。历史上的一些酷吏就是这样，他们貌似讲政治、讲原则，廉洁自律，追求公正，但是他们放大了人性的恶，他们在铁面无私的下面蕴藏着人性的冷酷无情，结果既背离天理，又罔顾人情，其危害丝毫不亚于贪赃枉法与徇私枉法者。而这个案子的最终处理，避免了正义旗帜下有可能出现的恶，彰显了温性与善良，这种原则性与灵活性的结合，是我们今天应当学习体会的。同时，必须明确，这种饱含温情与智慧的灵活性，必须控制得当，不能任其泛滥，从一个极端走向另一个极端。如果打着兼顾天理人情的旗号，恣意妄为，则会沦为司法人员出入人罪寻租腐败的技巧，其后果也是灾难性的。

# 法本原情，刑罚人道

清朝乾隆时纪昀所著的《阅微草堂笔记》是一部笔记体小说，其内容主要是收辑各种狐神鬼仙、因果报应、劝善惩恶等方面流传的乡野怪谭，或是作者亲身经历的奇情轶事。其记述若真若假，但事理清晰，以理是非，以明因果，隽思妙语、质朴简淡。笔者喜读古人随笔，尤其关注其涉及的法理情节，这类事例，时至今日，对当代法官判断是非曲直，处理具体案件仍有借鉴意义。

案例一：某乡一寡妇，家财丰裕，十分富有。其子病亡不久，寡妇突然亲率数十个仆妇，闯入邻村某户人家，劫走其小姐，然后分乘四辆车，分路逃亡，不知所向。事发极为突然，小姐家中和左邻右舍都不知其所以然。如果说这是寻衅滋事的话，两家素不往来，亦无恩怨；如果说是抢婚的话，则既无婚约，寡妇的儿子又病亡。所以大家都感到非常奇怪。女方家向官府报案后，官府立即发出通缉令抓捕，但忙碌多日，寡妇杳无音信。不久，官府抓捕了几个仆妇，经反复询问，有一人招供："寡妇的儿子临终前，寡妇很悲伤，对儿子叹息道：'你死了也是天命啊！人力不可挽回。只可惜没有留下血脉，祖先由谁人祭祀呢？'儿子呻吟不已，气息奄奄之际，吐露了一桩天大的秘密：'我长期以来与邻村某小姐有私情，小姐现在已怀孕八个月，孩子不久就会出生，只恐怕出生后被遗弃死亡啊！’儿子死后，寡妇寝食不安，思虑谋划。十几天之后，就有此惊人的行动，其目的是劫走小姐，保胎续后。”知府听后感叹良久，遂下令：“停止缉捕。”其他人问是什么原因？知府说：“过两三个月寡妇肯定自己回来投案自首。”三个月后，寡妇果然回来，抱着孙子自首。知府问明情况，仅判杖责、纳赎。即打一顿板子，给女方家经济补偿。

该案案情重大，性质为入室劫人。明清之时，入室劫人为重罪，主犯可斩立决，但是本案判决结果与法律规定相距甚远，而社会舆论却支持官府判决，受害人一方也服判息诉。其原因在于，古人以百善孝为先，孝居于各种德行之首。以孝为目的的各种行为包括犯罪行为，除谋逆大罪之外，均可法外开恩。为了承续宗祧而入室劫人，其目的是家族后继有人，这在当时被认为是最大的孝，因为不孝有三，无后为大。在孝面前，法律禁止的男女奸情、入室劫人等都要让路，因而官府对寡妇的犯罪行为网开一面，社会公众普遍予以认可，在法律上也体现了儒家“法本原情”的理念和原则，这是办理案件注重社会效果的范例。

该案案情不在情理之中，故必有隐情；判决结果在法律之外，却在情理之中。知府办此案，没有机械教条地执行法律，而是根据当时的法理精神，融天理、国法、人情于一体，法外容情，现在看来，仍然感到法律之外的温馨。

案例二：安定县有两个十六七岁的少男少女，一同到县衙告状。少男陈述：女子是其童养媳，父母去世后，女方要抛弃他另嫁他人。少女陈述：她与男子是同胞兄妹，父母去世后，男子要霸占她做妻子。县令无法判明真伪，遂进行调查取证。群众反映，这两个男女的父母是流浪的乞丐，经常变换迁徙，不知道是哪里人氏，也弄不清该男女的真实身份。向同行的乞丐调查，乞丐们回答道：“他们到此才几天时间，父母就死去了，不知道是怎么回事，只听到平时少男少女以兄妹相称。但是贫寒人家的童养媳，按惯例与未婚夫也称兄妹或姐弟，所以难以区分真假。”拖延了许久，县令认为：本案事实不明，实在难以确保没有错误。在这种情况下，判决婚约不成立所发生的错误，不过是失误毁坏了婚姻；而判决婚约成立所发生的错误，则是天理人伦失序，事体极大。前者失小，后者失大，两害相权取其轻。于是推定男女双方属同胞兄妹，判决婚约不成立。

该案的判决结果是我国古代运用民法上的模糊规则进行判断的范例。在案件事实根本无法查清的情况下，在假设的判决结果有可能引起的危害程度和其产生的社会效果中进行取舍，以求把不公正降到最低。模糊规则之下，运用形式逻辑推理，以情理人伦为大前提进行判断，社会效果和法律效果最佳。

案例三：姚安公担任刑部尚书时，当时的织造海保因为犯罪被抄家。晚上由三名军士看守海保的宅院，住宅有房屋几百间。在一个风雪之夜，三名军士关上房门，在寝室饮酒取暖，都喝得酩酊大醉。其间不小心扑灭了灯火，三个人便乘醉相互斗殴，直到半夜疲倦不堪睡下。天亮时，发现一人死亡，其他两人也重伤。刑部审讯时，二人都供述共同打死另一人，愿意偿命，绝无怨言。如果单纯按照当时罪由供定的原则，也可以定罪结案。但是审理者认为：酒后黑暗之中，任何一人感觉有扭打自己的就还击，是互殴乱打，根本分不清究竟怎么殴打，谁打了谁。即使死者复生进行对质，三个人也说不清楚，因而难以定案。拖延了一个月后，受伤的二人中又死了一人，案子更加查不清了。于是，刑部尚书姚安公判决：本案如随意认定一人是凶手，也是可以的，但人命关天，不可草率，现有证据只是重伤者两人的供词，再无任何证据，也查不到任何证据，如果认定活着的这一个人是凶手，有可能是冤案。故对这名军士无罪开释。

在证据不足的情况下，古人依据“罪疑惟轻，功疑惟重”和“与其杀不辜，宁失不经”的儒家经典理论判案，对我们今天有重要的启迪。

案例四：姚安公担任刑部江苏司郎中时，办理了一件少年强奸未遂案。男子 16 岁，女子 14 岁。男子在外游玩时，路过一菜园，见一女子采摘蔬菜，便产生了奸污动机，随即进入菜园调戏相逼威胁，并准备奸污。女子大声呼救，正在街道巡逻的兵丁听到呼救声，赶到菜园当场抓住男子扭送到官府。正在审讯时，男女双方的父母同时向官府提交书面材料，声称男女双方属未婚夫妻，婚书、媒证俱全，因为互不认识才发生了误会，要求官府明察。女子随后也改变了陈述，声称他们是互开玩笑，不属于强奸。姚安公问明情况后，只对男子进行了训诫然后释放回家。事后有人检举：“这个案件是女子的父母收受重賂，女子亦喜爱男子家财丰裕，因而提供伪证私下和解，应当依法从重惩处男子的犯罪行为。”姚安公认为：“这件事在两可之间，不易决断。即使他们贿赂串通，也和那些杀死人命、沉冤地下的案情有重大区别。目前，其奸未成无可验，其贿无据难以质。双方父母都陈述一致，女子又声称是开玩笑，还有媒妁的证词，社会公众也没有异议，即使当初真的是奸污，双方真的贿和案件，我们又何必强行判决让一个少年男子去流放充军服刑，让一个少女蒙羞无颜做人呢？”于是驳回检举，对男子无罪释放，听任男女双方私下和解。

这又是一起法亦容情的典型判例，刑罚人道化在这个案子中体现得淋漓尽致。从实际情况看，该案确属一起强奸未遂案，而且是巡逻的兵丁现场抓获扭送，证据确实充分。但是，案发之后，男女双方反应迅速，很快达成和解协议，并缔结了婚约，女子又及时翻供。在这种情况下，如果执法者机械地执行法律，死守教条，法不容情，以强奸未遂判处男子，使一方服刑、另一方名誉受损，必然给两个家庭带来灾难，法律的社会价值丝毫得不到体现。而和解并缔结婚姻，对双方都有利，对社会也没有什么危害性。所以，姚安公以“奸未成无可验，贿无据难以质”为由，听任双方和解，既合天理，又近人情，形式要件上亦不违背法律，这种处理案件的智慧和思维方式，确实值得我们在审判工作中学习思考并认真借鉴！

# 错讹脱漏的两类法律常识问题

有时候，越简单的问题越容易犯错，而且错误会被普遍忽略，并以讹传讹，习以为常。

有些属于常识性的法律问题，普通民众搞不清楚，经常犯错，司法人员也似是而非，不知其所以然。比如法人、法定代表人、法人代表；又比如过错责任、过错推定责任、无过错责任、公平责任。有感于在工作和生活中经常会面对这些错误，因而觉得有必要普及这些常识，以正视听。

## 一、关于法人、法定代表人、法人代表

区分不清这三个概念的现象很普遍，我们常常听到一些企业负责人说自己是法人，企业员工说他们的法人出差去了，一些法官办理案件时对企业负责人说，你是法人，你要签字。一些法官在汇报案件或者写法律文书时，把法定代表人简称为法人或者法人代表。

这是错误的。这些错误，如果是一般老百姓所为，则情有可原；企业负责人对此稀里糊涂，也不碍事。可是法官犯这类低级错误，则让人太别扭了。这不是小题大做，这是法官的法学理论水平问题，应予澄清。

### （一）法人不是人，是一个单位，是组织

法人是一个组织，不是指单位的负责人，法人也不仅仅是指企业，法院、检察院也是法人，人民政府也是法人，有限责任公司、中学、小学、大学、科研所等，都是法人。是法律把这个单位拟制成人，赋予了类似于人的权利和义务，所以就叫“法人”。

民法上规定，法人是具有民事权利能力和民事行为能力，依法独立享有民事权利，承担民事义务的组织。人有自己的姓名、住址、财产，法人也有自己的名称、组织机构、住所、财产或经费；每个人有自己的身份证，每个法人有自己的营业执照或合法证件。法人的成立与消亡由法律规定，依法登记、注册，标志着法人成立，依法注销、破产，标志着法人消亡。合伙企业、个人独资企业、个体户、小作坊等不是法人。

### （二）法定代表人是单位的主要负责人，一个单位只有一个，也就是俗称的单位一把手

法定代表人是固定的，是依照法律或者有关规定，管理本单位，代表单位行使职权的负责人。在企业的营业执照上，就有法定代表人一栏。法定代表人不能随意更换，确需更换则必须履行法定手续。

### （三）法人代表与法定代表人是两码事，他是法人的代理人，一个单位的任何人都有可能成为法人代表

法人代表是受法定代表人委派，代表单位办理某项具体事务的人，他不是固定的，任何一个被单位派出去办事的人，都可以叫作法人代表，

可以根据需要随时更换。法人代表根据单位的授权范围行使职权，法定代表人也可以担任法人代表。

## 二、关于过错责任、过错推定责任、无过错责任、公平责任

民法中的这些问题，普通老百姓搞不清楚没有什么关系，但是法官也常常混淆不清，在处理具体案件时必然会逻辑混乱，讲不清法理，处理的理由也就没有说服力。

### （一）过错责任

在一般侵权案件中，适用过错责任原则，也就是有过错就承担责任，无过错不承担责任。这个过错，是行为人主观上的，这其实和普通民众的认知是一致的，过错是承担侵权责任的前提条件，除非法律有特别规定。行为人是否有过错，证明责任在受损害的一方。

过错责任的构成要件，从法律上讲可以归纳为四个方面：一是行为人实施了侵权行为，包括作为和不作为；二是造成了损害后果；三是行为与损害后果之间存在因果关系；四是行为人有过错，既包括故意，也包括过失。

对于法官而言，这些很容易理解，但是在过错包含的过失中，有一个合理注意义务的问题，在具体办案中常常有歧义。什么是合理注意义务？通常认为是大多数人在特定情况下所能达到的注意程度，不能过于苛求，只要履行了普通人所能达到的注意义务即可。但是对一些专业人员则另当别论，他们在其专业领域的注意义务，标准要按专业水准确定，比普通人要高。

### （二）过错推定责任

过错推定责任与直接的过错责任有区别，但本质上还是过错责任。这其实是把证据规则中的举证责任倒置引入了侵权责任领域，把过错的证明责任转移给了行为人，如果行为人不能证明自己没有过错，就要承担责任。证明无过错成立者，免除责任；证明不足或者不能证明者，推定行为人过错成立，承担责任。

### （三）无过错责任

无过错责任属于特殊侵权责任，法律上有特别规定，是指行为人损害他人民事权益，不论其主观上有无过错，均应承担侵权责任。无过错责任不以行为人的主观过错为构成要件，对此法官一般不会搞错。它又称严格责任，其构成要件有四：一是侵权行为确实发生了；二是造成了具体的损害结果；三是行为与损害结果之间有因果关系；四是不存在法定的免责事由。

无过错责任行为与损害结果之间存在因果关系这一点很重要。实践中经常会犯的错误是，一些法官常常在认定行为与结果之间没有因果关系时，也适用无过错责任。

### （四）公平责任

公平责任是行为人和受损害一方对损害的发生都没有过错的情况下，由双方分担损失的原则。都没有过错，但是为了体现公平，让行为人承担部分责任。其构成要件有二：一是行为人与受害人都没有过错，即在主观心理上没有故意或者过失；二是行为不具有可归责性，就是既归不到过错责任或过错推定责任一边，也归不到无过错责任一边，在这种情况下，才可以适用公平责任。

公平责任在司法实践中时常被滥用。有些案件，按照过错责任或过错推定责任，本来不应该承担责任，但是因为当事人不断上访，缠闹不休，为了平息这类纠纷，从维稳的角度出发，常常就搬出公平责任，让无过错的当事人分担损失，这种情况在实践中很普遍。

2021 年 1 月 1 日起施行的《民法典》对公平责任作了重大变动，将此前《侵权责任法》第 24 条规定“受害人和行为人对损害的发生都没有过错的，可以根据实际情况，由双方分担损失”的立法表述，修改为“依照法律的规定，由双方分担损失”，这在立法上限制了公平责任原则的滥用。

根据民法原理，一个侵权案件只能适用一种归责原则，不能既适用过错责任，又适用无过错责任，还适用公平责任，这虽然是一个常识，但是实践中常常会犯这种错误。

实践中办理侵权类案件，在明确归责原则的情况下，必须弄清楚举证责任的分配，否则会陷入逻辑混乱。适用过错责任的案件，对于行为人“过错”的举证，责任在受损害的一方；适用过错推定责任的案件，受损害一方只需举证证明行为与结果之间有因果关系即可，行为人则需要举证证明自身的行为不存在过错，否则就要承担责任；在无过错责任与公平责任的案件中，行为人与受损害一方都不需对“过错”举证，受损害一方只需证明行为与结果之间的因果关系即可。

归责原则问题，对普通民众而言是专业问题，比较复杂，他们可以不懂，但是对于法官而言，属于法律常识问题，必须弄懂悟透，不可似是而非。

# 《人民的名义》中的法律常识错误

《人民的名义》出版发行特别是拍成电视连续剧播出后，一度引起热捧。有的地方党委政府甚至下发行政文件，要求各级党政司法机关统一组织观看，接受警示教育。不可否认，这部作品人物个性鲜明，情节跌宕起伏，单从文学的角度来看，确实是一部佳作，但是作为一部反腐题材的作品，无视我国法律规定的基本办案程序和法律常识，随心所欲地胡编乱造离奇情节，确实令人大跌眼镜。

笔者阅读小说和观看电视剧之后，发现最离奇、最不符合法律常识的地方，是抓捕丁义珍、欧阳菁、祁同伟、高育良这四个重量级人物的情节。

丁义珍是京州市副市长，因行贿中央某部委项目处处长案发；欧阳菁是京州市某银行副行长，省委常委、市委书记李达康的妻子，被大风厂厂长蔡成功实名举报受贿案发；祁同伟是H省公安厅长，反贪局长侯亮平的大学同学；高育良是H省省委副书记，政法委书记，曾是反贪局长侯亮平的大学老师，这部作品最后以省委副书记的落马剧终。

## 一、抓捕丁义珍纯属排戏玩，没有任何法律程序，堪称奇葩

丁义珍行贿的行为，是最高检反贪总局在侦办中央某部委项目处长赵德汉受贿案时发现的，行贿一千三百多万，是大要案，可是，这么大的案子，反贪总局一处的处长侯亮平竟然能自行决定，直接用电话通知大学同学、H省检察院反贪局长陈海，并让他先不要汇报，把人控制起来再说。

这简直是同学之间玩捉迷藏。抓一个副厅级的副市长，不是最高检给省检察院下命令，而是一个处长用电话私下通知，并让省检院的反贪局长不要汇报，这可能吗？这是奇葩之一。

我们姑且认为一个处长可以代表最高检向下级检察院用电话下指令。可是陈海的胆子小，没有听最高检处长同学的，而是汇报给了检察长。在这个时候，按照我国的司法程序，应该是省检察院开会研究，一般是召开检察委员会研究决定，或者是反贪局长、分管副检察长与检察长研究决定怎么抓人。但是都没有，而是检察长直接带着反贪局长去向省委副书记兼政法委书记汇报。如果是省检院自己的案子，按照我国司法程序中的潜规则，向省委分管领导汇报是可以的，但这是最高检的案子，省检察院按照指令应该立即抓人，不应该再向省委领导汇报。这是奇葩之二。

奇葩之三，是检察长与反贪局长向省委副书记、政法委书记高育良汇报的情节。季昌明、陈海连夜到省委大院汇报，到了高育良办公室，还有两位重量级人物也在，一个是省委常委、京州市委书记李达康，另一个是公安厅长祁同伟。检察长简明扼要汇报后，等候领导指示。在这个时候，高育良不表态；李达康脸色难看，害怕抓人影响市上的城建工

作；祁同伟提出检察院先别抓，让省纪委先把丁义珍双规，公安厅派人协助执行；李达康随即同意双规。季昌明表示尊重高书记和省委的意见，但又说北京那边的立案手续马上过来，可以先拘捕，也可以先双规；陈海则表态倾向于拘起来；最后高育良表态，他说大家意见分歧，应请示省委书记沙瑞金，于是，拿起办公桌上的红色保密电话请示，而其他四人便知趣地自动出去回避。

这个汇报会议之奇葩，让人匪夷所思！我多次读小说、看电视剧，始终想不明白作者是如何想出这般奇葩的狗血剧情？

其一，检察院向省委分管领导汇报职务犯罪案件，市委书记与公安厅长绝无可能参加，哪怕是白痴领导，也不会通知他们参加。

其二，即使通知参加这种会议，以市委书记与公安厅长的地位与水平，如果他们不是弱智的话，肯定会提出质疑，并拒绝参加会议。

其三，也是最关键的，在我国现实的政治生活中，就不可能有这样奇葩的汇报会。

其四，侯亮平怀揣抓捕手续被困首都机场。侯亮平得知航班无限期延误，急得差点跳起来，他本打算坐最后一班飞机赶往 H 省，协调指挥抓捕京州市副市长丁义珍的行动，这下子计划全落空了。于是，他反复向 H 省的同行们强调甚至请求——先抓人，后开会！

这个情节太搞笑！抓捕手续为什么不通过最高检电传省检院，命令省检察院立即执行，而是带在身上坐飞机赶去？这都什么时代了，还搞“鸡毛信”那一套。

其五，省检察院抓人为什么一定要等侯亮平带在身上的抓捕手续？陈海与侯亮平通电话后，用手机指令正在盯梢丁义珍的下属，先以传讯的名义控制丁义珍，等北京的手续一到立即拘捕。在侯亮平催促时，陈海说，你们还没把抓捕丁义珍的手续传到省检察院呢！侯亮平急得跳脚，说：“手续已办好了，就在我包里！”这个情节也让人百思不得其解。那么，这个时候省检院为什么不直接开一份传讯的手续？省检察院完全有权力直接传讯，为什么非要等北京的手续？

正是这些奇葩情节和狗血剧情，丁义珍才跑了！

## 二、抓捕欧阳菁是学美国大片，闹着玩，不是办案

欧阳菁是京州市某银行的副行长，是国有银行还是地方性商业银行，小说及电视剧中均未交代。不过笔者推测应该是国有银行，如果是地方性商业银行，检察院是没有管辖权的。

欧阳菁除了是银行副行长外，还有一个身份是省委常委、京州市委书记李达康的妻子，而在其受贿行为败露，检察院反贪局派人跟踪之时，欧阳菁已与丈夫李达康离婚。她为了出逃，竟然要求刚离婚的丈夫用专车送她去机场，试图瞒天过海，金蝉脱壳。反贪局长侯亮平得到信息后，紧急出动，半路截击，在高速公路上拦住了省委常委、市委书记的专车，抓走了欧阳菁。

戏很精彩，悬念不断，但是太离谱了！

一是抓捕时没有出示刑事拘留证或者逮捕证，只亮明了检察官的身份；二是是否立案了，不清楚；三是抓捕人犯前竟然向检察长保密，抓人后侯亮平才说可以向季检察长汇报了；四是季检察长竟然不知道有欧阳菁这么一个案子，当李达康用电话质问时，检察长一头雾水，茫然无知。总而言之，检察院抓捕一个银行副行长、省委常委的妻子，检察长茫然无知，反贪局既未正式立案，又未汇报，不知道拘留证或者逮捕证上是谁签字批准的？一个反贪局长和处长能否自行决定抓人？能否瞒着

检察长玩抓人搞惊喜？这种完全违背我国司法程序和脱离实际社会生活的情节，其实是没有任何正面意义的。

## 三、抓捕祁同伟与高育良，纯属梦幻情节

侯亮平带特警队抓捕祁同伟时喊话："老学长，我来接你回家了。"期间省委书记沙瑞金问检察长季昌明："这侯亮平跟祁同伟是同学吧？"季昌明回答："是师兄弟，不是同班的，这祁同伟不好对付。"沙瑞金说："这不是师兄弟的较量，是正义同邪恶的较量！"最后侯亮平坐直升机空降祁同伟藏身之处，通过讲话释理，动之以情，晓之以理，竟然让祁同伟放弃抵抗，饮弹自尽。

剧情跌宕，场面悲壮！但是办理案件，程序正义是第一位的，侯亮平与祁同伟是大学同学关系，无论是按照法律规定，还是我国的司法实践，这种关系应当回避，而且办案人会自动回避，因此，现实中侯亮平不可能办理这个案件。可是祁同伟的案件，侯亮平却自始至终参与其中，或坐镇指挥，或亲自上阵，最后短兵相接直接较量，演绎了一场正义战胜邪恶的大剧。这种假得离奇的情节，实际上起了相反作用，使人物的正义形象大打折扣。

抓捕高育良也是如此。省委副书记高育良贪腐败露后，侯亮平亲自带领检察干警和特警执行抓捕。可是，侯亮平是高育良的学生，而且师生之间情谊深厚，有这种师生关系，在司法案件中必须主动回避，学生是不可以大义凛然地去抓捕老师的，法律不允许！

多年来，我们的许多小说和影视作品，为了表现爱国，为了彰显反腐败及其正义，一直虚构一些假得离谱的情节，完全凭想象胡编乱造。除了饱受诟病的抗日神剧之外，就是这些模仿美国大片的抓捕场面，还

有英美法系模式的法庭审理，以及包公、海瑞式的办案程序，搞大义灭亲，搞凭空推理，虽然剧情曲折引人入胜，制造了噱头，增加了看点，但是，却完全脱离了我国的现实生活，游离于法律之外，结果事与愿违，造成极大的负效应。

根据我国现行法律,《人民的名义》中有以下七个问题让人疑惑不解：

（1）丁义珍是否被立案？这是最高检的案子还是省检察院的案子？

（2）最高检反贪总局的一个侦查处长能否通过电话指令省反贪局长直接抓人，并要求先抓人再汇报？

（3）抓一个尚未立案的嫌疑犯，是检察院开会研究决定，还是要汇报党委分管领导决定？

（4）检察院向党委分管领导汇报贪腐案件，党政其他领导能否参加并发表意见？

（5）对于检察院要抓捕的人，党政领导能否在会议提出异议并要求改为“双规”？

（6）反贪局长能否瞒着检察长，自行决定抓捕人犯？

（7）同学之间、师生之间的案件是否应主动回避？

小说瞎编还情有可原，但是，电视剧是由相关司法部门监制的，却存在这些疑问，真是让人匪夷所思啊！

# 仰视贝卡利亚

切萨雷·贝卡利亚是 18 世纪意大利法学家。20 世纪 80 年代，我在大学读书时，选修了《外国刑法学》课程，当时没有统一教材，解士彬老师用一个学期的时间，给我们系统地讲授了贝卡利亚的《论犯罪与刑罚》。解老师说,《论犯罪与刑罚》是现代刑法学的大宪章，贝卡利亚是刑法学的教父。从此，对于贝卡利亚，我一直是仰视的姿态。

作为一部法学巨著,《论犯罪与刑罚》不是一本厚厚的乏味的著作，而是一本小册子。在这本书里，贝卡利亚用浅显的语言阐述了深刻的道理，语言清晰而生动，既包含哲理又浅显易懂。他通过对人性的剖析，用世俗的功利主义观点论述了犯罪与刑罚的基本特征，提出了自己对于犯罪与刑罚问题的独到见解。

## 一、贝卡利亚的犯罪观

贝卡利亚是从人性出发研究犯罪问题的。他认为，人是理性的动物，趋利避害是其本能，每个人都会为自己的利益而努力。人生来是自由平等的，由于生存需要，才不得不将其一部分自由交给社会统一掌握，而交出来的这部分自由便形成立法权和刑罚权。同时，每个人能拥有的自由既有感性的成分，又有理性的成分，这是由自由意志支配的，而这种自由意志，受到人的趋利避害、追求快乐的感性的影响，能够被引导和利用，达到一定的功利目的，犯罪正是建立在这种理性的自由意志之上的。因此，尽管有刑法规范，在自由意志的支配下，人的趋利避害的本能不会泯灭。只要人有感觉，就会追求内心的快乐，一味地追求快乐必须释放本能，于是犯罪就不可避免。在阶段时间内，犯罪行为释放了人的本能。

由此可见，贝卡利亚把犯罪人设想为一个理性的却又是趋利避害的动物，具有感性的自由意志，在理性的支配下进行犯罪，所以犯罪是不可避免的，也是不能消灭的。

对于犯罪的本质属性，贝卡利亚认为：犯罪是社会契约即法律的产物，没有刑法便没有犯罪；在自然状态下无所谓合法与非法，犯罪与非犯罪；随着法律的出现，才产生了判断罪与非罪、合法与非法的标准。因此，犯罪只不过是对社会契约的违反，这与同时代的法国启蒙思想家卢梭的思想是一致的。

贝克利亚把犯罪划分为三类：有些犯罪直接毁伤社会或社会的代表；有些犯罪从生命、财产或名誉上侵犯公民的个人安全；还有一些犯罪属于同公共利益要求每个公民应做和不应做的事情相违背的行为。

## 二、贝卡利亚的刑罚观

贝卡利亚也是从人性出发论述刑罚问题的。他认为，设置刑罚的目的在于预防犯罪，而不是报复犯罪人，“刑罚的目的仅仅在于，阻止罪犯再重新犯罪，并劝诫其他人不要重蹈覆辙”。行为的社会危害性是衡量犯罪与刑罚的标准，这是一种客观主义的立场观点，因而他明确提出划时代意义的刑法三大原则：罪刑法定原则，罪刑相适应原则，刑罚人道原则。这三大原则直到今天，仍然是各法治国家遵循的刑法制度准则。

### （一）罪刑法定原则

贝卡利亚要求在刑法领域实行罪刑法定主义，制定统一的法典化的刑法，反对司法擅断，排除宗教律法、传统习惯和个人见解等纷杂的旧法渊源。他提出“法无明文规定不为罪不处罚”的原则，认为只有法律才能规定犯罪与刑罚，只有代表根据社会契约而联合起来的整个社会的立法者才拥有这一权威。为保证公民的自由，贝卡利亚反对法官释法，反对给予法官自由裁量权，认为法官的使命就是判定公民的行为是否符合成文法律。

与此同时，他还要求法律的规定必须是明确的和公开透明的，反对法律的含混性，强调法律的明确性和公开性。他认为只有公开才能保障人权。

### （二）罪刑相适应原则

罪刑相均衡是贝卡利亚刑法思想的核心，包含三个方面的含义：一是刑罚的强度与犯罪的危害程度要对称；二是特定的刑罚与特定的犯罪要对称，即刑罚所剥夺的利益应当恰恰是犯罪所追求或侵害的利益；三是实施刑罚的方式与犯罪要对称。

在此基础上，贝卡利亚提出平等适用刑罚的观点，认为对于平民和贵族，如果所犯罪行相同，适用刑罚亦应相同。他说：伟人和富人都不应有权用金钱赎买对弱者和穷人的侵犯，否则，受法律保护的，作为劳作报酬的财富就会成为暴政的滋补品。

贝卡利亚以刑罚威慑预防犯罪为其理论的逻辑起点。他认为：“犯罪对公共利益的危害越大，促使人民犯罪的力量越强，制止人民犯罪的手段就应该越有力，这就需要刑罚与犯罪相对称。”他主张从最严重的毁灭社会的犯罪，到最轻微的犯罪，可以排成一个由高到低的阶梯，而刑罚也应当由重到轻，作相应的阶梯排列。这样，可在阻止人们实施较轻犯罪的同时，使他们不再去进行重大犯罪。

### （三）刑罚人道原则

贝卡利亚揭露了当时欧洲各国司法制度的黑暗，系统地阐述了酷刑的弊端，提出了刑罚人道主义，反对严刑峻法。他认为，刑罚越严酷，罪犯越敢于规避刑罚，刑罚的功效在于及时性，在于不使一人漏网，而不在于严酷性。在犯罪行为面前，“不漏”比“严惩”更重要，对于犯罪最强有力的约束力量不是刑罚的严酷性，而是刑罚的必定性。严酷的刑法反而会造成犯罪者挖空心思去逃避，并最终免受处罚。

贝卡利亚提出无罪推定的观点，认为在法官判决之前，一个人是不能被称为罪犯的。他对刑讯逼供深恶痛绝，提出刑讯必须被禁止，认为刑讯逼供违反自然法则，能使强壮的罪犯获得释放，使软弱的无辜者被定罪处罚。在刑讯的情况下，无辜者只有倒霉，真正的罪犯则能占便宜。他反对宣誓，认为无论是证人还是法官，宣誓是徒劳无用的；反对共犯揭发同伙，认为揭发虽然能够预防重大犯罪，但却暴露出法律的软弱和人性的丑恶，对整个社会而言弊大于利。

贝卡利亚主张废除死刑，提出以终身奴役代替死刑。他认为滥施极刑从来不会使人改恶从善，正确的刑罚是，它的强度只要足以阻止人们犯罪就足够了。死刑是世界各国最古老最严厉的一种刑罚，贝克利亚废除死刑的主张在当时石破天惊，由此引发了一场持续 200 多年的死刑存废争论，目前全球有五分之二的国家和地区废除了死刑。应当说，从历史发展的趋势来看，随着人类社会的文明化进程，刑罚逐步走向宽和，从以肉刑和生命刑为主的刑罚，转变为自由刑和罚金刑为主，这是人类的文明和进步，笔者是赞同刑罚轻缓和废除死刑的。

关于刑罚的目的，贝卡利亚认为，立法应着重于预防犯罪而不是惩罚犯罪，预防犯罪可以通过以下途径实现：一是把法律制定得明确而通俗；二是国家集中全力保护法律；三是法律要为最广大的民众服务；四是法律必须得到人们的敬畏；五是执行法律的机构必须遵守法律。

贝克利亚的《论犯罪与刑罚》写在 200 多年前，其刑法思想成为后来刑法学、犯罪学理论的发展方向，时至今日，仍然闪烁着理性的光芒。贝卡利亚的思想可以概括为：

罪刑法定、罪刑相适应、刑罚人道主义原则；

法无明文规定不为罪，不处罚；

法律面前人人平等；

无罪推定；公开透明审判；

禁止刑讯逼供；对罪犯实行人道待遇；

废除死刑，刑罚轻缓。

以下是笔者摘录《论犯罪与刑罚》中的名言警句[1]：

1. 任何超越绝对必要性的刑罚都是暴虐的。人对人行使权力的任何行为，如果超越了绝对必要性，就是暴虐的。

2. 严酷的刑罚是徒劳无功的，它违背公正和社会契约的本质。

---

[1] ［意］切萨雷·贝卡利亚著，黄风译：《论犯罪与刑罚》，中国方正出版社 2004 年版。

3. 犯罪对公共利益的危害越大，促使人们犯罪的力量越强，制止人们犯罪的手段就应该越强有力，这就需要刑罚与犯罪相对称。

4. 衡量犯罪的唯一和真正的标尺是对社会造成的损害。一切犯罪，包括对私人的犯罪都是在侵犯社会。

5. 真正暴君的出现，总是从控制舆论以支配勇敢开始的。勇敢这东西，要么闪烁在真理的光辉里，要么飞腾在欲望的火焰上，要么表现在危险的愚昧中。

6. 刑罚的目的仅仅在于，阻止罪犯重新侵害公民，并规诫其他人不要重蹈覆辙。

7. 证人的可信程度应该随着他与罪犯间存在的仇恨、友谊和其他密切关系降低。

8. 秘密控告和私下举报是不正常的现象，这种风俗把人变得虚伪和诡秘。当诬陷被暴政的最坚硬的盾牌——秘密武装起来时，谁又能保护自己不受诬陷呢？当统治者把自己的臣民都怀疑为敌人，并且为了社会的安宁而不得不剥夺他们每个人的安宁时，这样的统治会命运如何呢？

9. 在法官判决之前，一个人是不能被称为罪犯的。

10. 惩罚犯罪的刑罚越是迅速和及时，就越是公正和有益。

11. 剥夺自由作为一种刑罚，不能被施行于判决之前，在被宣判为罪犯之前，监禁只不过是对一个公民的简单看守。

12. 对于犯罪最强有力的约束力量不是刑罚的严酷性，而是刑罚的必定性。严峻的刑罚造成了这样一种局面：罪犯所面临的恶果越大，也就越敢于规避刑罚。为了摆脱对一次罪行的刑罚，人们会犯下更多的罪行。刑罚最残酷的国家和年代，往往就是行为最血腥、最不人道的国家和年代。

13. 滥施极刑从来不会使人改恶从善。死刑并不是一种权利，死刑既不是必要的，也不是有益的。一种正确的刑罚，它的强度只要足以阻止人们犯罪就够了，用终身苦役取代死刑，其强度足以改变任何决绝的心灵。

14. 有些法庭对于犯有严重罪行的罪犯，只要他揭发同伙，就不予处罚。这种办法有弊也有利。所谓“弊”，就是国家认可了连罪犯都很憎恶的背叛行为，同勇敢的罪犯相比，卑下的罪犯对一个国家更为有害，也暴露出法律如此的软弱，以致需要恳求侵犯自己的人提供帮助；所谓“利”，就是它能预防重大的犯罪。

15. 在进行审判时，手续和仪式是必需的。真相有时过于简单，有时又过于复杂，所以需要某些外在的形式。

16. 对思想实行强迫命令，获得的只能是弄虚作假和随之而来的意志消沉。

17. 预防犯罪比惩罚犯罪更高明，这是一切优秀立法的主要目的。要想预防犯罪，那就应该把法律制定得明确而通俗。

18. 预防犯罪的另一项措施是：使法律的执行机构注意遵守法律而不腐化；预防犯罪的最可靠但也是最艰难的措施是完善教育。

19. 法律应当是铁面无私的，每一个具体案件中的执法者也应当是铁面无私的，但是，立法者应当是温和的、宽大的和人道的，刑罚应当是宽和的，审判方式应当是规则的和明快的。

20. 总而言之，刑罚的规模应该同本国的状况相适应。为了不使刑罚成为某人或某些人对其他公民施加的暴行，刑罚应该是公开的、及时的、必需的，在既定条件下尽量轻微的、同犯罪相对称的并由法律规定的。

# 法官札记

一个基层法院院长的

司法心得

# 后　记

研习法律三十余年，每当看到法学领域的鸿篇巨制，我总是叹羡不已。我曾多次试图完成一部“巨著”，以成一家之言，但是，岁月蹉跎，时光流逝，屡试屡败，再鼓再竭，终难成就。铩羽再三，难免心灰意冷，妄自菲薄。终于，我感知到自己的才疏学浅，收起好高骛远之心，专注于在力所能及的范围内，写一些小文章，既表达观点，又抒发情怀。经年累月，笔耕不辍，记录了一些经历、见闻、感悟甚至困惑，于是就有了这本《法官札记》。

札记者，谓文章体裁、题材之杂也。本书的文章，除了个别篇目属于论文之外，大多数是随笔、心得体会等小文章。但是，无论什么文体，都是有感而发，是我在阶段时间内的思想观点和真情实感的表达，它记录了我从事司法工作的心路历程，读书观史的心得体会，反映了我对司法问题、历史问题以及其他社会问题的真实看法，是我某一个时期学习、思考的成果。

作为一名法官，我有幸亲历三十年的司法改革，也有幸没有离开过钟爱的司法实务岗位，因而对于司法工作中的一些热点、难点、堵点问题，总是有着超越常人的敏感。在繁重的审判工作和行政管理事务的间隙，我经常关注并思考这些问题，并通过文字公开表达，这既是一个法官的责任，也是一个学者的爱好和乐趣。在这个过程中，我有过慷慨激昂一吐为快的满足，也有过内心迷惘灰心丧气的消沉。但是总体上，我感到了工作和生活的充实。当然，从个人奋斗晋级升职以及成名成家的角度来看，这多少有些狭隘和无能，但是，从事业成败和自我价值实现的角度而言，这也可以算得上是一种成功。在漫长的人生路上，这种成功虽然不足以炫耀和自豪，但却足以铭记。

本书的单篇文章，大多字数不足五千，没有注释，缺乏论文的规范性；因为水平所限，无嬉笑怒骂之文采，又欠缺杂文的锋芒；是天长日久、积少成多的小文垒叠，有些缺乏形式与内容的系统性。因此，在编纂整理之际，颇费周章。经反复酝酿，再三思虑，终以文体和内容归类，分五章四十四篇。这些文章，大多是在车上路上，在闲坐时或在会议中，突有感慨来临，便随意记上几笔，或写在纸上，或写到手机备忘录上，事后利用空闲时间再行补缀，总结核心点，提纲挈领，力求文章完整。总体而言，虽然体现了学有所得，思而有得，但前后行文，仍然可能存在断裂，文章观点及整体质量，肯定存在疏漏，甚至偏狭，其弄巧之处，希望读者慧眼识之。

在本书的多篇文章中，我都提出了常识判断，并且反复强调法官必须尊重常识。我一直认为，如果司法判决结果是违反常识的，那么，不是常识错了，而是法官错了，是法官把法律理解错了，适用错了，执行错了。因此，我们必须明确，在办理个案中，凡是用事实可以证明的，无须过多分析证据；凡是用常识可以判断的，也不过多纠结于运用法律。

这是基于司法实践中忽视常识、违背常识的弊端有感而发，难免有矫枉过正之嫌。对于司法改革问题，我一直是批评、质疑的成分居多，这是基于在基层司法实践中，在改革创新的语境下，官僚主义、形式主义、政绩工程弊端日重，基层有不可承受之苦，因而爱之愈深，责之愈切，是身处司法实践一线法官的真实呐喊，是身临其境的理性声音，绝无否定改革之意。事实上，在改革的具体工作中，我一直是司法改革的倡导者、践行者。

与此同时，几乎在所有的篇目中，我都强调了在办理个案时，天理、国法、人情的融合，这不但是写作裁判文书时的理念，更是在办理具体案件时要体现在各个环节上的要求，历史早已证明并反复证明，缺乏人情味的“天理”肯定会被淘汰，缺乏人情味的国法也会变成僵死的条款，不会长久地运行。正是基于对天理、国法、人情的思考，我对刑事司法中不时出现的“极左”思潮，表现出极大的困惑，并表达了理性的担忧和批评。凡此种种，希望读者和社会公众宽容地对待。

本书的文章，还有一些是通过在办理个案和审判委员会讨论案件中，提炼出的一些办案心得，试图结合法学理论，总结出适用于办理一般案件的普遍原则，比如利益关系平衡的问题，简单与复杂的关系问题，聚餐饮酒的赔偿原则问题，等等。但是，由于受思想水平和学识见地的限制，得出的结论可能有待商榷，这一点，也需要读者包容。

当前，我国社会正处于转型期，作为一名法官，我的困惑和迷茫与日俱增，想法和思考也一直进行。现在，矛盾纠纷不断攀升，案件类型日新月异，当事人之间的冲突也越来越大。有些案子，无论怎么判，当事人就是不服，公众就是不信，法官自认为判决已是非常公正，可是公众不买账，就是认为司法不公。这是社会转型期给司法带来的阵痛，作为一个经历者、见证者、实践者，我有责任清醒、理性、忠实地把它记录下来，留待慢慢品尝、感悟，这也是本书所有文章的背景和动因。

当前，我们拥有比以往任何时候都要丰富的司法资源，这为法官在司法实践中理性地思考并抽象出一些规则提供了可能。苏力教授在卡多佐《司法过程的性质》译者前言中写道："法学的发展至少并不为学院里的学者所拥有，不是来自概念、理论的演绎或照搬；相反，法学发展的真正源泉，法律真知的真正来源，必须是法律的实践和社会现实。因此，要面对现实，充分运用我们的思维能力，即使是一位专门从事法律事务的法官，也同样可获得真正有价值和生命力的思想。"那么，将近年来的这些思考、感悟进行梳理，也能算作我对司法实践的见证和自己内心的记录，是个人观点的充分表达。也许有些篇章并不成熟，有些方面也很肤浅甚至错误，但是作为引玉之砖，希望能给法官同行和社会公众某种触动、共鸣和思考。

人的一生并不短暂，一个人的价值不在于他拥有什么，而在于他做了什么、付出了什么。我从大学法学专业毕业到现在，辗转四个基层法院，从书记员到法院院长，从青春少年到年过半百，从满怀梦想到前途定格，人生的轨迹一直循着与法律相关的路线前行。在这条充满挑战的路上，从事着自己热爱的职业，并留下了与自我心灵对话的一页页文字，这让我多少也找到了"成功"的感觉。当然，这种成功是微不足道的。

本书得以成稿出版，首先要感谢我的妻子何月明，她一直是我最有力的鞭策者。在我写作的过程中，她在照顾好我的日常生活的同时，既称赞、鼓励我的能力、水平和毅力，又动辄讽刺、挖苦、打击，让我始终明白自己的短板，保持清醒的头脑，不敢懈怠。其次要感谢我的大学同学和朋友李根进、李克锋，正是经常与他们交流、探讨，才让我对一些问题的思考更系统、更深刻，并形成自己比较坚定的看法。

最后，我要感谢我的单位同事张萌、李春辰、高娟、刘婷婷、李凤娇、宋瑞、孙溧阳、蔡佳利诸位同志的帮助和支持，书稿付梓校对，实赖他们。

我的大学同学、中国政法大学教授宋连斌挚友为本书拨冗作序，并在出版时给予了有力帮助；知识产权出版社刘睿女士、邓莹女士为本书出版付出了辛勤的劳动。特别致谢！

张正伟

2021 年 6 月于甘肃平凉崆峒山下